영재 프로그램의 향상을 위한

평가 기획 및 활용

Designing and Utilizing Evaluation for Gifted Program Improvement

Joyce VanTassel-Baska
Annie Xuemei Feng 편저

이미순 옮김

박학사

Designing and Utilizing Evaluation for Gifted Program Improvement

Joyce VanTassel-Baska

Annie Xuemei Feng

Mary를 위해

Lee와 Ariel을 위해

역자 서문

이제 우리나라의 영재교육은 소수의 학생만을 위한 "엘리트주의" 및 "사교육을 조장"하는 교육이라는 비난에서 벗어나 영재의 잠재력을 계발하고 사회와 국가 발전에 이바지하는 "사회적 자본(Social Capital)"을 발굴, 육성하는 교육적 투자로 시각을 전환할 때이다. 즉, 우리나라 영재교육은 영재교육의 당위성 논의에서 한 단계 나아가 어떻게 하면 효과적으로 영재교육을 전개할지 그 과제에 초점을 맞추어야 한다.

우리나라 영재교육의 당면 과제와 관련하여, 이 책은 William and Mary 대학 내 Center for Gifted Education에서 실시한 절충적 영재교육 프로그램 평가연구를 기반으로, 교육 현장에서 실제 적용할 수 있는 평가 기준과 평가 책략을 실증적으로 소개한다. 다시 말해서, 영재 프로그램의 효율성과 효과성을 보장하는 한 방편으로 "영재교육 목표를 실제 달성하는 정도를 판단하고, 그 판단 결과를 수렴하여 새로운 영재교육의 방향과 의사결정에 반영하는" 평가 시스템을 기획하고 활용하는 방법을 제안한다.

물론 영재 프로그램 평가를 기획하고 활용하기 어렵다. 이에 저자들은 영재 프로그램 평가 과정에서 나타나는 문제를 조명하고, 평가 이론 및 평가 모델을 설명한다. 또한 효과적으로 영재 프로그램 평가를 실시하는 방법

(예: 설문 작성 및 실시, 초점집단 인터뷰, 학급관찰, 학생 성과물 분석 등)을 연구 경험을 바탕으로 소개하며, 평가 결과를 활용하여 영재 프로그램을 개선하는 방안을 기술한다. 바로 이러한 측면에서, 이 책이 여러 영재교육 관련 서적들과 달리, 영재교육 평가의 유용성(utility) 기준을 강조하고 있음을 엿볼 수 있다.

우리나라는 영재교육 관련 법령을 제정하고, 영재교육 프로그램을 개발하며, 영재교육기관을 선정하는 등 외형적인 하드웨어 구축에 노력해 왔다. 그러나 외형적인 하드웨어 구축에 기울인 노력에 비해 영재교육을 질적으로 향상하는 내부적인 소프트웨어 구축에 충분한 관심을 기울이지 못하고 있는 실정이다. 이에 역자로서, 우리나라 영재 프로그램이 원래 의도한 바대로 진행되고 있는지 실증적인 자료를 통해서 판단하고, 향후 영재 프로그램의 방향을 제대로 잘 설정하여, 궁극적으로 영재 프로그램의 질적 향상을 모색하는 데 도움이 되는 책을 선정하여 소개하게 되었다. 한편으로 훌륭한 책을 소개한다는 자부심도 있지만, 다른 한편으로는 이 책에서 다루는 이론과 지침을 그대로 우리나라 여건에 적용할 수 없다는 현실을 접하게 되면서, 우리나라 실정에 맞는 영재 프로그램 평가 이론과 실제를 정착시킬 수 있도록 영재교육 실무자의 노력과 열정을 당부하고 싶다.

마지막으로 이 자리를 빌어 이 책이 출판되기까지 여러 도움을 주신 도서출판 박학사 사장님과 편집부에 진심어린 감사를 드리면서, 책에 어린 정성과 노력만큼 우리나라의 영재교육이 발전하기를 기원한다.

2009. 5

이미순

감사의 글

편집자로서, 지난 십 년 간 영재 프로그램 평가를 실시하여 본 책을 저술할 수 있도록 도움을 주신 Center for Gifted Education의 직원과 대학원생들에게 감사를 드린다. 도움을 주신 분들을 열거하면 아래와 같다.

Linda Avery
Wenyu Bai
Joy Baytops
Elissa Brown
Diann Drummond
Ellen Fithian
Dennis Hall
Suzanna Henshon
Janine Lehane
Catherine Little
Lisa Rainen
Martin Reardon

Jeanne Struck

Li Zuo

또한 본 평가연구에 참여해 주신 학생, 교사, 행정가 및 부모에게 깊이 감사를 드린다. 학군의 영재 프로그램에 헌신적으로 관여하고 있는 영재 프로그램 코디네이터에게도 감사를 드린다. 특히, 영재 프로그램 코디네이터는 외부 평가자로서 평가연구에 참여한 우리를 열정과 성의로 환영해 주었다.

본 책에서 서로 평가경험과 관점을 함께 공유해 주신 Chwee Quek, Julie Long, Rena Subotnik과 Subotnik의 동료인 Janet Soller 및 Sarah Hood에게도 감사를 드린다.

아울러 본 책의 원고를 준비하고 작업할 수 있도록 도움을 주신 Dawn Benson, Sarah Bundy와 Sharron Gatling에게도 특별히 감사를 드리고 싶다.

머리말 (I)

1990년대, William and Mary 대학 내 Center for Gifted Education의 여러 분들이 세 가지 핵심적인 내용 영역, 즉 과학, 언어와 사회 단원에서 높은 능력을 가진 학생들을 위해 실질적인 교육과정을 제시해 주었다. 이들은 학습 교육과정 효과성 연구를 발달과업으로서 수행하였다. 지난 시간 동안, Center for Gifted Education에서는 학군과 주에서 평가를 실시하여 William and Mary 대학의 절충적 영재교육 평가 모델을 소개하는 매우 신뢰롭고 훌륭한 책을 완성하였다. 이 책은 유용한 "방법론적" 정보와 평가 결과를 도출하고 있어, 이를 염두에 둔다면 영재교육 분야는 발전할 것이다.

The Joint Committee on Standards for Educational Evaluation은 프로그램 평가를 판단하는 네 가지 기준을 제안하고 있다. 즉, 유용성(utility), 실행 가능성(feasibility), 정확성(accuracy)과 타당성(propriety)이 그것이다. 이 기준 중 첫 번째 기준, 유용성은 특히 본 책에서 기술한 활동과 관련이 있다. 유용성은 이해관계자를 위해서 평가 결과의 이용가치를 극대화해야 함을 제안하는 기준이다. 만일 선반에 쌓아 놓은 것에 지나지 않는다면, 평가는 무용지물인 것이다. 그렇다면 William and Mary 대학 모델은 유용성을 측정하기 위해 어떻게 연구를 진행하였는가?

그 제목이 보여 주는 것처럼, 유용성은 본 책의 저자에게 핵심적인 문제이다. 특히 두 개의 장에 걸쳐서, 이해관계자를 통한 평가활용을 강조하고 있다. 8장 "평가 활용에 대한 상위발견"에서는 평가를 요청하거나 평가에 참여한 사람들이 사용하는 방식을 논의하였다. 9장 "지식 활용: 학군의 경험"에서는 지역에서 사용하는 예를 깊이 있게 소개하였다. 부수적으로 사용자에게 친숙하며, 유용한 평가 접근법의 중요성을 다른 장에서도 다루고 있다.

예를 들어, Annie Feng이 쓴 장에서는 이해관계자 설문을 업그레이드하는 방식에 초점을 맞추었다. 영재 프로그램에 대한 평가를 실시하고 있다면, 이것은 바로 이해관계자 설문지로서, 소비자 만족도 조사에 관한 것이다. 이와 같은 설문지는 제공하였던 서비스에서 이해관계자들이 "가장 좋아하는" 그리고 "가장 좋아하지 않는" 것으로 어떤 것을 묻는지에 달려 있다. 여기서 나온 결과는 얕은 것이다. 그러나 3장 "설문지 작성과 실시"에서 Feng은 여러 예와 이해관계자 설문을 향상하는 방법을 소개하여, 이 설문을 통해서 얻는 정보를 다양하게 하였다. 설문은 영재 프로그램 평가에서 중요한 역할을 담당할 것이므로, 본 책에서 제공하는 정보를 통해서 설문을 개선하고 설문의 유용성을 증진시킬 수 있다.

다른 장에서는 새로운 도구들을 덧붙여 소개하고 있다. VanTassel-Baska가 쓴 학급관찰 양식과 초점집단에 대한 Annie Feng과 Elissa Brown이 쓴 장에서는 이상의 두 가지 책략을 어떻게 다뤄야 할지 상세하게 소개한다. 독자들은 본 책에 수록해 놓은 정보와 예들을 사용하여 학급관찰과 초점집단에게 인터뷰를 실시할 수 있다. 8장에서, VanTassel-Baska는 학급관찰 자료의 유용성을 언급하면서, 6개월 이후에 이해관계자 전원을 인터뷰하였다. 다시, 저자들은 추후 및 직접적인 조사를 통해서 유용성 문제에 관심을 기울였다. 연방정부에서 후원하는 전문성 개발 프로젝트에서 본 학급관찰 양식을 사용하여, 교사들이 학급관찰 양식을 사용할 준비가 되어 있으며 학급관찰 양식이 제공하는 정보가 분명하다는 점을 입증하였다. 사실, William and Mary 대학의 학급관찰 양식을 활용하여 전문성 개발을 신장할 수 있다는 점을 경험할 수 있었다.

『영재 프로그램의 향상을 위한 평가 기획 및 활용(Designing and Utilizing Evaluation of Gifted Program Improvement)』이라는 본 책은 평가 분야에서 매우 중요하다. 즉 본 책에서 제시하는 설명, 방법적인 조언과 예들은 매우 유용할 뿐 아니라, 또한 지역, 주와 국가 평가연구에서 도출한 결과도 제시한다. 본 책의 여러 장들과 메타 평가 발견점에 대한 요약에서는, 실제 영재를 위한 프로그램 및 서비스에서 벌어지고 있는 상황을 그림처럼 생생하게 제시한다. 예를 들어, 교육자들은 일반적으로 매우 우수한 학생의 성취를 관리하지만 성취 자료를 거의 평가에서 활용하지 않는다. 재능이 뛰어난 학생을 둔 교사들은 대개 레슨 계획을 잘 하고 교수지도를 명확하게 하지만, 차별화에 관한 실제는 거의 사용하지 않는 것으로 나타났다. 재능이 뛰어난 학생을 위한 프로그램과 서비스는 그 내용이 깊이 있을 정도로 충분한 것을 제공하지 못하며, 교직원의 자질도 낮은 것으로 나타났다. VanTassel-Baska가 마지막으로 보고한 장에 따르면, 국가판별률이 5~15% 정도라는 점을 감안할 때 학군 내에서 어떤 학생들이 과소 판별되고(underidentified) 있음을 볼 수 있다. 판별된 학생에게 학군의 40%는 주당 2시간도 채 안 되게 특별서비스를 제공하는 것으로 나타났다. 지방 및 주의 평가지역을 망라하여 적절한 교직원의 부재도 평가 결과에서 매우 팽배한 것으로 나타났다.

그러나 또한 평가 결과를 볼 때 희망은 있다. 이 희망의 메시지는 본 책 전반에 걸쳐 볼 수 있는 평가 유용성이라는 주제에서 비롯된다. 특히, 개별적으로 실시한 7개 연구에서 프로그램의 변화 속성과 빈도수를 요약해 보았을 때, 향후 영재교육에 대한 계획을 적극적으로 세우고 있음이 7개 연구 모두에서 나타났으며, 7개 중 5개 연구에서 학생 학습을 포함하여 후속 평가를 기획하고 있음도 나타났다. 다시 말해서, 절충적 모델은 유용성에 대한 그 나름의 기준을 충족시키고 있다고 할 수 있다.

마지막으로, 본 책에서 살펴본 주와 학군처럼 이상의 메시지를 염두에 두고 본 책에서 제시한 지침과 결과를 활용하기 바란다.

Ann Robinson

Center for Gifted Education

University of Arkansas at Little Rock

머리말 (II)

경제적 불경기 동안에 영재 프로그램에 대한 지원을 충분히 받기란 어렵다. 예산이 줄어들고, 어려움이 더욱 커진다. 그러므로 특히 영재 프로그램이 학생들에게 효과적이며 공공기금을 잘 사용하였다는 증거를 보여 주는 것이 당연한 것이다. 본 책을 통해서 영재학생을 잘 지원하고 공공기금을 잘 사용하였다는 증거를 찾아볼 수 있다.

William and Mary 대학 내 Center for Gifted Education에서는 국가 전역은 물론 세계에서 평가연구를 실시하고 있으며, 이상의 평가 경험을 본 책에 소개하고 있다. 각 장마다 평가 방법론상의 부차적인 주제에 대해 두 가지로 해석할 수 있는 접근법을 취한다. 한편으로, 저자들은 영재교육에서 사용하는 평가기법 구성요소들의 강점과 약점을 기술한다. 또 다른 면으로, 저자들은 본 책에서 실시하여 평가에서 배운 바를 메타적으로 조명하는 예와 통찰을 제공한다.

본 책의 처음 몇 장에서는 평가연구에서 이해관계자 설문에 대한 사용을 다루고 있다. 대부분 평가에 관련이 있는 학자들에 의하면, 이해관계자 설문지가 비교적 덜 엄밀하다고 하지만, 이 설문은 프로그램 효과성에 대해 정확한 그림을 그려 주는 방법으로 널리 사용하고 있다. Annie Feng은 이해관계자 집단으로부터 얻은 자료를 다각도에서 조사함으로써 이상의 문제를 완화하는 방법을 소개한다. Feng에 의하면, 여러 이해관계자들과 기타 자료원에서 얻은 자료들이 서로 적합한지 다각도에서 조사함으로써 이해관계자 설문에서 도출한 결과의 신뢰도 수준을 높이고 있다.

여러 이해관계자로부터 얻은 자료를 통해서 평가자들은 프로그램의 주요 측면에 대한 공감 정도를 관리할 수 있다. 특히 공감 정도는 입학(선택도와 다양성), 일반 학생집단에서 분리되는 정도, 그리고 지방 및 주 학업 기준과 영역에서 벗어난 정도같이 분쟁의 여지가 있는 영역에서 중요하다.

이해관계자 설문을 통해서 다른 중요한 정보 자료를 얻는다. 이해관계자 설문은 이해관계자들이 프로그램에 대해 어떻게 알고 있는지, 프로그램에 대해 얼마나 열의가 있는지, 그리고 가장 중요한 것은 이해관계자들이 프로그램의 여러 면에서 일어나는 변화에 얼마나 수용적인지 측정하는 기압계 같은 역할을 할 수 있다. 이와 같은 요인들을 인식하고, 평가자들은 가장 긍정적인 변화를 이끌어내는 제안점을 구안해낼 수 있다. 만일 이해관계자들이 현재의 정책을 잘 알고 있지 않거나 열의가 없다면, 건설적인 변화를 기꺼이 감수하려고 하지 않을지도 모른다.

5장에서는 학급관찰 자료 수집에 관해 다룬다. 학급관찰은 학급 내 상호작용을 가장 잘 보여 주는 것으로서 특히 성차에 관한 문헌에서 자주 사용하는 방법이다. 저자가 말했듯이, 이 학급관찰 자료를 통해서, 얼마나 잘 영재교육 모델과 책략을 적용하는지 그 실제 상황과 이에 대한 교사지각이 일치하는지 점검할 수 있다. 이상의 방식으로, 학급관찰 자료는 형성평가를 실시하는 도구를 마련해 준다.

저자는 또 다른 중요한 요지를 언급하고 있다. 즉, 평가는 프로그램을 실시함에 있어 교사 준비도와 프로그램에서 사용하는 영재교육 모델 같은, 투입(input)에 대한 논의를 포함해야 한다. 평가는 산출(output), 즉 중재 없이도 학생들이 할 수 있는 것 그 이상에서 정말 성취하는지 그 정도를 언급해 주어야 한다. 설문과 학급관찰은 "왜"에 대한 통찰을 제공하며, "무엇"을 설명해 주기 때문에 이 둘 사이에 바람직한 균형을 이룬다.

학급관찰은 학생의 산출을 관리하기 위해 보다 더 활용할 수 있음도 지적하고 있다. 예를 들어, 영재학급 상호작용에서 과소 판별되는 집단의 학생이 어느 정도 참여하는지 자료를 수집할 수 있다. 과소 판별되는 집단의 학생을 얼마나 자주 호명하는가? 교사가 다른 학생에게 주의를 돌리기 전에 스스로 추론하여 활동하도록 얼마나 자주 격려를 해 주는가? 이질적으로 집단이 편성된 반에서, 영재학생의 참여와 어떻게 다른 학생들이 영재 친구들에게 반응하는지도 학급관찰을 통해서 관리할 수 있다.

또 다른 장에서는 관찰과 인터뷰 사이의 간격을 채우며 자료를 수집하는 초점집단과 초점집단의 사용에 관해 소개한다. 초점집단은 평가 팀이 선정한 특별한 질문을 놓고 참여자들이 서로 상호작용을 하는 일종의 메커니즘을 제공한다. 언급한 바와 같이, 초점집단을 독립적인 변인으로 사용하지 말고, 다른 자료들과 다각도에서 조사한다면 특히 유용하다. 투입과 산출(설문, 학급관찰과 초점집단) 사이에서 얻은 자료는 참여자의 지식, 열정과 융통성을 측정하는 기압계 같은 역할을 할 수 있다.

저자가 언급한 바와 같이, 초점집단에 참여한 사람의 성격과 겉으로 드러나지 않은 정치적인 압력으로 영향을 받을 수 있다는 심각한 문제가 초점집단에는 있다. William and Mary 대학의 센터는 이러한 문제를 완화하는 과정으로 어떤 차원을 덧붙였다. 즉, 참여자가 공개적으로 말한 자료와 개인적으로 글로 적은 자료를 비교하기 위해, 참여자들로부터 익명으로 개별 피드백을 수집하였다.

대부분 평가 기법에는 과정을 촉진하고 실시하는 요령이 필요하다. 분명히, 영재 프로그램의 독특한 특징과 재정 및 정치적인 책무성 시대에서, 엄정하고, 증거에 기초하여 평가 자료를 마련해야 한다는 점을 인식하기 위해서는, 많은 시간을 들여서 평가자들을 훈련시켜야 할 여지가 남아 있다.

활용에 관한 장에서는 평가와 관련된 큰 문제를 다룬다. 즉, 왜 정규적으로 영재 프로그램을 실시하지 않는가? 어떤 제안점은 수용하면서 또 어떤 것은 왜 수용하지 않는가? 평가 요지를 통해서 모델이 적절하게 실시되었음을 알 수 있는가? 즉 입학, 교육과정과 사정의 모든 면들이 함께 잘 조화를 이루는가? 혹은 어떤 기준선에 준하여 정규교육에서 기대하는 바 그 이상에서 학생들이 성취하고 수행한다고 할 수 있는가?

VanTassel-Baska가 지적한 바와 같이, 산출을 측정하는 평가는 거의 없기 때문에 첫 번째 제기한 문제를 보다 자주 다룰 것 같다. 그러나 매번 평가를 계속 할 수 없다!

이해관계자들로 하여금 어떤 제안점을 수용하면서 다른 제안점을 수용하지 않게 만드는 이유는 또 다른 어려운 문제이다. 만일 지역사회로부터 어떤 프로그램을 독점하려면, 내부적으로 그 과정에 관여하고 있어야 한다. 한편, 너무 깊게 관여하게 되면 사리사욕에 빠지게 된다. 고등교육이라는 전쟁에서 이러한 현상을 볼 수 있다. 대개, 프로그램 참여자들은 자기 자신을 열심히 혹은 포괄적인 시각에서 기꺼이 들여다보지 않는다.

결론적으로, 공식적으로 평가 활동을 정착시키려면, 프로그램 결과를 측정하고 병합하여, 프로그램 책무성에 대한 요구사항을 언급해야 한다. 이해관계자 편에서 평가를 활용하려면, 재정 및 정치적으로 긍정적인 변화를 지원할 수 있도록 프로그램, 학교와 학군의 지도성을 보장해 주어야 한다. William and Mary 대학 내 Center for Gifted Education이 프로그램을 위해서 이상의 어려운 일을 쉽게 만들 수는 없지만, 프로그램 개선을 지향하려고 선두에서 여행을 주도하는 사람들에게 귀중한 지침서를 제공할 수는 있다.

Rena F. Subotnik

American Psychological Association

Washington, DC

차 례

표제목 차례

그림제목 차례

제 1 장

William and Mary 대학 절충적 영재 프로그램 평가 모델의 소개

Joyce VanTassel-Baska

> 평가는 프로그램이 어떻게, 언제, 그리고 왜 그 기능을 하는지 정보를 제공할 것이며, 이를 통해서 보다 바람직한 결정을 내리고, 보다 효과적으로 활동하고, 자원을 좀 더 유용하게 할 수 있을 것이며, … 세상은 보다 좋은 곳이 될 것이다.
>
> — Patricia J. Rogers(2001, p. 435)

영재 프로그램 평가에서 활용하는 접근법은 교육의 두 가지 주된 이해 방식, 즉 실증주의자(positivist)와 후기 실증주의자(postpositivist)에 그 근원을 두고 있다. 본 장에서는 이들 동향으로 시작하여, 그 이해 방식에 기초해서 평가 모델을 탐색할 것이다. 그리고 William and Mary 대학에서 실시하고 활용한 영재 평가 모델로 결론을 지을 것이다.

두 가지 패러다임은 교육 연구에서처럼 교육평가에서도 대부분의 활동을 지배한다. 두 가지 패러다임 중 하나는 실증주의적, 합리론적으로 현

〈표 1.1〉 합리주의와 자연주의 이론의 차이점

차원	합리주의 이론	자연주의 이론
현실	하나, 수렴적	여러 개, 확산적
평가자/평가 의뢰인과의 관계	독립적	상호 연관된
진리에 대한 속성	맥락이 없는 일반화	맥락에 매인 활동적인 생각
증거의 역할	인과관계를 증명	주제와 특징적인 형성체를 파악하고자 다각도로 측정
가치관계	가치가 없는	가치에 매인

저하게 양적인 특징을 보이는 반면, 다른 하나는 후기 실증주의적, 자연주의적으로 질적인 특징을 보인다. 〈표 1.1〉에서 교육평가활동에 있어 이 두 접근법의 본질적인 차이를 볼 수 있다.

합리론적 패러다임에 따르면, 교육은 일종의 계획으로 통제를 받는다. 이와 같이 생각할 경우, 숙련된 노동력을 산출하거나 국가경쟁력을 높이는 등 목적을 위한 수단으로 교육을 간주하는 경향이 있다. 교수지도(teaching) 및 학습(learning) 또한 바람직한 목적을 달성하기 위한 수단으로, 원칙적으로 어떤 체계 내에서 통제를 받는 요소라고 볼 수 있다. 이러한 관점에서는, 교수지도를 기술적인 전문성이 필요한 하나의 숙련된 기능으로서 생각하고, 학생의 학습문제는 적절한 기술을 적용하여 다룰 수 있고, 그리고 교수지도와 학습과정의 인과관계를 보다 잘 그려냄으로써 교육을 향상할 수 있다고 생각한다(Ewert, 1991).

자연주의적 패러다임에 따르면, 교육은 일종의 유입 상태이므로, 교육과정을 통제하려고 하지 않는다. 자연주의적 교육관을 가진 사람들은 교육의 상호연관성과 총체적인 현실을 인정한다. 교수지도와 학습을 서로 감출 것이 없는 상보적인 의미로 생각한다. 일종의 예술 양식이라고 생각하는 교수지도는 내용, 학생 및 이 둘 간의 상호작용에 대한 직관적인 판단에 기초한다. 이와 같은 견지에서 개별 학습자 및 학습자의 요구를 깊이 이해하고, 학생들이 불규칙적으로 성장하며, 이를 대개 예측할 수 없다는 것을 인정함으로써 보다 효과적인 교육이 가능해질 수 있다.

대부분 영재 프로그램 평가는 어느 한쪽만을 고수하기보다는 양쪽 패러다임을 결합하는 경향이 있다. 이 패러다임은 교육을 담당하는 사람들이 세계가 어떻게 조직되고, 어떻게 돌아가는지 그 방식에 대해 갖고 있는 가정에서 비롯된다. 교육적 상황 내에서, 이와 같이 상이한 이해 방식은 활발히 적용되고 있다. 자신의 세계는 질서정연하고, 직선적이며, 적어놓은 계획대로 학교와 학급에서 이루어진다고 생각하는 교육자들이 있다. 반면 양적인 결과가 아닌 환경에서 제공하는 경험의 질을 통해서 자신의 세계를 인식하는 교육자들도 있다. 이처럼 각 유형의 교육자들을 학군에서 볼 수 있다. 따라서 평가는 이들 교육적 실제에 대한 이해 방식을 인정하고 강력한 영재 프로그램을 개발하는 각자의 역할을 인정해야 한다.

핵심적인 평가 모델

평가에 대한 접근법이 하나만 있는 것이 아니라, 일반적으로 받아들이는 행동 과학에 대한 철학이 하나만 있을 뿐이다. 하나의 주도적인 철학이 없다고 진실 혹은 장점을 설정하는 철학적 가정을 논의하지 못하는 것은 아니다. 이와 같은 논쟁은 대개 교육평가에서 다양한 관점이 있기 때문이다.

비록 철학적 차이로 인해 평가에 대한 대안적 관점이 생기게 되었지만, 철학적 차이는 서로 모순되는 것이 아니다. 객관주의와 주관주의자의 전통에서 도출되기는 하였지만, 중요한 목적과 목표를 달성하기 위해서는 같은 평가라도, 여러 접근법을 사용하여 연구목적을 기술한다.

평가 방침을 선택할 때, 평가자들은 다음과 같은 점을 고려해야 한다. 즉, a) 평가 의뢰자에게 보고하는 결과가 신뢰성이 있어야 하며, b) 평가에서 발견한 점을 이해하고 설명해야 하고, c) 평가 동안에 드러나거나 숨어 있는 문제에 민감해야 하며, d) 평가 의뢰자가 제기하는 질문에 철저하게 답변해야 한다. 전적으로 어떤 특정 이데올로기의 가정 및 가설에 동의해도 이것이 평가자의 권리임을 인정한다. 그러나 넓은 범위의 평가 상황에서 잘 해낸 평가자들은 철학적 이데올로기를 "양자택일"의 결정이라고 생각하지 않는다. 평가자들은 같은 평가 내에서도 대안적 인식론에 기초하여 여러 방식을 적절하게 사용해야 한다. 그렇지만 상이한 평가 관점에서 도출된 방법의 가정과 제한점을 인식하는 것이 중요하다. 다음의 평가 모델은 영재 프로그램 연구에서 가장 일반적으로 사용하는 것이다. 그 목적, 가정과 방법론에 대해 살펴볼 것이다.

CIPP – 맥락(Context), 투입(Input), 과정(Process), 산출물(Product) – 평가 접근법

평가가 영재 프로그램의 목적을 어느 정도 실현하였는지 사정하는 것이 목적이라면, Stufflebeam Model(2001) 혹은 이를 변형한 모델을 활용하는 것이 바람직하다. 이 모델에 따르면, 차례대로 프로그램의 각 면들을 조사하고, 전체뿐 아니라 각 면에 대해 판단을 내리는, 시스템처럼 프로그램을 분석할 수 있다고 가정하였다.

Central Michigan 대학의 Daniel Stufflebeam이 개발한 이 모델은 많은 교육평가에서 성공적으로 실시되고 있다. 이 모델은 프로그램의 구성요소를 분석하고, 프로그램에서 실제 일어난 것과 미리 정의해 두었던 목적 및 결과에 기초하여, 일어났어야 하는 것에 대해서 이들 구성요소의 관계를 결정한다. 그 결과로서 나타나는 "불일치"가 프로그램을 향상시킬 때 제안점을 구성하는 기초가 된다. 평가 의뢰자가 프로그램을 관리하는 경우, 이 사람들이 프로그램을 계획하고 실시하는 과정에서 정보를 제공하기 때문에, 대부분 영재 프로그램 평가를 통해서 프로그램을 향상할 수 있어, 이런 유형의 평가는 매우 바람직하다고 할 수 있다.

이 모델은 프로그램의 네 가지 면을 철저하게 조사한다. 즉, 맥락(contexts)과 구조(designs), 투입(inputs), 과정(processes)과 결과(outcomes). 부족한 영역을 언급하여, 향후 프로그램을 계획하려는 눈을 가지고 주의 깊게 프로그램의 각 면을 조사한다.

맥락 평가는 교육 프로그램이 프로그램 요구와 지원 수준의 견지에서 어떤 상황에 있는지를 판단한다. 구조 평가는 교육과정 자료, 프로그램 매뉴얼에서 볼 수 있는 전반적인 구조적 특징과 여러 문서화된 자료를 평가할 때 사용된다. 구조 평가는 포괄성, 내적 혹은 논리적 일관성, 요구와의 관련성 및 관련 청중에 대한 적절성과 관계가 있다.

투입 평가는 프로그램이 충분한 하부구조를 갖추고 있고 주어진 목표를 위해 효과적으로 기능하였는지를 평가할 때 사용된다. 투입 평가는 자원의 이용 가능성과 프로그램 자원을(돈, 사람, 자료 등) 계획대로 이용하고 배치하는 정도와 관계가 있다.

과정 평가는 프로그램 구조가 어느 정도 실행되었는지 평가할 때 사용된다. 과정 평가는 계획대로 활동이 수행되었는지, 그 빈도 수, 효력 및 기타 질적인 정도와 관계가 있다.

결과 평가는 일정 기간 동안 실시한 프로그램으로 인해 생긴 결과를 평가할 때 사용된다. 결과 평가는 단기적인 결과와 관계가 있으며, 다른 결과, 종결된 결과 혹은 프로그램 산출물의 선결조건이 된다.

William and Mary 대학에서 실시한 평가는 여러 책략을 통해서, 프로그램을 계획하는 메커니즘을 평가하고자 하였다. 평가들은 프로그램 구조와 교육과정 구조를 기초기준으로 사용하여 영재 프로그램에 대한 문서자료를 살펴보았다. 자원 배정(투입)은 예산분석과 직업 기술을 통해서 결정하였다. 프로그램 실행 절차(과정 평가)는 관련 책임자 집단에게 질문을 하고, 학급관찰과 핵심적인 프로그램 문제에 대해 추후 집중적인 집단 조사를 실시하여 살펴보았다. 프로그램을 받은 학생에게서 수집한 자료와 기타 프로그램 효과에 대한 문서자료를 평가함으로써 학생과 프로그램의 결과를 결정하였다. 이들 접근법의 다각적 측면을 통해 어떻게 현재 프로그램이 기능을 하는지 이해하고, 프로그램을 향상하는 제안점의 근거로 삼았다.

〈표 1.2〉는 영재 프로그램 평가와 관련이 있는 질문들로, Stufflebeam(2001)의 구성 요소적 평가 모델에 근거한다.

사례연구 접근법(Case Study Approach)

평가 목적이 프로그램을 깊게 이해하는 것이라면, 사례연구 접근법은 적절하다. 사례연구 접근법 모델의 가정은 그 내부, 즉 작용하는 여러 맥락들을 고려할 때만이 프로그램을 이해할 수 있다는 것이다. 평가에 대한 사례연구 접근법은 University of Illinois의 Robert Stake가 쓴 『The Art of Case Study Research』(Stake, 1995)에서 볼 수 있다.

오래 전부터 사례연구방법이 있었으며 인류학, 임상심리학, 법, 의학과 사회연구 같은 분야에서 적용되었다. Stake 외에 프로그램 평가에 이 방법을 적용한 사람으로는 Campbell(1975), Lincoln과 Guba(1985) 및 Yin(1992)이 있다.

사례연구에 기초한 프로그램 평가는 어떤 특정 프로그램 혹은 목적을 집중적으로, 깊게 기술하고, 분석하고 합성한다. 조사자들은 프로그램을 어떤 방식으로도 통제하지 않는다. 오히려, 과거 혹은 현재 발생하고 있는

〈표 1.2〉 영재교육평가를 위한 Stufflebeam Model의 적용

맥락(Context, C)	1. 영재와 교사의 현재 요구는 무엇인가? 2. 영재 프로그램에 대한 지원 수준은 어떠한가(내적 그리고 외적)? 3. 어떤 일반적인 자원이 있어 지원을 하는가?
구조(Design, D)	1. 프로그램/교육과정을 정의할 때 프로그램 매뉴얼과 교육과정 자료가 얼마나 완벽한가? 2. 관련 청중에게 자료가 얼마나 적절한가? 3. 자료가 얼마나 잘 조직되었는가?
투입(Input, I)	1. 무슨 영재 프로그램 책략이 프로그램의 목적을 가장 잘 충족하는가? 2. 프로그램의 실행을 관리하기 위해 무슨 메카니즘을 사용할 것인가?
과정(Process, P)	1. 영재 프로그램이 계획대로 실행되고 있는가? 2. 프로그램의 목적 달성을 촉진하고 지연할 때 어떤 프로그램을 "조절"하는가?
산출물(Product, P)	1. 프로그램의 목적이 달성되었는가? 2. 프로그램의 결과에 영향을 주는 유의한 상호작용은 무엇인가? 3. 프로그램의 예상하지 못한 효과는 무엇인가?

것처럼 프로그램을 살펴본다. 프로그램을 지리학적, 문화적, 조직적 및 역사적 맥락에서 살펴보고 면밀하게 프로그램의 내적 작용과 어떻게 결과를 산출하기 위해 투입과 과정을 사용하는지 조사한다. 사례연구는 의도한 그리고 의도하지 않은 결과를 광범위하게 조사한다. 프로그램을 여러 수준에서 또한 전체적으로 살펴본다. 사례연구는 중심이 되는 지배적인 주제가 있고, 변화 및 변형이 그 특징이다. 프로그램의 의도한 이득 그리고 실제 이득을 정의하고 기술한다. 사례연구방법에서는 수요자의 요구와 프로그램이 효과적으로 이들 요구를 언급한 정도를 조사한다. 여러 정보를 얻고 통합하기 위해 다양한 방법을 사용한다. 부분으로 분해하고 프로그

램을 여러 차원에 따라 분석하는 한편, 이 모델은 또한 전반적인 프로그램의 특징을 보여 준다.

사례연구는 평가에 관련 있는 사람들이 가장 흥미를 갖고 있는 문제에 초점을 맞추어야 한다. 그러므로 평가자는 평가할 프로그램의 이해관계자를 파악하고 이들과 상호작용해야 한다. 이상의 방법에서, 이해관계자들이 연구를 계획하고 결과를 해석할 때 도움을 줄 수 있다. 이상적으로, 평가와 관련 있는 사람으로는 프로그램의 행정가, 직원과 수혜자들이 포함된다.

이상의 평가와 관련 있는 사람들이 전형적으로 제기하는 질문은 다음과 같다. 개념적 그리고 실제적으로 프로그램이란 무엇인가? 프로그램이 실제 결과에 어떻게 영향을 미치는가? 단점 및 부정적인 부작용은 무엇인가? 긍정적인 효과는 무엇인가? 어떤 방식으로 그리고 어느 정도로 이해관계자들이 프로그램에 가치를 부여하는가? 이들 질문들을 통해서 사례연구에서 언급하는 질문의 범위를 볼 수 있지만, 각 사례연구는 평가 의뢰자 및 평가에 관련이 있는 사람이 갖는 흥미의 영향을 받는다.

효과적으로 사례연구를 실시하려면, 평가자들은 양적 및 질적 방법을 폭넓게 사용해야 한다. 기록 분석, 활동 작품수집, 프로그램 문서자료에 대한 내용 분석, 독립 관찰 및 참여자 관찰, 인터뷰, 운영, 핵심집단, 설문지, 평정척도와 프로그램 데이터베이스 관리 등을 논리적으로 분석한다. 평가 결과 보고서에서는 관련 경향을 심도 있게 기술하고 설명을 통합하며, 결정적인 사건에 주안점을 두고서 주요 결론을 요약한다.

William and Mary 대학의 평가연구는 일반적으로 사례연구 접근법을 활용하였으며, 특히 평가 과정 자체를 계획하고 의사 결정할 때, 평가와 관련이 있는 관계자들을 포함하였다. 또한 여러 자료를 사용하여 프로그램의 논쟁 및 문제를 이해하려고 하였다.

사례연구 접근법은 영재 프로그램 평가에서 매우 적절한데, 그 이유는 사례연구 접근법에서는 처치나 피험자에 대해서 통제를 하지 않고, 자연적으로 발생하고 발전하는 프로그램을 살펴보기 때문이다. 여러 관점, 방법과 정보출처를 다각도에서 조사함으로써, 평가의 정확성에 대해 언급하고, 질적 정보를 분석하는 체계적인 절차는 그간 실시하였던 각 연구에서 살펴볼 것이다.

활용성에 초점을 둔 접근법(Utilization-Focused Approach)

평가의 목적이 긍정적인 프로그램의 변화를 이끌어내는 것이라면, 활용에 초점을 둔 접근법이 매우 바람직하다. 이 접근법은 평가 의뢰인이 평가를 자연스럽게 건전한 변화를 이끌어내는 프로그램 발전 주기의 한 부분으로 여긴다고 가정한다.

활용에 초점을 둔 접근법은 프로그램 평가가 어떤 영향을 만들어낸다는 확신과 맞물려 있다(Patton, 1987, 2002). 효과적으로 평가를 의도한 대로 활용하기 위해서는, 여러 이해관계자들 중에서 초점 대상이 되는 집단을 우선적으로 선정하고 이들과 협조하여 평가연구에 대해 선택을 내린다. 평가 결과를 활용할 주요 사람들이 의도한 바대로 결과를 활용하고 그 가능성을 최대화할 수 있도록 돕고자 한다면 활용성에 초점을 둔 접근법을 선택하고 적용한다. 그러므로 접근법의 우아함이나 기술적인 우수성보다는 프로그램을 향상하고 의사결정 및 행동에 대해서 평가가 빚어내는 차이를 보고, 활용성에 초점을 둔 접근법을 판단한다. 먼지가 가득한 선반에 있다면, 아무리 좋은 평가 보고서일지라도 긍정적으로 프로그램을 향상하거나 책무성에 기여하지 못할 것이기 때문이다.

활용에 초점을 둔 접근법의 주된 특징은 추상적으로 말해서, 서비스를 받는 사용자와 활용에 있다. 이와 같은 초기 개념에 따라서, 평가자들은 직접적으로 가능한 한 서비스를 받는 실제 사용자를 파악하려고 한다. 주의 깊고 철저하게 이해관계자를 분석하여, 평가자는 평가연구에서 드러나야 하는 여러 다양한 관점과 홍미를 파악한다. 그러고 나서 왜 이해관계자들에게 평가가 필요한지, 어떻게 이들이 평가 결과를 적용하려고 하는지, 어떻게 평가를 실시해야 한다고 생각하는지, 그리고 어떤 유형의 평가 보고서를 제공해 주어야 한다고 생각하는지(예: 구두적으로, 인쇄물로, 혹은 모두)를 명확하게 하기 위해서, 평가자들은 이들 이해관계자 집단을 참여시킨다. 이 접근법에서 심사숙고하였던 평가 결과를 활용하여, 장점, 가치, 향상과 지식의 일반화에 대해 평가를 내린다. 이 접근법은 또한 평가 과정 그 자체에 가치를 부여하여, 평가에 관련 있는 사람들이 서로 이해를 공유하도록 돕고, 프로그램을 지원하고, 참여를 증진하며 조직력을 개발하고 강화한다.

William and Mary 대학의 평가 팀은 이 접근법이 영재 프로그램을 향상하고 성장을 지향하는 기반을 강화하는 데 도움을 주는 방식이라고 생각한다. 교육적인 방향에서 이해관계자와 함께 활동함으로써 프로그램을 옹호하고, 장기적이며 실질적인 프로그램의 변화를 지원하게 된다.

감식가적 접근법(Connoisseurship Approach)

시간과 자원의 제약 때문에, 프로그램을 빨리 통찰하고자 한다면, 감식가적 접근법이 바람직할 수 있다. 이 접근법의 가정은 어떤 영역에 조예가 깊은 전문가가 대개 독립적인 시간 구조와 프로그램 상황에서, 믿을 수 있는 주요 사항을 신출해낸다는 것이다.

감식가적 접근법은 평가자의 전문성과 민감성에 기반을 두고 있다. 평가연구의 목적은 어떤 특정 프로그램의 장점을 기술하고, 비판적으로 평정하고, 보여 주는 것이다. 이 접근법은 Eisner(1985)가 처음으로 활용한 것으로, 시간 제한이 있거나 전문가의 집중적인 투입을 통해서 프로그램을 개선하는 방향을 얻고자 할 때 이 접근법을 사용한다. 이 접근법에서 진술하는 평가 질문은 전문 평가자, 즉 평가를 수행하는 비평가 혹은 권위자가 결정한다. 전문 평가자는 다음의 주요 질문에 대답을 할 것으로 기대할 수 있다. 프로그램의 본질과 특징은 무엇인가? 이 프로그램을 일반 유형의 다른 프로그램과 구분하는 강점과 약점은 무엇인가?

이 접근법에서는 맥락을 이해하는 것 또한 평가를 구성하고 실시할 때 중요하다. 영재 프로그램 평가자들은, 예를 들어, 다음과 같은 것을 명확하게 해 두는 것이 중요하다.

- 프로그램 학생과 교사의 요구
- 이들 요구를 충족하는 데 있어 장애물 혹은 문제점
- 문제를 진술할 때 사용하는 자산과 기회
- 프로그램과 교육과정 목표의 적절성

이를 위해서, 프로그램 개발을 촉진하거나 방해하는 요소 및 맥락에 대해 논의할 수 있는 영재교육에 깊은 전문성을 갖춘 사람이 평가 팀의 의장을 맡아야 한다. 프로그램을 보여 주는 여러 자료원, 학급관찰, 설문지와 초점집단과 함께 짝을 이뤄서 평가 전문가는 맥락적 요구를 이해하고 해석함에 있어 꼭 필요한 시작점을 제시하게 된다.

비판 및 감식가적 접근법의 장점은 많은 시간과 노력을 할애하여 연구하였던 평가자의 전문성과 통찰력에 기초하여 탐색을 한다는 점이다. 이와 같은 전문가들은 다른 어떤 것보다 평가에 관련되어 있는 사람들에게 보다 통찰하여 분석할 수 있도록 상세한 정보를 제공한다. 이 접근법의 단점은 프로그램 평가를 실시하는 특정 전문가 및 전문가의 자질에 의존하게 되어, 매우 주관적이 될 여지가 있다는 점이다. 또한 여러 차원에서 깊게 프로그램을 이해할 시간이 부족하다는 점도 이 접근법이 갖는 단점이다. 그러나 평가에 있어 이 접근법은 많은 영재 프로그램 연구에서 활용되고 있다. Hunter School 평가에 대한 10장과 Singapore 평가에 대한 11장은 이 접근법에 기초하여, 영재교육에서 특정 유형의 전문가를 평가 팀 구성원으로 선정하였다.

의뢰자 중심 접근법-반응적인 평가(Client-Centered Approach-Responsive Evaluation)

만일 평가의 목적이 평가 의뢰자의 요구에 반응하는 것이라면, 반응적인 평가 접근법이 적절하다. 이 접근법의 가정은 어떤 주어진 프로그램에서 활동하는 사람들의 욕구, 요구 및 능력이 여러 겹으로 포개어져서 평가 활동으로 나타난다는 것이다. 따라서 평가 접근법은 이들 개인에게 집중된다.

여기서 사용하는 **의뢰자 중심** 평가라는 말은 평가자가 예를 들어, 교사, 행정가, 교육 이사회와 입법자를 포함하여 다양한 의뢰자 집단을 지원하고 이들과 함께 활동해야 한다는 것 때문이다. 어떤 의미에서 프로그램을 지원하고, 개발하며, 실시하고, 직접적으로 실행하여 프로그램을 향상하고자 하는 사람이 바로 의뢰자인 것이다. 이 접근법은 평가자들로 하여금 계속적으로 다른 이해관계자는 물론 여러 의뢰자와 상호작용하고 이들의 요구에 반응할 것을 요구한다(Stake, 1991).

의뢰자 중심 접근법은 지역의 자율성을 수용하며, 프로그램에 참여한 사람들로 하여금 프로그램을 평가하고, 평가 결과를 사용하여 프로그램을 향상시킬 수 있도록 돕는다. 어떤 의미에서, 평가자는 평가를 의뢰한 사람의 요구를 채우기 위해 평가를 실시하는 "부수적인 역할"을 수행한다. 이 접근법에서는, 해석을 책임자의 몫으로 남겨 놓고, 프로그램 평가를 통해서 갈등에 놓인 발견사항과 결론을 종결짓는다. 그러므로 의뢰자 중심 접근법은 이해관계자들의 상이하고 갈등소지가 있는 가치에 대해서 발견사항을 해석하고, 권위적으로 최종 결론을 내리지 않는다는 점에서 평가는 상대적이다. 이 접근법은 프로그램의 여러 차원을 조사하고, 프로그램 포맷, 운영 및 성취의 중요성에 상충되는 관점을 보고하고 수합하는 것에 가치를 부여한다. 의도한 결과 외에 부작용과 우연한 이점을 파악하고 조사한다.

의뢰자 중심 평가의 핵심적인 특징은 프로그램과 프로그램 원리에 대한 이해관계자의 관심이다. 이해관계자들을 대표하는 집단은 평가의 모든 단계에서 개방적이며 의미 있는 대화와 협의에 참여해야 한다.

본 연구자가 실시한 영재 프로그램 평가에서도 이 접근법을 사용하여 가능한 한 1) 평가 문제를 정의하고, 2) 초점집단과 인터뷰를 통해서 여러 이해관계자의 특징을 수합하고, 3) 계속적으로 핵심적인 이해관계자들이 평가 과정을 어떻게 인식하고 있는지 평가하였다. 영재 코디네이터 및 코디네이터 팀과 계속적으로 의사소통을 함으로써, 평가 의뢰자를 평가의 전면과 핵심으로 생각하였다. 평가 보고서를 읽을 때 생길 수 있는 언어적 문제, 정확성 및 기타 관심사에 대해 코디네이터를 참여시킴으로써, 평가 과정의 종결단계에서 비롯되는 여러 문제를 확실하게 하였다.

인준/자격증 접근법(Accreditation/Certification Approach)

어떤 지역 내 프로그램이 국가 및 주(혹은 둘 모두) 기준에 맞는지 보는 것이 평가의 목적이라면, 인준 접근법은 좋은 방법이다. 인준 접근법의 가정은 기준에 따라서 프로그램이 어떠해야 하는지, 그리고 위임장에 맞게 프로그램을 효과적으로 운영하는지를 정확하게 기술한다는 것이다.

많은 교육 전문가들이 인준을 주제로 연구를 하고 있으며, 언젠가는 대부분 전문가들이 일정 자격 요구기준에 맞추어야 할 날이 올 것이다. 연구소, 프로그램 및 영재 프로그램 관계자들은 사회에서 요구하는 역할 및 특정 기능에 "적합한지(goodness of fit)"를 평가받고 있다. 기본적으로 인준 접근법은 연구소와 이 연구소의 프로그램 혹은 관계자들이 최소 기준을 충족시키고 있는지, 그리고 어떻게 이들 최소 기준들을 향상할 수 있는지 의문을 제기한다. 인준/자격증 연구를 보면 대개 인준 및 자격증을 수여하는 단체에서 채택하는 지침과 기준을 도구로서 사용한다. National Council for Accreditation of Teacher Education(NCATE) 같은 인준 기관들은 대학원 프로그램에 신임장을 준다. 예를 들어, 미국 북중부 및 중부에 위치한 주에 있는 인준 기관들도 특정 지역에 있는 고등학교에 대해서 이와 비슷한 서비스를 실시하고 있다.

영재교육 분야에서는, National Association for Gifted Children (NAGC)가 여러 범주별로 인준 기준들을 만들었다. 예를 들어, 판별, 교육과정 및 교수지도, 프로그램 개발, 행정, 전문성 개발, 지도 및 평가 범주에 대해서 최소한 그리고 모범이 되는 인준 기준을 제시한다. 최근 여러 평가 연구에서, 프로그램 코디네이터들로 하여금 이들 기준을 보고, 스스로 평가를 하도록 요청하였다. 그 다음 평가자와 프로그램 코디네이터는 평가한 바를 서로 토론하고 의견을 나누게 하였다. 평가자와 프로그램 코디네이터는 프로그램에 대해 서로 일치하는 관점에 도달한 후에, 평가 보고서의 일부분을 할애하여 어느 정도 학군이 국가 기준에 부합되는지를 명시하였다.

William and Mary 대학의 평가 모델

앞서 기술한 평가 접근법에 기초하여, 본 장에서 살펴본 각 접근법의 특징을 통합하여 영재교육에서 활용할 수 있는 절충적 평가 모델을 발전시켰다.

첫째, William and Mary 대학의 평가자들은 **책무성/불일치 접근법**(accountability/discrepancy approach, CIPP)의 중요성을 인식하였다. 이 접근법을 통해, 구조, 투입, 과정 및 산출물로 현재 상태의 프로그램을 정의하고, 명시해 놓은 목표 및 기대에 기초하여 프로그램에서 필요한 것, 이 둘 사이에 일치하지 않는 것을 밝히고자 하였다. 양적 및 질적으로 여러 자료들을 분석함으로써 지금 처해 있는 특별한 맥락에서 영재 프로그램이 향후 수월성 수준으로 옮아갈 수 있는지 그 방법을 이해하게 된다.

둘째, William and Mary 대학 접근법은 **사례연구**(case study)를 사용하여 자료 수집 과정을 통해 나타난 주제, 패턴과 문제점을 파악하고, 여러 자료를 측정하여 실제적인 결과를 얻었다.

셋째, William and Mary 대학 접근법은 또한 **활용에 초점**을 둔 접근법이기도 하다. 영재 프로그램들은 발전 지향적인 일종의 메커니즘을 가지고 있어야 한다. 그러므로 영재 프로그램 평가는 발전을 위한 결정적인 촉매인 것이다. William and Mary 대학의 평가 접근법은 평가에 대한 주인의식을 고양하고, 프로그램의 결과, 제안점과 행동계획을 증진하기 위해 평가 과정에 의뢰자를 참여시킨다. 각 평가는 행동계획을 수립할 수 있도록 제안점을 제시한다. 실제로 제안점을 활용하고 있는지 알아보기 위해서, 평가를 실시한 지 6개월이 지난 다음에, 추후 인터뷰와 설문지를 보내고 의뢰자에게 평가자료를 계속적으로 사용하도록 상기시킨다.

William and Mary 대학 접근법은 또한 **의뢰자 중심 혹은 반응적인 방법**을 사용하여, 처음 평가 단계에서 제기되는 질문과 문제를 정의할 때 학군의 관계자들을 참여시킨다. 심지어 제안의뢰서(request for proposal, RFP)를 작성할 때도, 여전히 핵심적인 관계자를 처음부터 만나서 평가를 어떻게 실시할지 확실하게 한다. 평가 의뢰자는 초점이 되는 집단, 자아-평가 및 준비보고서를 검토하는 것 등을 포함하여 여러 방식으로 계속 참여한다.

또한 **감식가적** 접근법도 사용하였으며, 문제에 침투하여 빨리 그 해결 방안을 이해하려고 할 때, 영재교육 내 평가 팀의 전문성을 활용한다. 예를 들어, 평가 리더는 평가활동에서 도움이 되는 30년의 영재 프로그램 개발 경험을 가지고 있다.

마지막으로, **인증/기준 접근법**을 사용하였다. 영재교육 분야들이 프로그램에 대한 기준을 가지고 있으므로, 프로그램 기준들을 활용하여 프로그램 수준을 평가한다. 평가자의 평가와 함께, 자아-평가를 사용하여, 평가 보고서를 준비하기 전에 발생하는 각 관점을 논의한다. 다른 자료에서 얻은 결과 외에 기준에 부합되지 않는 영역을 들여다봄으로써, 제안점들이 도출되기도 한다. [그림 1.1]은 William and Mary 대학 평가 모델을 보여주는 도식표이다.

William and Mary 대학 평가 모델의 적용

> 부유한 학군에 있는 지역 영재 프로그램을 평가해 달라는 장학관의 요청을 받았다. 프로그램에 대해 적어놓은 정보에 의거하여, 3학년에서부터 시작하여 고등학교까지 확대하였다. 초등 3학년~5학년 언어와 수학에서 영재로 판별된 학생을 대상으로 독립식 학급(self-contained class)을 포함하여 평가하였다. 중학교는 인문과 수학에서 우등생반을 포함하였고, 고등학교에서는 여러 과목에서 Advanced Placement(AP)와 우등생 프로그램을 포함하였다. 평가를 실시하고 학교이사회와 부모집단에게 그 결과를 보고하는데 1년이 소요되었다. 부모는 프로그램의 영역이 너무 협소하고 도전 수준이 부적절한지 관심을 가졌다. 비록 영재 부모들을 완화시키기 위해서, 일부 영재 프로그램 형식들이 필요하다고 생각하지만, 행정가들은 거의 영재 프로그램에 투자하지 않는다. 교사들은 이들 프로그램들이 효과적이라고 생각하지만 변화를 보는 데 관심이 없다.

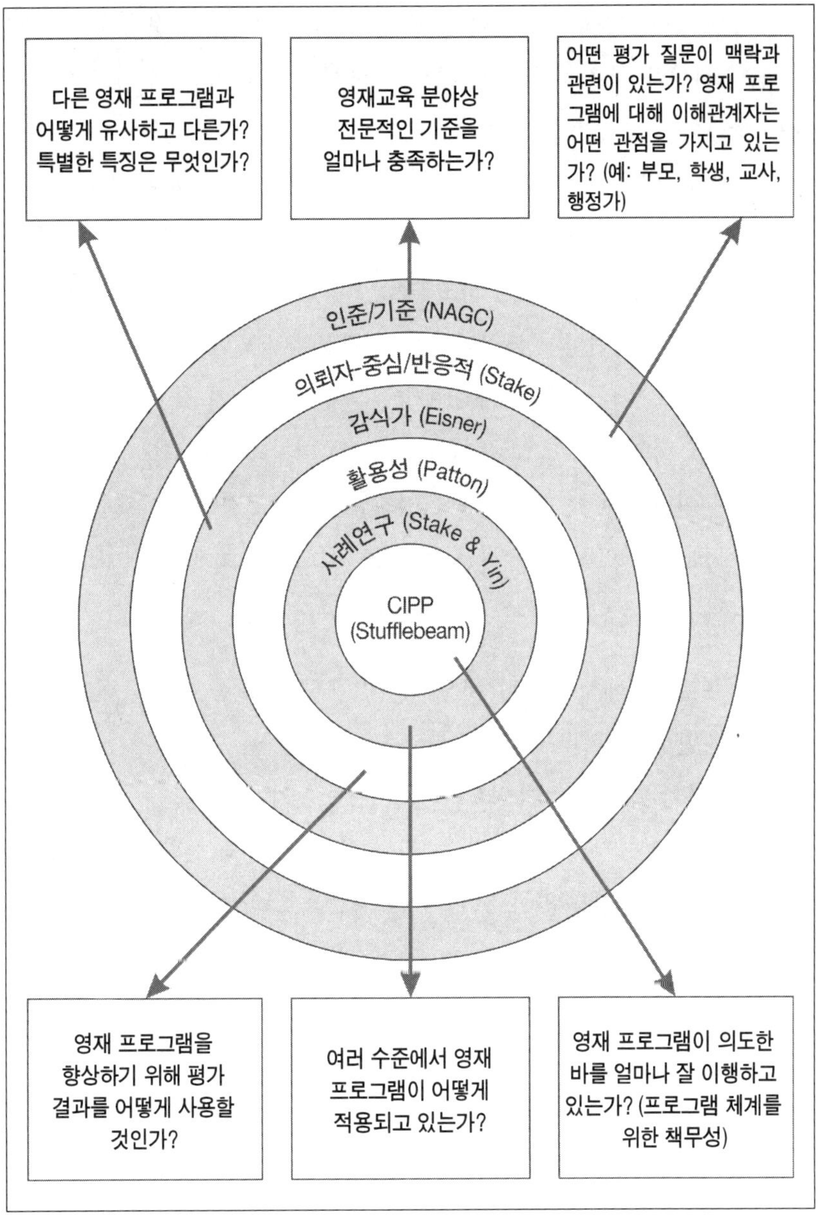

[그림 1.1] William and Mary 대학의 절충적인 영재 프로그램 평가 모델

효과적인 평가에 대한 검증은 과정 자체를 기획하는 것이다. 그러므로 평가 과정을 구조적으로 조직함으로써, 프로그램의 실제 자료를 파악하는 방법이 바로 평가 과정에 있어 주된 도전과제가 된다.

위에서 살펴본 시나리오에서, 영재 프로그램은 그 자체가 영역, 즉 학년 수준과 주제영역 모두에서 제한되어 있음을 볼 수 있다. 유치원에서 초등 2학년 학생에 대한 대안은 없고, 초등 3학년에서 중등 2학년 학생에 대한 초점은 수학과 언어에 한정되고, 고등학교에서는 단지 AP 과정만을 제공하는 것으로 나타났다. 게다가 부모, 교사 및 행정가 등 관련 집단들도 프로그램에 대한 지각이 서로 나뉘고 있다. 이상의 시나리오에서 나타난 면모들이 여러 학군에서 꽤 일반적이지만, 평가 과정에서는 많은 현실적 문제와 질문을 야기하고 있다. 무엇보다도 즉각적으로 떠오르는 질문으로는 다음과 같은 것이 있다.

1. 본 프로그램에서 필요한 것은 무엇인가? 프로그램을 위한 내적 및 외적 지원은 무엇인가?
2. 지원하기 위해 무슨 자원을 이용할 수 있는가?
3. 본 평가에서 장학관이 원하는 것은 무엇인가? 왜 장학관은 프로그램의 강점과 약점을 찾아내려는 메커니즘으로 외부의 평가를 받으려고 하는가?
4. 평가를 계속 사용하기 위해서는 평가구조가 어떻게 기여할 수 있는가?
5. 학교 맥락 내 각 수준에서 어떻게 프로그램이 작용하는가?
6. 국가 기준에 맞는 방식으로 본 프로그램을 어떻게 향상할 수 있는가?
7. 본 프로그램을 이해하고 발전시킬 수 있도록 다른 프로그램 평가로부터 배울 수 있는 것은 무엇인가?

무엇보다도 위의 질문들은 여러 수준에서 프로그램을 조사하도록 돕는 일종의 작동 템플릿이다. 프로그램을 실행하고, 프로그램과 학군의 예산자료를 살펴보기 위해서는, 프로그램의 요구, 지원 및 자원을 결정할 때, 관여하는 핵심적인 이해관계자와 이야기를 나눈다. 장학관을 인터뷰하고 교육이사회와 집단 그룹 세션을 가짐으로써 평가 의뢰자의 동기와 평가방향을 조명할 수 있다. 도구를 살펴보고, 인터뷰를 통해 형식적인 통찰을 얻고, 평가자가 얻은 통찰이 관련성이 있으면 줄곧 통지하여, 평가 의뢰자가 평가 과정의 일부가 되도록 일찍부터 유용성을 고려해야 한다. 프로그램 요구, 지원과 자원을 결정할 때와 마찬가지로, 어떻게 프로그램이 운영되는지 밝혀줄 때도 똑같은 자료 자원이 필요할 것이다. 평가자와 프로그램 코디네이터 모두 형식적인 기준을 살펴봐서 프로그램을 향상시켜야 하는 영역에 초점을 맞추어야 한다.

프로그램에 대해 답변이 필요한 기타 특정 질문으로는 다음과 같은 것이 있다.

- 무엇이 프로그램에 대한 이해관계자의 다양한 관점을 설명하는가?
- 왜 교육자들이 본 프로그램에 대해 그렇게 만족하는가?
- 무슨 원리로 수학과 언어에 진적으로 초점을 맞추는가?
- 초등학교, 중학교 및 고등학교 수준에서 왜 더 많은 프로그램 선택안들이 없는가?
- 왜 이런 학생(유치원~초등학교 2학년)들이 프로그램 혜택을 받지 못하는가?
- 특정 Advanced Placement가 제공하는 것은 무엇인가? 어떤 주제 영역에서? 어떤 것이 고등학교 수준에서 AP를 주도하는가?
- 어떤 집단 편성 메커니즘을 프로그램에서 사용하는가?
- 교육자들을 위해 어떤 전문성 개발 접근법을 활용하고 있는가?
- 판별, 교육과정, 교수, 평정 및 평가 프로그램의 메커니즘이 얼마나 잘 작용하는가?

〈표 1.3〉 평가 기획 사례 시나리오

평가 질문/ 조사영역	자료 자원	예제	분석
어느 정도 프로그램이 목표를 언급하고 달성하고 있는가?	• 학급관찰 자료 • 학생 평가와 평가 프로그램에 대한 프로그램 자료 • 구조화된 검토양식을 통한 프로그램 문서자료	• 크기와 관련 수준에 따라, 학군 내 모든 학교의 1/3을 표집하여 학급방문을 실시 • 모든 영재학생 평가를 분석 • 프로그램 절차 매뉴얼과 교육과정 단원/지침	• 기대한 행동과 관찰한 행동을 비교 • 자료 이용 가능성에 따라, 적절한 양적 및 질적 자료를 검토 • 문항 체크리스트의 내용 분석
이해관계자 집단은 프로그램에 대해 어떤 지각을 갖고 있는가?	• 교사, 행정가, 부모 및 학생 설문지 • 각 이해관계자 집단을 대표하는 초점집단	• 학군 내 모든 교사와 행정가 • 방문할 학교 대 학생 및 부모를 1/3로 대응 • 8～12명의 구성원으로 이루어진 이해관련 집단 회의	• 기술통계와 상관 및 집단별 차이 검증 • 내용 분석을 통한 자료의 질적 분석

〈표 1.3〉 평가 기획 사례 시나리오 (계속)

평가 질문/ 조사영역	자료 자원	예제	분석
프로그램의 강점과 약점은 무엇인가?	• 인터뷰 • 초점집단(위의 것 참조) • 설문지 자료(위의 세 가지 측정 자료) • 학급관찰(위의 것 참조)	• 핵심적인 이해관계자(장학관, 프로그램 코디네이터, 행정교장, 고문위원회장 등) • 자원을 통해 얻은 자료	• 일차 자원 분석을 통한 질적 내용 분석
프로그램이 국가 기준을 얼마나 잘 충족하는가?	• 여러 자료 자원을 사용하여 프로그램 운영 지식에 대한 NAGC 프로그램 구성요소 기준을 검토(예: 프로그램 문서자료, 코디네이터 인터뷰)	• 없음	• NAGC 프로그램 영역과 영역별 결과에 대한 양적 및 질적 분석

- 학군 내에서 프로그램에 대한 의사소통 수준은 어떠한가?

프로그램과 관련이 있는 특정 질문들을 설문지 및 인터뷰 도구와 함께 엮어 놓을 필요가 있다. 따라서 핵심 질문 혹은 추후 연구에서 설문지를 실시하고, 초점집단과 인터뷰할 때 쓸 양식을 포함해 놓아야 한다. 학급관찰과 학교 내 교장선생님과의 회의를 통해서도 중요한 통찰을 얻을 수 있다.

절충적 모델의 전망과 특수한 프로그램에 대한 질문들을 고려한 후에, 평가 의뢰자와 평가 의뢰자가 제기한 예비문제를 가지고, 초기에 토론한 바를 반영하여 평가 기획을 구성하는 것이 중요하다. 본 연구의 평가기획은 〈표 1.3〉과 같다. 〈표 1.3〉에서는 프로그램을 이해하고 판단할 때 염두에 두어야 하는 모든 수준의 질문을 고려하였다.

여기서 기술한 과정은 평가 과정의 통일성을 확보하기 위해 가장 중요한 시기라고 할 수 있는 초기 단계에서 어떻게 William and Mary 대학의 절충적 평가 모델을 적용하였는지 보여 주고 있다.

결 론

과정과 결과에 상당히 비중을 두는 영재 프로그램 평가에 대한 기조 가정, 접근법과 방법론들을 살펴보았다. 여전히 영재 프로그램 개발과 책무성으로 인해 보다 큰 환경에 관심을 갖게 됨으로써, 절충적 접근법이 가장 타당한 것으로 보인다. 프로그램이 얼마나 향상될 수 있는가 하는 눈으로 프로그램의 장점을 판단한다. 질적 및 양적 자료를 통해서 프로그램의 강점, 잠재적 약점과 향상이 필요한 영역을 이해할 수 있다.

실제적인 조언

1. 학군은 평가의 목적을 주의 깊게 정의해야 한다. 본 장에서 살펴본 모든 목적들을 시간과 예산의 제약으로 인해 만족시킬 수 없다.
2. 의사결정을 내리기 위해서는 평가활동이 시기적으로 적절해야 한다. 너무 일찍 평가할 경우, 창의적이며, 시행착오를 겪으면서 프로그램이 혁신적인지 아닌지 검증이 어려울 수 있다. 너무 늦게 평가할 경우, 프로그램의 향상을 위해 필요한 주요 자료를 마련하기 어려울 수 있다.
3. 평가 모델을 결합하여 사용함으로써 영재 프로그램을 판단하려는 의사결정자의 바램에 보다 효과적으로 반응한다는 점을 인식한다.
4. 일련의 객관적이거나 답변할 질문 위주로 평가를 집중해야 한다. 평가는 모든 이해관계자의 흥미를 똑같이 잘 만족시킬 수 없으므로, 우선적인 문제와 질문에 대해 여러 유권자를 대표하는 관계자를 협상할 수 있도록 소집해야 한다.
5. 평가에 대한 개인적인 흥미와 헌신이 단단하게 묶여 있다는 측면에서, 개인적인 요소가 평가의 효율성에 중요한 기여를 한다는 점을 기억한다. 따라서 평가는 사용자 지향적으로, 평가 의뢰자의 흥미와 정보요구를 **목적**으로 삼아야 한다. 프로그램을 에워싸고 있는 여러 다양한 흥미를 고려하고, 주의 깊고 철저하게 관련자를 분석하여 일차적으로 사용자의 의도를 파악해야 한다.
6. 의도한 바대로 활용하기 위해서는 신중하고 철저하게 선택해야 한다. 다음의 세 가지로 평가 결과를 활용한다. 즉, 장점과 가치에 대한 판단(총괄평가), 프로그램 개선(도구적 사용), 그리고 일반적인 지식(개념적 사용)이 그것이다. 프로그램이 성숙하게 되면서 활용하는 것이 변화하고 진보하지만, 대부분 영재 프로그램은 프로그램 발전 메커니즘에 대한 이해를 공유함으로써 프로그램이 개선된다는 점에 초점을

둘 필요가 있다.

7. 바람직한 평가를 상황에 따라 기획하고 채택해야 한다. 표준화된 방법으로 접근하는 것은 잘 적용되지 않을 것이다.
8. 평가에 따른 결정에 핵심 이해관계자를 적극적으로 참여시킴으로써 평가 결과를 사용하려는 집착력을 권장하고 증진할 수 있다. 참여는 평가의 관련성, 이해 및 주인의식을 증진시키며, 이상의 모든 것들이 비형식적인 그리고 적절한 활용을 촉진한다.

참고 문헌

Campbell, D. T. (1975). Degree of freedom and case study. *Comparative Political Study*, *8*, 178-193.

Eisner, E. W. (1985). *The art of educational evaluation*. Philadelphia, PA: Falmer Press.

Ewert, G. (1991). Habermas and education: A comprehensive overview of the influence of Habermas in educational literature. *Review of Educational Research*, *61*, 345-378.

Lincoln, Y. S., & Guba, E. G. (1985). *Naturalistic inquiry*. Beverly Hills, CA: Sage.

Patton, M. Q. (Ed.). (1987). *Utilization-focused evaluation*. Beverly Hills, CA: Sage.

Patton, M. Q. (2002). *Qualitative research and evaluation methods* (3rd ed.). Thousand Oaks, CA: Sage.

Stake, R. E. (1991). Retrospective on "The Countenance of Educational Evaluation." In M. W. McLaughlin & D. C. Philips (Eds.), *Evaluation and education: At quarter century* (pp. 67-88). Chicago: University of Chicago Press.

Stake, R. E. (1995). *The art of case study research*. Thousand Oaks, CA: Sage.

Stufflebeam, D. L. (2001). Evaluation models. In G. T. Gary & J. C. Greene (Eds.), *New directions for evaluation* (pp. 7-99). San Francisco: Jossey-Bass.

Stufflebeam, D. L., Madaus, G. F., & Kellaghan, T. (Eds.). (2000). *Evaluation models: Viewpoints on educational and human services evaluation* (2nd ed.). Boston: Kluwer Academic Publishers.

Yin, R. K. (1992, November). *Evaluation: A singular craft*. Paper presented at the annual meeting of American Evaluation Association, Seattle, WA.

제 2 장

영재 프로그램 평가 과정

Joyce VanTassel-Baska

인간사에서 과거와 현재 조건으로 결정되는 논리적 미래는, 대개 숙고하여 결정을 내리는 의지의 미래보다 덜 중요하다.

— Rene Dubos

William and Mary 대학의 영재 평가연구에서 볼 수 있는 인식론적 태도는 Stake(1976)의 "반응적인 평가(responsive evaluation)", Stufflebeam의 CIPP 모델과 Patton의 활용모델(utilization model)에 근거한다. 본 연구는 세 가지 핵심적인 신념으로 구성된다.

1. 평가의 기본적인 역할은 영재 프로그램의 상태를 향상하고, 개선하고자 정보를 제공하는 것이다.

2. 평가연구는 주 교육부, 지역 학군 및 평가 계약자를 포함하여 여러 이해관계자들의 협동적인 과정이다.

3. 평가는 여러 자료 자원을 활용하여 고려함으로써 문제의 복잡성과 특징을 조명하도록 돕는다.

평가 팀은 또한 가치가 합리적인 의사결정을 중재한다는 점(Bolman & Deal, 1991)과 주어진 맥락의 구조적, 사회적, 정치적 및 상징적 차원이 변화의 속성과 정도에 영향을 미친다는 점을 인식해야 한다. 그러므로 학군 및 주 수준에서 실시하는 영재 프로그램 평가는 프로그램에서 잘 운영되고 있는 것과 어느 영역에서 개선이 필요한지, 그 형성적인 과정에 주안점을 두어야 한다.

평가는 또한 프로그램을 계획하고 실시하는 것에서 비롯되는 전반적인 프로그램 발전 주기의 한 부분이다. 게다가 평가는 행동계획의 도입으로서, 새로운 프로그램을 실시할 때 그 기초가 된다. 해마다, 영재 프로그램은 평가 과정을 실시하고 그 결과를 새로이 반영해야 한다. 영재학습자를 위한 프로그램은 평가를 프로그램 발달과정의 한 부분으로 병합하지 않고서는 개선되지 않는다. [그림 2.1]은 이상에서 살펴본 주요 상호작용을 나타낸 것이다.

학급 수준에서, 평가는 교육과정 목표, 프로그램의 결과, 교수지도 전달 시스템 및 학생에 대한 결과와 관련이 있다. 영재 프로그램 평가를 실시할 때, 이들 변인들의 관계를 이해하는 것이 중요하다([그림 2.2] 참조). 왜냐하면 이 요소들 간의 관련성으로 영재교육의 질이 우수하고 그렇지

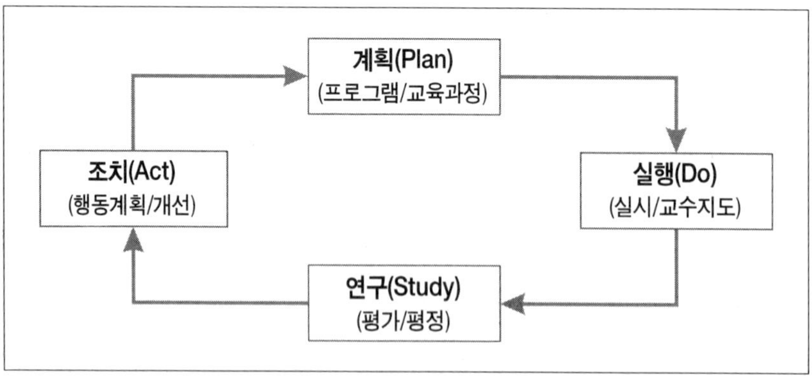

[그림 2.1] 영재 프로그램 향상을 위한 역동적 모델

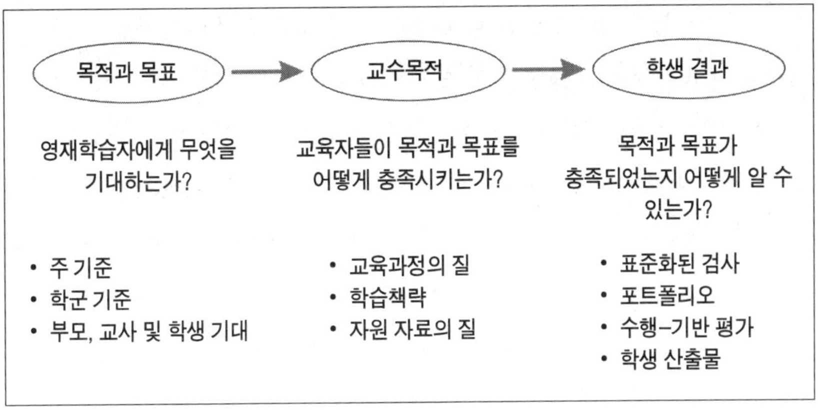

[그림 2.2] 프로그램 기획을 위한 학급 수준 연결

않음을 논의할 수 있기 때문이다.

관련 문헌에 대한 검토

70편의 영재 프로그램 평가 보고서를 검토하면서, Hunsaker와 Callahan (1993)은 일부 지역에서 실시한 평가들이 여러 방법론과 자료 자원을 활용하여 프로그램의 향상을 위한 자료를 마련하였지만, 학생 결과에 관한 자료가 부족하다는 점을 발견하였다.

학생 결과를 평가할 때 문제점들 중 하나는 평가 자체의 속성과 관련이 있다. Baker, O'Neill과 Linn(1994)은 학생 결과를 평가하는 방법들이 갖는 기술적인 부적당함을 인식하고서, 영재 프로그램에서 수행-기반 평가를 사용해야 한다고 주장하였다. 여러 영역에서 영재들은 전문가와 비슷한 특징을 보이기 때문에, 일반 학생의 성취에 대해서 영재의 성취는 보다 높은 판단기준의 역할을 할 수 있다(Baker & Schacter, 1996).

이 분야 내 2개 아티클에서 이용할 수 있는 자료를 사용하여 평가 과정을 연구하였다. Johnson, Boyce와 VanTassel-Baska(1995)는 과학 선택모듈 교육과정의 효율성과 기초 자료의 비효율성을 언급하면서, 영재과학 교육과정을 평가하는 과정을 기술하였다. 이 연구는 일반교육과정 기준, 내용-기반(content-based) 기준과 영재를 위한 차별화(differentiation)에 기초하여, 과학 교육과정을 판단하였다. 보다 최근에 실시된, Purcell, Burns, Tomlinson, Imbeau와 Martin의 연구(2002)는 National Association for Gifted Children(NAGC) 교육과정 위원회의 기준을 참조하여, 넓게는 교육과정 구조, 발전 및 실시에 대한 범주를 언급하면서, 교육과정을 살펴보았다.

일부 평가연구들은 특정 교육과정 접근법의 효과에 주안점을 두고 실시되고 있다. 초점 대상이 되는 교육과정 단원 안에서 통합 교육과정 모델(Integrated Curriculum Model, ICM)의 효과를 평가하는 것이 여러 연구의 주된 초점이다(VanTassel-Baska, Bass, Ries, Poland, & Avery, 1998; VanTassel-Baska, Johnson, Hughes, & Boyce, 1996; VanTassel-Baska, Zuo, Avery, & Little, 2002). 학교 및 학군에 미치는 교육과정 단원의 영향을 평가하는 것 또한 질적 연구의 주제이다(VanTassel-Baska, Avery, Little, & Hughes, 2000). 학교전체심화 모델(Schoolwide Enrichment Model, SEM)이 학습 태도에 미치는 영향을 평가한 연구에 의하면(Olenchak, 1990), 여러 이해관계자들은 학교전체심화모델이 미치는 영향을 매우 강력하게 지각하는 것으로 나타났다. 학생과 부모 인터뷰를 실시하여 Purdue 대학의 3단계 모델(Purdue Three-Stage Model)이 미치는 장기적인 효과를 연구하였을 때, 이 연구에서도 프로그램이 보다 수준을 증진하고 독립학습의 활용을 증진하였다는 결과를 보고하였다(Moon, Feldhusen, & Dillon, 1994). 문제해결 단계 실시 정도와 관련하여 DISCOVER 모델을 평가한 연구에서는, 문제해결 단계 실시수준과 학생 수학성취의 긍정적인 변화 사이에 유의한 관계가 있음이 나타났다(Maker, Rogers, Nielson, &

Bauerle, 1996).

프로그램 평가자료는 영재 프로그램에 대한 여러 흥미로운 결과를 보고하고 있다. 여러 결과 중에 영재교사는 일반학급교사보다 교수지도활동에서 비판적인 사고와 문제해결 행동을 유의하게 많이 사용하는 것으로 나타났다(Avery, VanTassel-Baska, & O'Neill, 1997). 또 다른 결과에 의하면, 심지어 한정적인 교사연수로도 긍정적인 영향을 미쳐서, 이상과 같은 교수지도 행동을 학급에서 수행하는 것으로 보고하였다(VanTassel-Baska & Feng, 2002). 그 밖의 다른 연구에서는 하부구조의 부족 같은 내적 장애, 평가 의뢰자의 정치적 수완의 부족과 개인적인 변화 등이 평가를 활용하는 능력에 부정적인 영향을 미치는 것으로 보고되었다(Avery & VanTassel-Baska, 2001).

지난 십 년 내 몇 편 안 되는 평가연구들을 보면, 교육과정 중재를 통한 심도 있는 영재 프로그램의 발전 필요성이 나타나고 있다. 이에 영재 프로그램의 발전을 지향하기 위해서는, 향후 연구들이 이 문제들에 대해 보다 날카롭게 초점을 맞추어야 할 것이다.

과거 5년 동안, 5곳의 지역, 2곳의 주, 1곳의 특수 영재학교, 그리고 1곳의 해외 국가에서 영재 프로그램 평가연구를 실시하였다. 이 평가활동 경험에서 도출한 과정과 주된 발견사항을 통해서 교육자들이 갖추어야 할 중요한 지식을 반영할 수 있었다.

평가활동을 판단하는 기준

학군은 평가 팀의 활동을 이끌어 주는 일련의 분명하게 정의해 놓은 기준을 알고 있어야 한다. 이들 기준들은 유용성(utility), 실행 가능성(feasibility), 타당성(propriety)과 정확성(accuracy)이다. **유용성 기준**은 평가가 관심

대상이 되는 사용자의 정보 욕구를 충족시킨다는 것이다. **실행 가능성 기준**은 평가가 현실적이고, 신중하며, 교섭에 능하고, 간소하다는 것이다. **타당성 기준**은 평가를 법적으로, 윤리적으로 실시할 것이며, 평가 결과의 영향을 받는 사람뿐 아니라 평가에 참여한 사람의 복지에 있어서도 평가가 합당해야 한다는 것이다. **정확성 기준**은 평가하는 프로그램의 가치 혹은 장점을 결정하는 특징에 대해서 기술적으로 적절한 정보를 보여 주고 보장하는 것이다.

1981년 교육평가 기준 연합위원회에서 이상의 기준들을 개발하였으며 1994년 American Psychological Association, American Educational Research Association과 National Council on Measurement in Education을 포함하여 여러 기관들이 참여하여 이 기준을 업데이트함으로써 교육평가를 실시할 때 윤리적인 실제를 보장하게 되었다. 평가할 때 서로 맺는 계약의 기초가 되는 구조, 따라야 할 절차, 사용할 활용 목적과 대상의 안전 및 획득한 정보의 정확성에 대해서 각 기준들은 중요한 관심사를 진술한다(이들 기술에 대한 요약에 대해서는 부록 A 참조).

어느 학군을 평가하든지, 평가를 계획하고, 실시하고, 보고하는 등의 모든 단계에서 이 기준의 역할을 포함해 놓아야 한다. [그림 2.3] 같은 평가 체크리스트를 통해 평가 팀과 계약자에게 여러 평가 과정에서 이 기준들을 준수하게 할 수 있다. 만약 잘 실시한다면, 1장에서 살펴본 각 평가 모델은 이상의 평가기준에 잘 부합될 것이다(Stufflebeam, 2001).

효과적으로 영재 프로그램 평가를 실시하기 위해서, 여러 과정의 단계마다 주의 깊게 계획하여 각 단계를 고려해야 한다.

단계 1: 평가 목적과 질문 결정하기

영재 프로그램 평가에서 첫 번째로 중요한 단계가 바로 왜 평가를 실시해

(1) 기본적인 고려사항

____ 평가의 목적
____ 이해관계자
____ 평가의 권위자
____ 안내지침이 되는 가치와 기준
____ 평가 판단을 위한 기준(예: 유용성, 실행 가능성, 타당성과 정확성)
____ 계약상의 질문들

(2) 정보

____ 정보원
____ 참여자 선택
____ 자료 수집 절차
____ 자료 수집도구 및 프로토콜
____ 자료 수집 허가를 얻는 규정

(3) 프로토콜

____ 계약자
____ 프로그램 관련자와 계약하는 법
____ 의사소통 통로와 도움

(4) 평가 관리

____ 의뢰자와 평가자의 평가활동 시간표
____ 평가 책임에 대한 할당

(5) 계약자의 책임

____ 테스트와 평가 정보 이용
____ 인터뷰 및 초점집단에 대한 자료 입수
____ 프로그램 관련 자료와 문서자료
____ 교통수단 지원

(6) 평가 예산

____ 지불금액과 시기
____ 요청한 보고서 전달을 포함한 지불조건
____ 협의한 간접/일반 세율

(7) 분석

____ 양적 정보를 분석하는 절차
____ 질적 정보를 분석하는 절차

(8) 보고서

____ 마감해야 하는 날짜
____ 최종 보고서 양식, 내용, 분량, 청중과 전달 방식

(9) 평가 검토와 통제

____ 계약서 수정과 취소 조항
____ 전문적이며 바람직한 평가인지 사정하는 조항(예: 유용성, 실행 가능성, 타당성과 정확성)
____ 평가 후 정보 공개에 대한 제한/허용

작성자 ________________________________

날 짜 ________________________________

본 체크리스트를 활용하여 각 항목들이 평가 제안서에 진술되어 있는지 확인하고 초기 기획회의에서 협의한다.

[그림 2.3] 평가계약 체크리스트

야 하고, 교육기관이 프로그램에 대해 무슨 답변을 원하는지 결정하는 것이다. 대개 학군 혹은 주의 대표 집단이 평가에서 제기하는 주요 문제를 결정한다. 모든 프로그램 혹은 서비스를 업데이트하기 위해 보다 큰 학군 혹은 주의 주도 하에, 프로그램을 개선하는 시각에서 대부분 평가를 실시한다. 은퇴라든지 기타 이유로 인해 프로그램을 운영하는 핵심인사가 떠나게 되면, 평가를 실시할 수 있다. 때때로, 프로그램상 문제가 너무 확연하면 평가가 매우 필요하다. 평가의 목적 혹은 목표로서 진술되는 예들을 살펴보면 다음과 같다.

1. 시스템 수준 내 혹은 시스템 간에 영재 서비스의 유용성을 파악한다.
2. 강점과 약점을 파악하고 프로그램을 전달하는 가장 적절한 모델을 제안한다.
3. 기존 자원 내에서 각 프로그램 모델과 서비스를 발전시키고, 영재 프로그램을 향상시키는 것을 제안한다.

평가에서 답변하는 부수적인 질문으로 다음과 같은 것들이 있다.

1. 실제 이행하는 영재 프로그램의 미션과 목적을 어느 정도 언급하였는가?
2. 영재 프로그램이 관련 집단에서 판별한 영재의 요구를 어느 정도 충족시키고 있는가?
3. 영재 프로그램에 참여한 학생의 긍정적인 성취 경향을 문서로 기록해 놓은 것이 있는가?
4. 영재교육에서 예술 및 여러 분야와 관련지을 때 프로그램의 강점과 약점은 무엇인가?

목표에 기반을 둔 평가를 주로 고려하며, 접근법으로 진술한 프로그램 목표와 여러 출처에서 얻은 자료 증거를 통해서 이들 목표들이 실행되었는지 그렇지 않은지 그 불일치에 대해 의문을 제기한다.

단계 2: 평가구조 만들기

평가 질문과 목표가 명확해지면, 이를 평가할 접근법을 결정하는 것이 중요하다. 이들 책략들은 속성상 일반 관찰척도(예: 교수전달 방법의 중요한 차이를 평가하기 위한 것)를 사용하여 영재 프로그램을 실시하는 교사의 성취와 그렇지 않은 교사를 비교하는 실험 혹은 유사실험에서부터 핵심 이해관련자들을 인터뷰하는 것까지 다양하다. 평가 접근법은 여러 책략을 사용하고 접근방식에 따라 책략을 질문에 맞춘다. 평가구조에는 관심을 기울일 핵심질문, 이 질문에 답변할 때 필요한 자료 자원, 사용할 도구, 자료 수집 절차, 이해관련자의 책임과 각 핵심적인 활동을 끝내야 하는 시간표 등이 포함된다.

단계 3: 평가도구를 만들거나 고치기

평가구조를 만들 때 도구와 관련하여 평가 접근법을 운영하는 방법을 결정해야 한다. 일반적으로, 평가에서 어떤 도구는 만들고, 또 어떤 것은 맥락에 맞게 맞추거나, 관련성과 기술상의 적절성을 고려하여 예전의 것을 다시 사용할 수 있다. 도구를 선택하였거나 선택한 경험이 있는 이해관계자 집단들을 고려해야 한다. 평가에서 사용하는 공통적인 도구들은 다음과 같다.

조사 설문지(survey questionnaire): 일반적으로 이 유형의 도구는 한두 개의 개방식 질문이 있는, 다항선택식과 리커르트식 문항들로 구성된다. 대략 30문항으로 제한해야 하며 전자식 스캔을 할 수 있도록 도구를 개발한다. 판별과 평가, 교육과정과 교수지도, 조직적인 배정(예: 집단 편성), 평가 및 행정에 주안점을 두고 이를 잘 보여 주는 실질적인 문항을 배열해야 한다. 그 외, 교직원 개발 연수 및 교직원 자격과 부모와의 의사소통도 조사해야 한다. 이와 같은 조사 설문지를 교사, 행정가와 부모에 맞게 개발하고 보다 구체적으로 초점을 두어야 할 것은 수정하여 학생용 질문으로 만든다.

학급관찰 양식(classroom observation form, COF): 이 도구는 William and Mary 대학 내 Center for Gifted Education이 개발한 것으로 여러 프로그램 평가와 연구 프로젝트에서 사용된다. 정식으로 연수받은 관찰자가 관찰 스크립트를 사용하며 40개 행동의 유무를 9개 범주에서 확인한다. 관찰하는 행동은 일반적으로 영재학습자를 위한 교수지도 실제, 교육 개혁 요소와 차별화에 초점을 맞추고 있다. 전문가가 도구의 내용타당도를 검토하였으며 .97로 산출되었다. Cohen의 Kappa를 통한 평정자간 신뢰도는 .82로 산출되었으며(Feng, 2001), 팀으로 사용할 경우 이 측정값들이 보다 높아지는 것으로 나타났다.

행정가 인터뷰 양식(administrator interview form): 지역 영재 프로그램과 맥락적 특징에 관한 현지 자료를 수집할 때 사용하는 구조화된 인터뷰 양식이다. 이 양식을 통해서 지역 학군 설문지에서 얻은 정보를 보충하고 확인한다. 전형적으로 프로그램 코디네이터, 교장과 장학관에게 실시한다.

초점집단 프로토콜(focus group protocol): 일반적으로 초점집단 프로토콜은 그 지역에서 평가에 참여하는 사람의 지각에 맞춘 5 내지 7개의 개방식 질문들로 구성된다. 대개 8~12명으로 구성되는 소집단을 각 초점집단에 참여하도록 초대한다(Morgan, 1998). 초점집단 프로토콜 진행자는 필기용 카드를 나눠주고 참여자에게 첫 번째 질문에 응답해 줄 것을 요청한다. 모든 사람들이 응답할 기회를 가진 후에, 진행자는 접이식 차트에 응답을 기록한다. 이 과정을 각 질문마다 반복한다. 참여자들로 하여금 순서적으로 자신이 적어놓은 대로 응답하기보다는 생각과 의도를 털어놓고 대화하게 한다. 성인과 따로 학생을 집단으로 구성하여 개방적으로 의사소통을 하게 한다. 교사, 학생 및 부모를 초점집단으로 선정하는 지침을 학군에 제공한다.

문서자료 검토 양식(document review form): 이 양식을 사용하여 프로그램 문서자료의 정도와 질을 확인한다. 정책 혹은 행정 문서자료와 교육과정 문서자료에 대해서는 별도의 양식을 사용한다. 이 양식에 설명과(교육과정 단원을 살펴보는 경우에) 문서자료의 특징에 관한 양적 정보를 적어 넣는다. 검토한 문서자료는 일차적으로 이해관계자와 학급관찰 자료에서 얻은 지각적 자료를 확인하거나 지지할 때 사용한다.

영재 프로그램들이 주어진 상황에서 얼마나 잘 적용되는지 이해하기 위해서 이상의 자료 자원들이 없어서는 안 된다. 그러나 평가는 또한 특정 대상에게 프로그램을 적용하는 방식과도 관련이 있다. 소외 및 위험에 처해 있는 학습자들이 어떻게 영재 프로그램에 참여하고 있는지 적절한 관심을 기울이기 위해서, 다음의 지침을 고려하는 것이 바람직하다(House & Lappan, 1994).

- 특정 유형의 학생 및 프로그램에 알맞은 비전통적인 절차를 통해서 학생을 판별한다.
- 실제 학급 교수지도에 대한 설명을 포함하여, 평가에서 프로그램의 중요한 요소들을 적절하게 기술한다.
- 특정 프로그램에 따라, 영재를 위한 보다 높은 수준의 사고과정, 창의성 및 기타 특정 결과들을 표준화된 검사 외 다른 적절한 방법으로 조사한다.

- 여러 방법을 사용한다.
- 프로그램의 예상되는 부정적인 부작용을 조사한다.
- 기타 학생, 교사, 부모와 지역사회에 대한 예상하지 못한 효과를 조사한다.
- 다른 문화 배경에 속한 학생을 위해 문화적으로 적절한 자료를 프로그램에 포함하고, 이들 학생들이 자신의 특별한 문화적 정체감을 인식하고 존중하게 한다.
- 여학생에게 관심을 기울여 여성 역할모델이 있는 자료를 프로그램에 포함시킨다.

단계 4: 자료 수집을 통해서 평가구조를 실행하기

평가에서 사용할 자료 자원과 관련 도구에 대한 결정을 내리고 나면 자료 수집책략을 결정할 수 있다. 일반적으로 우편 설문지, 초점집단 조직, 인터뷰 설정 등의 방식으로 평가 의뢰자를 참여시킨다. 각 도구 혹은 접근법별 자료 수집 절차를 분명하게 정의하고 이에 따라 실시해야 한다. 추가 지원 및 추적연구를 위해서 우편발송 절차를 고려한다. 초점집단과 인터뷰 시간계획은 평가 의뢰자와 평가자가 협동해서 실시해야 한다.

단계 5: 자료를 분석하고 다각도에서 측정하기

일단 평가구조를 확실하게 하고, 학교 현장방문과 현지 프로그램 문서자료를 평가한 후에, 자료분석기법을 통해서 사용한 도구에 대한 평가를 실시한다. 모든 검사의 점수자료, 설문지와 관찰로 얻은 양적 자료에 대해 분석을 실시한다. 인터뷰, 초점집단과 개방식 질문 혹은 글로 적어놓은 설문지에 대해 질적 분석을 실시한다. 프로그램 문서자료의 내용을 분석하고 나서 개별적으로 자료를 분석한다.

분석의 다음 단계에서, 평가자는 자료 자원에 따라 개별 조사결과를 얼마나 합칠 수 있는지 보기 위해 다각도에서 검토한다. 이 과정을 바로 **다각도 측정**(triangulation)이라고 하며, 이를 통해서 여러 자료 자원에서 나타나는 "패턴과 지식"에 대해 논의할 수 있다(Yin, 1989). 프로그램을 향상시키기 위해서, 필요하고 중요한 관련 자료를 하나보다는 둘 그 이상의 자료 자원에서 도출하여 다루는 것이 바람직하다. 그러나 공통의 관점을 갖는 여러 이해관계자들이 특정 프로그램 역동성에 강하게 반응을 보이게 되면 때때로 평가자들은 도출된 강력한 하나의 발견사항을 찬성하여 그 규칙을 깰 수 있다. 〈표 2.1〉은 평가에서 볼 수 있는 3개 주제와 자료 자원에 있어 다각도 측정이 갖는 중요성을 보여 준다.

〈표 2.1〉 다각도 조사결과에서 도출된 주제: 예제

주제	지원하는 자료 자원
주 내 학군들뿐 아니라 학군 내 학교들 내에서도 프로그램과 서비스의 공평성과 일관성이 부족하다.	설문지, 초점집단, 문서검토
5~15%의 국가적인 비율을 염두에 둘 때, 대부분 학군에서 영재가 과소판별되고 있다.	인터뷰, 문서검토
개별 교사의 선호에 따라 교육과정에서 강조하는 것이 나오며, 프로젝트 활동, 비판적 혹은 창의적인 사고가 대부분 강조되는 영역이다.	학급관찰, 문서검토, 설문지

단계 6: 평가 질문에 대답하기

일단 모든 자료를 다각도에서 분석하고 주제를 파악하였다면, 핵심적인 평가 질문으로 되돌아와서 제기된 질문의 견지에서 적절하게 주제와 "여러 층"을 통합하는 답변을 구성한다. 자주, 평가 질문에 적절하게 반응하기 위해 자료 자원을 구성요소로 분해하기도 한다. 예를 들어, 어떻게 핵심 이해관계자들이 프로그램을 인식하고 있는지를 묻는 질문에 적절하게 대답하려면, 이해관계자 집단 및 여러 이해관계자 집단들이 응답한 설문지, 인터뷰와 초점집단 자료 결과에 초점을 맞추어야 한다. 학생 학습효과에 관한 질문에 답변하기 위해서는 학생 성취에 대해 수집해 놓은 것과 학습 이점이라고 생각하는 이해관계자의 생각을 보여 주는 자료에 집중해야 한다.

단계 7: 제안점 만들기

평가에서 중요한 단계는 바로 마지막이다. 프로그램 관련 인사에게 어떤 제안점을 줄 것이며 어떻게 관련 인사들은 제안점들을 사용해야 하는가? 즉 행동계획을 기대한 바대로 수행하기 위해서는 다룰 수 있는 정도 내에서 많은 제안점을 병합해야 한다. 주 및 학군에 상관없이, 영재 프로그램 평가에서 볼 수 있는 공통적인 약점이 있다. 일반적인 약점은 다음의 영역을 포함한다.

- 교육과정 틀 같은 프로그램의 교육과정 구조에 대한 관심이 부족하며 범위와 계열적 요소가 존재하지 않는다.
- 프로그램에 교육과정적인 기초가 부족하다(교사가 개발한 단원으로 제한되며 사용하고 있는 교육과정이 영재를 위해서 충분히 차별화되지 않거나 속진이 이루어지지 않았다).

- 학생 학습을 영재 프로그램의 직접적인 결과로서 평가하려는 관심이 부족하다(프로그램의 효과를 보여 줄 수 있는 학생 산출물 자료 혹은 프로그램-특수적 학생 평가자료를 체계적으로 수집하지 않는다).
- 유치원에서 고등학교 3학년에 이르는 학제에서 영재학습자의 발전을 지원하고 육성하는 체계적인 상담 및 지도 프로그램이 부족하다.

이들 약점들은 또한 프로그램 코디네이터가 NAGC 프로그램 기준을 지침으로 활동하여 자아-평가를 하였을 때도 나타나고 있다.

단계 8: 결과에 대해 의사소통하기

평가 결과를 구어적 및 문어적 양식으로 만들어서 자료 수집에 참여한 모든 사람들이 이용할 수 있어야 한다. 대부분 맥락에서, 일련의 회의를 잡아 여러 사람들에게 평가 결과를 제공하고, 평가자들은 연구를 제시하며 사람들이 제기한 질문에 대답을 한다. 일반적으로, 또한 지역 및 주 이사회에 최종 발표를 한다. 이상과 같은 문어적 및 구어적 의사소통 과정을 통해서, 평가 의뢰자들로 하여금 그들의 경험에 비춰서 평가 조사결과 및 제안점을 이해하고, 제안점들을 실행으로 옮기는 원동력이 되도록 준비시킨다.

단계 9: 행동계획 개발하기

평가가 성공적일수록, 평가 의뢰자들은 효과적으로 프로그램을 향상하기 위해 즉시 제안점을 활용할 것이다. 프로그램을 향상하기 위해 자주 평가자료들을 활용한다(Avery & VanTassel-Baska, 2001). 활용을 잘할 수 있도록 하는 가장 좋은 방법은 평가자들이 계획을 수립하는 집단과 함께 앉아서, 이들 집단들로 하여금 제안점들에 기초하여 향후 몇 년 동안 행동계획을 개발하도록 돕는 것이다. 지역 수준에서 이상의 계획을 실시하였던 교육과정 제안점을 예제로 〈표 2.2〉에 제시하였다.

결 론

영재 프로그램 평가는 영재 프로그램을 지속적으로 개발하고 발전시키는 핵심이다. 프로그램을 결정하기 위해 좋은 자료를 이용하지 않고서는, 영재를 위한 프로그램의 기회를 확대하고 깊게 하는 노력이 뒤처질 수 있다. 영재 프로그램들이 심각하게 재정적인 지원과 자원을 받지 못하는 상황에서, 지속적이며 강력한 지원을 해 주는 교육적 맥락 내 확고한 위치를 얻으려면 평가 조사결과를 지렛대로 삼아야 한다. 교육적 책무시대에, 영재학습자를 지원하는 프로그램 서비스를 증진하려는 노력을 옹호해야 한다.

실제적인 조언

1. 평가자와 평가 의뢰자는 평가를 뒷받침하는 신념체계에 있어서 명확해야 한다. 왜냐하면 신념체계가 구조, 자료 수집, 결과와 제안점에 큰 영향을 미치기 때문이다.
2. 프로그램 개발을 증진하는 일종의 도구로서 평가를 분명하게 이해하고 평가 의뢰자와 의사소통을 해야 한다. 그렇지 않으면 평가를 교육계의 "무자비한 판단"으로 생각할 수 있다.
3. 국가 평가기준은 공식적인 방식으로 평가 과정을 안내해야 한다. 준비해 놓은 체크리스트를 사용하여 이와 같은 과정을 촉진할 수 있다.
4. 맥락에서 프로그램의 문제를 인식하고 작성하는 평가 질문은 영재 프로그램 평가를 실시하는 기본적인 출발점이다.

〈표 2.2〉 평가의 제안점에서 도출한 행동단계 예제

제안점	예상되는 행동계획
1. 영재학급 및 영재학습자를 위해서 정규학급의 교육과정과 교수지도 과정을 지속적으로 차별화한다.	1.1 초등 수준: 정규학급에서 영재를 지도하는 방법을 개발할 수 있도록 교사들에게 교직원 개발 연수 기회를 제공한다.
	1.2 보다 많이 직접 해 보는 활동을 포함할 수 있도록 교육과정을 계속 개정하고 수정한다.
	1.3 과제에서 보다 많은 대안을 제공하기 위해 계속적으로 교육과정을 수정한다.
	1.4 중등 수준: 주의 내용 영역 기준을 교육과정에 지속적으로 부과한다.
	1.5 만약 변화가 필요하다면, 중학교 모델에서 사용하는 내용영역을 연구한다.
	1.6 모든 중학교 교사들이 영재 과정을 수강하도록 권장한다.
	1.7 중학교 교사들에게 능력이 높은 학생의 학습 요구에 부응하도록 교직원 개발 연수기회를 제공한다.
	1.8 초등 및 중등 수준: 비판적 사고 모델을 모든 교사에게 연수시킨다.
2 기존 영재교육과정의 연구단원을 지속적으로 개선하고 개발한다.	2.1 영재교사를 위한 여름 교육과정 개발을 지속한다.
	2.2 영재교사들이 보다 높고 복잡한 사고수준에서 주의 기준을 사용하도록 이에 대해 교직원 개발 연수를 실시한다.
3. 각 수준에서 영재의 속성과 학습 정도를 파악하기 위해서 학생 효과 자료를 매년 평가한다.	3.1 검사점수, 학년, 고등학교 과정 등을 포함하여 영재에 관한 모든 자료에 쉽게 접근할 수 있도록 종단적인 데이터베이스를 구축한다.
	3.2 수행-기반 및 포트폴리오-기반 평가 접근법을 사용한다. 매년 자료를 수집한다.

5. 각 평가 질문에 답변하기 위해 여러 자료 자원을 사용함으로써 연구 결과의 타당성을 증가시킨다.
6. 제안점들을 어떤 일정 방식으로 만들어서 쉽게 행동계획으로 전환될 수 있게 한다.
7. 프로그램을 향상시키기 위해서 평가 과정의 결론과 시간적으로 매우 근접하게 행동계획을 실시한다.

참고 문헌

Avery, L. D., & VanTassel-Baska, J. (2001). Investigating the impact of gifted education evaluation at state and local levels: Problems with traction. *Journal for the Education of the Gifted, 25*, 153-176.

Avery, L. D., VanTassel-Baska, J., & O'Neill, B. (1997). Making evaluation work: One school district's experience. *Gifted Child Quarterly, 41*, 124-132.

Baker, E. L., O'Neill, J. R., & Linn, R. L. (1994). Policy and validity prospects for performance-based assessment. *Journal for the Education of the Gifted, 17*, 332-353.

Baker, E. L., & Schacter, J. (1996). Expert benchmarks for student academic performance: The case for gifted children. *Gifted Child Quarterly, 40*, 61-65.

Bolman, L. G., & Deal, T. E. (1991). *Reframing organizations: Artistry, choice, and leadership*. San Francisco: Jossey-Bass.

Feng, X. A. (2001). *Technical report on inter-rater reliability of the classroom observation scale*. Williamsburg, VA: Center for Gifted Education, College of William and Mary.

House, E. R., & Lappan, S. (1994). Evaluation of programs for disadvantaged gifted students. *Journal for the Education of the Gifted, 17*, 441-466.

Hunsaker, S. L., & Callahan, C. M. (1993). Evaluation of gifted programs: Current practices. *Journal for the Education of the Gifted, 16*, 190-200.

Johnson, D. T., Boyce, L. N., & VanTassel-Baska, J. (1995). Science curriculum review: Evaluating materials for high-ability learners. *Gifted Child Quarterly, 39*, 36-43.

Maker, C. J., Rogers, J. A., Nielson, A. B., & Bauerle, P. R. (1996). Multiple intelligences, problem solving, and diversity in the general classroom. *Journal for the Education of the Gifted, 19*, 437-460.

Moon, S. M., Feldhusen, J. F., & Dillon, D. R. (1994). Long-term effects of an enrichment program based on the Purdue three-stage model. *Gifted Child Quarterly, 38*, 38-48.

Morgan, D. L. (1998). *The focus group guidebook.* Thousand Oaks, CA: Sage.

Olenchak, F. R. (1990). School change through gifted education: Effects on elementary students' attitudes toward learning. *Journal for the Education of the Gifted, 13*, 66-78.

Purcell, J. H., Burns, D. E., Tomlinson, C. A., Imbeau, M., & Martin, J. L. (2002). Bridging the gap: A tool and technique to analyze and evaluate gifted education curricular units. *Gifted Child Quarterly, 46*, 306-321.

Stake, R. E. (1976). A theoretical statement of responsive evaluation. *Studies in Educational Evaluation, 2(1)*, 19-22.

Stufflebeam, D. L. (2001). Evaluation models. In G. T. Gary & J. C. Greene (Eds.), *New directions for evaluation* (pp. 7-99). San Francisco: Jossey-Bass.

VanTassel-Baska, J., Avery, L. D., Little, C., & Hughes, C. (2000). An evaluation of the implementation of curriculum innovation: The impact of the William and Mary units on schools. *Journal for the Education of the Gifted, 23*, 244-270.

VanTassel-Baska, J., Bass, G., Ries, R., Poland, D., & Avery, L. D. (1998). A national study of science curriculum effectiveness with high-ability students. *Gifted Child Quarterly, 42*, 200-211

VanTassel-Baska, J., & Feng, A. X. (2002). An evaluation of the Idaho state gifted program: A lesson on teacher training as a lever for program development. *NAGC Research Briefs, 16*, 99-104.

VanTassel-Baska, J., Johnson, D., Hughes, C., & Boyce, L. N. (1996). A study of language arts effectiveness with gifted learners. *Journal for the Education of the Gifted, 19*, 461-480.

VanTassel-Baska, J., Zuo, L., Avery, L., & Little, C. (2002). A curriculum study of gifted-student learning in the language arts. *Gifted Child Quarterly, 46*, 30-44.

Yin, R. (1989). *Case study research: Design and methods.* Newbury Park, CA: Sage.

제 3 장

설문지 작성과 실시

Annie Xuemei Feng

> 좋은 평가는 훌륭한 사회과학이다. 즉, 평가는 명확한 이론 안에서 훌륭하고 정확한 목적을, 실험적인 검증에서 엄격함을, 연구에서 연합을, 그리고 연구결과에서 축적을 포용한다.
>
> — Ray Pawson & Nick Tilley(2001, p. 324)

이해관계자 설문지는 일반적으로 프로그램 평가에서 사용하는 자료수집 책략 중 하나이다. 이해관계자 설문지는 이들이 관여하고 있는 프로그램에 대해 지각과 의견을 묻는 도구이다. 그러나 누가 이해관계자의 의뢰자인가? 왜 이들에게 질문에 대답하라고 선정하였는가? 무엇을 질문하고 정확한 대답을 얻기 위해서 어떻게 질문을 해야 하는가? 본 장에서는 전형적으로 영재 프로그램 평가에서 볼 수 있는 이상의 문제들을 다룰 것이다.

누가 이해관계자인가?

이 질문은 단순하게 들리지만, 설문지 자료를 수집하기 위해 이해관계자를 선정하는 것은 맥락에 따라 결정된다. 일반적으로, 영재 프로그램 평가에서, 영재, 영재교사, 프로그램 행정가와 영재 부모들이 이해관계자 집단을 구성한다. 그러나 또한 이해관계자는 주 혹은 지역 프로그램 기관이 제안서에서 특별히 요구하는 이해관계자 집단의 역동성에 좌우된다. 특히, 차터 스쿨(charter school)의 부모집단이 프로그램에 대해 갖는 지각은 이 프로그램을 운영하는 행정가에게 중요하다.

예를 들어, 프로그램 평가에서, 후원자는 또한 자신의 학군에서 영재교육을 받는 학생들이 다른 학군의 프로그램을 선택하거나, 차터 스쿨 혹은 대신에 사립학교에 다니는 이유에 관심이 있었다. 평가자는 학군에서 제공하는 영재 프로그램을 받지 않는 학생과 부모집단의 동기를 조사하는 것에 흥미가 있었다. 평가자들은 이해관계자 집단을 구성하고, 이들의 영재 프로그램에 대한 지각을 통해서 평가하려는 영재 프로그램의 역동성을 해석하는 데 도움을 받았다. 그러므로 또한 직접적으로 영재 프로그램에 관여하지 않는 사람도 이해관계자에 포함된다는 점을 염두에 두어야 한다. 즉, 이들 이해관계자들은 프로그램의 어느 부분에 대해서도 책임이 없지만 부분적으로 이들의 존재와 지각으로 프로그램의 성공 혹은 실패를 설명할 수 있다.

질문할 것과 질문하는 방법

Fowler(1995)는 설문지 질문에 대한 책에서, "사회과학과 그 외 의학에서도 계속적으로, 중요하게 측정하고자 하는 것이 바로 질문-대답 과정에 근거한다"라고 언급하였다(p. 1). 실험 및 유사실험연구를 실시할 때 신뢰롭고 타당한 도구를 끌어내는 것이 중요하지만, 마찬가지로 이해관계자들로 하여금 일관적으로(신뢰도) 질문에 대답하고, 질문에 대답한 것이 바로 평가자가 질문한 것을 반영하도록(타당도) 설문지 질문을 개발하는 것이 중요하다.

인구학적 질문

영재 프로그램을 평가하는 질문을 만들 때, 응답자의 인구학적 특징에 관한 것을 여러 개 질문한다. 인구학적 질문을 설정하는 목적은 응답자 자체의 특징을 위해서가 아니다. 오히려, 다음의 두 가지 목적으로 주로 질문을 한다. 1) 대답이 응답자의 상이한 특징과 관련이 있는지 없는지를 결정한다. 2) 때때로 평가자 혹은 지역기관은 같은 범주에 속한, 어떤 특정 집단의 지각에 관심이 있기 때문에 하위대상 분석을 실시한다.

[그림 3.1]은 영재 프로그램 평가에서 사용하는 교육자용 설문지에 있는 인구학적 질문의 예들이다. 이상의 질문들은 응답자의 역할, 가르치는 학년 수준에 대한 대표성과 교수지도 경험 및 영재 관련 연수 배경을 이끌어내기 위해 개발된 것이다. 질문 1과 2는 현재 영재 프로그램 실제에 대한 응답자의 지각과 응답자의 역할 지위 사이에 관계가 있는지 그리고 연구대상이 일반 전집에서 차지하는 역할과 학년 면에서 대표적인지 아닌지를 결정하는 데 도움을 준다. 두 질문 모두 또한 하위 연구대상 분석을 실시할 수 있도록 그 하위 집단으로 연구대상을 구분한다(예: 초등학교 교사 대 중등학교 교사; 영재교사 대 일반학급교사). 교수지도 경험과 영재 관련 연수 배경을 묻는 질문(질문 3~5)은 평가자에게 다른 특정 질문에 대해 얻은 자료가 정확한지 점검하는 기준선을 제공한다. 왜냐하면 자기-보고식 대답에 있어 정확성이 어느 정도 영재교육에 대한 응답자의 지식에

1. 역할:(하나만 표시하시오)
   ❑ 정규학급교사 ❑ 영재 프로그램 교사

2. 현재 가르치고 있는 학년:
   ❑ 초등 3 ❑ 초등 4 ❑ 초등 5 ❑ 초등 6 ❑ 중등 1 ❑ 중등 2 ❑ 기타

3. 교수경력:
   ❑ 1~5년 ❑ 6~10년 ❑ 11~15년 ❑ 16~20년 ❑ 21년 이상

4. 영재 교수지도 경력:(해당될 경우)
   ❑ 1~3년 ❑ 4~6년 ❑ 7~9년 ❑ 10년 이상

5. 영재교육 관련 배경:(하나만 표시하시오)
   ❑ 형식적인 연수경험이 없음
   ❑ 최소 6시간 과정 및 활동 인증
   ❑ 영재교육에 대해 주에서 발급하는 인증
   ❑ 영재교육 전공의 석사학위
   ❑ 영재교육 전공의 박사학위

[그림 3.1] 교사용 인구학적 질문 섹션의 예

좌우되기 때문이다. 그러므로 이와 같은 인구학적 질문들을 통해서 평가자들은 하위 연구대상을 조사하고, 응답률과 함께 연구대상의 대표성을 점검하며, 응답자의 인구학적 특징과 관계가 있는 패턴을 엿볼 수 있다.

질문 내용

설문지 질문을 만들 때, 물어보는 질문의 이면에 있는 목적을 이해해야 한다. 영재 프로그램 평가에서는, 영재 프로그램에 대한 이해관계자들의 지각과 이들이 프로그램을 어떻게 보는지 알고자 한다. 설문지를 작성하는 좋은 시작점은 영재 프로그램에 대한 최선의 실제적인 기준을 여러 요소로 나누고 이에 따라 각 질문을 배정하는 것이다. 다음 섹션에서, 예제 질

문을 교사용 설문지에서 발췌하였다. 질문 예제들을 통해서 이들 질문들이 왜 결점이 있는지 보여 줄 것이다. 문제가 있는 질문을 수정하여 제시할 것이며 수정하여 질문을 개선하는 원리에 대해서도 논의할 것이다. 본 설문지에서 선정한 질문들을 예제로 사용하여 좋은 설문지의 질문을 작성하는 방법을 소개할 것이다. 이 원칙들은 똑같이 다른 이해관계자 집단용 설문지에도 적용된다.

최선의 실제적인 기준에 상응하는 질문 내용

이해관계자용 설문지를 작성할 때, 우선 영재 프로그램의 어떤 요소들을 설문지에 작성하려고 하는지 결정해야 한다. NAGC의 최선의 실제적인 기준은 설문지를 작성할 때 참조할 좋은 예시이다. 영재 프로그램의 구성요소에는 판별 및 평정, 교육과정 및 교수지도, 프로그램 평가, 프로그램 관리 및 행정, 조직적인 배치, 교직원 개발과 부모와의 의사소통이 포함된다. 비록 각 프로그램의 구성요소에서 질문이 강조하는 바가 평가의 주요 목적에 따라 좌우된다고 하지만, 영재 프로그램의 차원 각각에 대해서 이해관계자의 지각을 견고하게 하는 질문들을 그려내야 한다.

예제로서 판별과 평정 요소를 사용하여 질문 이면에 있는 원리와 특수한 질문을 작성하는 방법을 소개할 것이다. 문서자료를 조사해 보고 영재 프로그램에 대한 지침과 정책 그리고 판별도구를 살펴보는 한편, 이 과정에 관련이 있는 여러 면들에 대한 이해관계자의 지각을 평가해야 한다. 이해관계자 설문지에서, 판별 과정의 공정성에 대한 지각과 어느 정도 판별 기준이 프로그램이 제공하는 서비스와 일치하는지 살펴보고자 한다. 판별 절차에서 민감한 문제는 소수민족 집단, ESL 학생과 낮은 사회경제적 배경을 가진 학생 같은 특정 대상이 간과되었는지 아닌지에 대한 것이다. [그림 3.2]의 질문 9~12는 이상의 목적에 대한 것이다.

9. 학군 내 영재 프로그램에 참여할 학생을 선정하는 판별 과정에 대해 잘 알고 있는가?
❑ 예 ❑ 아니오

10. 만약 "예"라고 하였다면, 판별 기준에 대한 여러분의 생각을 가장 잘 기술하고 있는 것에 한 번만 표시하시오.
❑ 기준은 공정하다.
❑ 기준이 너무 광범위하다.
❑ 기준이 너무 협소하다.
❑ 기타(상세히 적어 주시오.)

11. 여러분의 의견을 가장 잘 반영하는 것에 한 번만 표시하시오.
판별 기준은 …
❑ 프로그램이 제공하는 서비스와 일치한다.
❑ 프로그램이 제공하는 서비스와 맞지 않는다.
❑ 생각해 보지 않았다.
❑ 기타(상세히 적어 주시오.)

12. 판별 과정상, 여러분의 학군에서 어떤 학생들이 영재교육을 받아야 한다고 생각하는지 해당되는 것에는 모두 표시하시오.
❑ 경제적으로 소외된 학생
❑ 소수민족 학생
❑ 영어가 제2 외국어인 학생
❑ 학습장애가 있는 학생
❑ 미성취를 보이는 학생
❑ 주의력 결핍/주의력 결핍 과잉활동 증후를 보이는 학생
❑ 기타(상세히 적어 주시오.)

[그림 3.2] 판별 및 평정에 대한 설문지 질문 예제

중요한 것은 응답자에게 친숙한 질문을 판별 과정에 포함해 놓아야 한다는 것이다. 이와 같은 질문을 선발 질문이라고 한다. "네"라고 대답하는 사람만이 다음 3개 질문에 대해서도 정확하게 대답을 할 수 있다. 분석에서, 이와 같은 질문은 여과기로서의 역할을 담당하여, 문제에 익숙하지

않은 사람이 하는 타당하지 않은 대답을 배제할 수 있다.

유사하게, 다른 프로그램의 요소에 대한 질문 및 평가 질문들도 이와 같은 방식으로 만들어, 질문에서 강조하는 바를 최적의 실제적인 기준에 상응하게 맞출 수 있다.

질문 내용을 프로그램 목적과 목표에 맞추기

모든 영재 프로그램이 나름의 특수한 목적과 목표를 가지고 있다. 프로그램의 이점을 묻는 질문을 목적과 목표에 맞추어 구성한다면, 그 목적 및 목표가 어느 정도 달성되었는지 이해관계자들의 지각을 조사할 때 도움이 될 것이다. 또한 프로그램의 개선에 관련이 있는 질문은 프로그램의 약점을 조사하고, 향후 개선 방향을 제시할 때 도움을 줄 것이다. [그림 3.3]의 질문 25와 26은 이상의 목적에 맞는 질문의 예이다.

반응범주를 이끌어내는 방법

질문을 만들 때, 여러 유형의 반응범주들을 사용한다. 주로 반응범주들은 다음 네 개의 자료 자원에서 나온다. 1) 질문에 관한 연구문헌(관심 있는 변인들), 2) 최선의 실제적인 기준, 3) 프로그램의 목적과 목표, 그리고 4) 그 분야 및 지역 프로그램 평가위원회 구성원들 중 전문가들이 브레인스토밍을 하여 낸 아이디어와 제안점이 그것이다. 다음의 예들에서, 질문 25번에 있는 반응범주는 연구문헌과 학군의 프로그램 목표를 결합해서 만든 것이다. 최선의 실제적인 기준에서 문서로 명시하였던 주요 프로그램 요소들에 기초하여 선택안을 변경할 영역을 구성한다.

25. 판별한 학생에 대해서 영재 프로그램이 갖는 중요한 이점이라고 생각하는 것에 모두 표시하시오.
    - ❑ 적절한 속도와 깊이에서 핵심적인 학습 영역을 완전학습한다.
    - ❑ 개념, 주제 및 문제에 대해 보다 잘 이해한다.
    - ❑ 간학문적인 학습을 강조한다.
    - ❑ 비판적 및 창의적인 사고기술을 강조한다.
    - ❑ 연구 및 문제-해결 기술을 강조한다.
    - ❑ 독립적인 학습기술을 강조한다.
    - ❑ 창의적인 표현과 미학적인 가치를 강조한다.
    - ❑ 질적으로 높은 산출물을 기대한다.
    - ❑ 유사한 능력과 흥미를 가진 학생들과 함께 학습할 기회가 있다.
    - ❑ 자존감이 높아진다.
    - ❑ 자신의 강점과 한계를 보다 잘 알게 된다.

26. 여러분의 학교 내 영재 프로그램에서 바꾸려고 하는 세 가지가 있다면, 3개까지 표시하시오.
    - ❑ 목적 및 미션 진술
    - ❑ 판별과 선발
    - ❑ 조직적인 구조
    - ❑ 프로그램 선택안
    - ❑ 교육과정과 교수지도
    - ❑ 학생 평가방법
    - ❑ 부모와의 의사소통과 참여
    - ❑ 교직원 개발
    - ❑ 기타(상세하게 기술하시오.)

27. 여러분이 보고 싶은 변화의 특징에 대해 기술하시오.
    1) ____________________
    2) ____________________
    3) ____________________

[그림 3.3] 프로그램 목적과 목표를 배열하기 위한 예제 질문

일종의 반응범주인 "기타" 선택

한 질문에 대해 반응할 때(예: [그림 3.1]의 질문 3과 4), "기타"를 반응범주의 하나로 대개 포함시킨다. 기타 범주는 향후 질문을 만들 때 중요하며, 기타 범주에 표시하였다고, 다른 선택범주들이 필요 없다는 것이 아님을 기억해야 한다. 그러므로 "기타"는 다른 선택안을 표현하거나 다른 대안을 첨가하는 기회를 제공한다.

개방식 질문의 유무

개방식 질문을 설문에 포함해야 하는가에 대해서는 설문조사방법에서 여전히 논란이 되고 있다. 대부분 응답자는 자신이 대답한 것에 설명을 적어야 하는 질문을 선택하지 않으므로, 이로 인해 질문의 타당도에 영향을 미치게 된다고 주장한다. 응답자의 필체는 또한 자료입력과 해석에 문제를 야기한다. 그러나 연구자들은 설문지 마지막에 부수적인 의견을 묻는 질문으로 인해 전체 자료분석에 어떤 문제도 빚어내지 말아야 한다는 점에 동의하는 듯하다(Fowler, 1993, 1995; Mangione, 1995). 심리적으로, 응답자들은 자신의 생각 혹은 의견을 보여 주는 기회가 있을 때 좋게 느낀다. 결과적으로 설문지 회수를 위해서, 연구대상의 크기를 증가시키게 된다. Dillman(2000)은 이와 같은 과정을 사회적 상호교환에서 신뢰를 형성하는 과정이라고 기술하면서, 이를 통해서 설문지를 바람직하게 구성하게 된다고 하였다.

이해관계자 설문지 책략을 사용하였던 평가 경험을 보면, 이상의 상황을 볼 수 있다. 즉, 설문지를 통해서 평가자는 응답자가 설문을 할 때 그 의미 혹은 의도를 보다 잘 이해하게 된다(다음의 폐쇄형 질문 26을 속성 면에서 약간 변화를 준 질문 27과 함께 살펴보자). 폐쇄형 질문과 함께 개방형 질문을 병행하고, 이에 응답하게 함으로써 응답자가 대답한 것의 타당도를 비교검토할 수 있다. 부가적으로, Fowler(1995)와 Mangione (1995)는 질문에 대한 반응범주를 예측할 수 없거나 연구문헌에서 질문이 거의 인용되고 있지 않을 때, 개방형 질문을 일종의 자료 수집 책략으로 사용할 수 있다고 제안하였다. 이와 같은 개방형 질문은 그 속성에 있어, 탐색적이라고 할 수 있다. 그러나 여러 설문지 연구자들은 예비검사 (pilot test) 결과를 사용하여 개방형 질문을 폐쇄형 형식으로 전환하도록 제안하고 있다.

좋은 질문을 하고/쓰는 방법

좋은 질문을 하고/쓰기 위해서는, 좋은 질문이란 무엇이고 그 특징이 무엇인지 정의해야 한다. Fowler(1995)는 "사람들이 설명하려고 하는 것에 대해서 신뢰롭고 타당한 대답을 만들어내는 것이 좋은 질문이다"(p. 2)라고 하였다. 즉, 응답자들이 연구자와 동일한 방식으로 질문을 이해하고 일관적으로 질문에 대답한다는 뜻이다. 게다가, 응답자의 대답은 연구자가 알고자 하는 것을 제공한다. Fowler(1995)는 아래 다섯 가지 기준으로 좋은 설문을 요약하였다.

1. 일관적으로 이해할 수 있는 것이다.
2. 질문하거나 응답자와 의사소통할 때 일관성이 있는 것이다.
3. 적절한 답변을 일관적으로 이끌어내는 것이다.
4. 만약 질문의 목표가 지식을 측정하는 것이 아니라면, 모든 응답자가 물어보는 질문에 대해 정확하게 답변할 수 있도록 필요한 정보를 준다.
5. 응답자는 질문에서 물어보는 것에 대해서 기꺼이 대답한다(p. 4).

좋은 질문을 작성하는 원리

1. 질문을 간단하게 적는다. Armstrong과 Overton(1971, Mangione, 1995, 재인용)에 의하면, 읽기가 쉽고, 긴 문장을 읽을 때와는 달리 외부의 영향을 비교적 적게 받기 때문에, 간단한 질문이 보다 타당하다. 긴 문장은 질문하는 문장이 한 문장 이상이므로, 좋은 설문이 갖는 단일 차원의 원리를 위배한다. 긴 문장을 개선하는 가장 좋은 방법은 긴 질문을 질문의 개념에 근거하여 작은 부분으로 나누는 것이다. [그림 3.2]의 질문 12는 [그림 3.4]에서 제시한 것처럼 두 부분으로 나누어 개선할 수 있다.

2. 이해할 수 있는 질문으로 적는다. 질문을 만드는 동안, 항상 질문을 읽는 사람을 염두에 두어야 한다. 학생용 설문지에서, 설문지 작성자는 응답자가 영재로 판별되었다고 하더라도 이들의 이해 및 이해수준을 고려해야 한다. 만일 응답자가 초등학생인 경우, 특히 중요하다. 그러나 이 원리도 마찬가지로 성인 이해관계자 집단에서도 중요하다. 설문지 작성자는 일부 어떤 용어를 당연하게 받아들이지만(예: 교육과정 압축, 텔레스코핑, 속진 등) 이것을 질문으로 만들어서 그 질문의 응답범주에 반응하게 한다면, 이 용어가 무엇을 의미하는지 분명하게 이해하지 못할지도 모른다. 심지어 교육자용 설문지의 일부 용어들도, 어떤 교사들에게는 전문용어처럼 들릴 수도 있으므로, 영재교육에 경험이 적은 영재 부모 혹은 행정가의 경우는 더 말할 나위도 없을 것이다. 특수용어집을 포함해 놓는다면, 응답자가 설문지에 있는 용어를 잘못 이해하여 빚어지는 측정 오류를 최소화 할 수 있다. 한편, 평가자가 외부 평가기관에 소속되어 있는 경우, 또한 평가자는 지역 학군에서 사용하는 용어를 이해하고 획득하는 데 어려움이 있을지 모른다. 설문지 초안에 대해 서로 의견을 교환하는 것은 설문지를 작성하기 전과 마지막에 꼭 필요하다. 이상의 방식으로, 평가자는 지역 응답자에게 물어볼 질문을 분명하게 작성할 수 있다.

12a. 여러분의 학군에서는, 어떤 학생집단이 판별 기준에서 간과되는가?
❑ 예 ❑ 아니오(질문 13번으로 가시오).

12b. 다음 어느 학생집단이 판별 기준에서 간과되는가?
❑ 경제적으로 소외된 학생
❑ 소수민족 학생
❑ 영어가 제2 외국어인 학생
❑ 학습장애가 있는 학생
❑ 미성취를 보이는 학생
❑ 주의력 결핍/주의력 결핍 과잉활동 증후를 보이는 학생
❑ 기타(상세히 적어 주시오.)

[그림 3.4] 선발 질문 예제

3. 관계자에게 관련 있는 질문을 물어본다. 설문지를 만드는 과정에서, 작성자는 연구대상 응답자에게 물어보는 질문이 어떤 특별한 관련성이 있는지 고려해야 한다. 때로, 모든 연구대상이 물어보는 질문에 대해 대답을 알고 있다고 기대할 수 없다. 즉, 응답자의 영재 프로그램에 대한 경험과 참여에 따라 좌우된다. 이와 같은 하위 연구 집단이 있을 것 같으면, 질문에 특별히 신경을 기울여서 질문을 선별하여 설문지를 구성해야 한다. 타당한 대답을 제공할 수 있는 응답자를 그렇지 않을 응답자와 구분지어야 한다. 특별한 질문에 대답을 할 수 없는 하위 집단에게는 대답할 수 있는 질문으로 옮겨가도록 안내해 주어야 한다(예: [그림 3.4]의 질문 12a와 12b).

4. 단일 차원적인 질문으로 작성한다. 질문을 작성할 때, 염두에 두어야 할 점은 각 질문들이 단 하나의 목적(혹은 개념)을 언급해야 한다는 것이다. 때로, 아무런 의도 없이 한 질문에 두 가지 것을 질문하기도 한다. 응답자는 질문의 어떤 면에 대답을 해야 하는지 결정해야 하므로 이런 질문은 응답자에게 짐이 되며, 결과적으로 얻은 자료는 타당도에 문제가 있어 해석하

기 어렵다. 예를 들어, 학군의 영재 프로그램 선발 과정과 판별 기준에 대한 여러분의 생각을 가장 잘 설명하는 것은 어느 것인가? 라는 질문이 있다고 하자. 선발 과정과 판별 기준은 판별 과정의 두 가지 측면으로서 응답자는 한 가지는 알고 있으나 다른 하나는 그렇지 못할 수 있다. 따라서 평가자는 응답자가 판별 과정의 어느 측면에 대해서 대답을 한 것인지 구분하고 결정할 수 없을 것이다. 이처럼 다중 차원에서 질문을 하게 되면, 평가를 위험에 빠뜨리는 돌이킬 수 없는 측정 오류를 만들게 된다.

5. 단일 차원적인 범주로 작성한다. 단일 차원으로 질문을 작성하는 것이 측정의 타당성을 증가시키는 데 도움이 되는 것처럼, 단일 차원으로 범주를 작성하는 것도 마찬가지이다. [그림 3.5]는 의사소통을 묻는 질문으로서, 처음 질문은 문제의 소지가 되는 반응범주를 가진 것이고, 나머지 3개 질문은 문제개선 및 향상을 위한 대안적인 질문들이다. 문제의 소지가 되는 첫 번째 질문(19)의 5개 반응범주는 2개의 판단차원, 즉 정확성과 일관성을 암시하고 있다. "뛰어남(excellent)" 이란 평정은 의사소통의 일관성을 나타내지만, 응답자로 하여금 교사와 부모 사이의 다른 의사소통적인 측면을 생각하고 회상하게 하여, 혼란스런 결론을 가져 올 수 있다. 매번 단 하나의 단계적 차원을 사용함으로써 이와 같은 척도를 향상시킬 수 있다. [그림 3.5]의 나머지 19a, 19b와 19c는 하나의 판단범주를 다루기 위한 질문들이다. 세 가지 버전 모두 설문지에 만들어 넣을 수 있으며, 질문의 초점에 따라, 단 하나의 것만 사용할 수도 있다.

6. 상호 배타적인 범주로 작성한다. 차원이 여러 개인 반응범주에는 서로 겹치는 것이 있다. 질문 19번의 예에서, "빈약하다"와 "비일관적이다"는 서로 반응이 겹쳐서, 범주가 다차원적이라는 점 외에도 측정 오류를 만들 수 있다. 상호 배타성에서 자주 언급하는 오류는 숫자 빈도와 관련이 있다. 예를 들어, 활동이 나타나는 빈도를 묻는 반응범주를 다음과 같이 1~5, 5~

19. 여러분과 영재학생 부모와의 의사소통을 평가한다면?
- ❑ 의사소통이 뛰어나다.
- ❑ 의사소통이 적절하다.
- ❑ 의사소통이 빈약하다.
- ❑ 의사소통이 비일관적이다.
- ❑ 일반적으로 문제가 없다면 부모와 의사소통하지 않는다.

19a. 여러분과 영재와의 의사소통을 평가한다면?
- ❑ 의사소통이 뛰어나다.
- ❑ 의사소통이 매우 좋다.
- ❑ 의사소통이 좋다.
- ❑ 의사소통이 약간 좋다.
- ❑ 의사소통이 빈약하다.

19b. 여러분과 영재학생 부모와의 의사소통을 평가한다면?
- ❑ 의사소통이 적절하다.
- ❑ 의사소통이 약간 적절하다.
- ❑ 의사소통이 약간 부적절하다.
- ❑ 의사소통이 부적절하다.

19c. 여러분과 영재와의 의사소통을 평가한다면?
- ❑ 의사소통이 일관적이다.
- ❑ 의사소통이 약간 일관적이다.
- ❑ 의사소통이 약간 비일관적이다.
- ❑ 의사소통이 비일관적이다.

[그림 3.5] 단일 차원적 반응범주 예제

10, 10~15, 15 그 이상으로 작성할 수 있다. 이와 같은 반응범주는 처음 보기에는 간결해 보이지만 5, 10과 15점에 대한 응답자의 경험으로 이 특정 범주에 임의적으로 대답을 하기 때문에 질문에 대답하지 않고 빈칸으로 남겨놓는 문제가 생길 수도 있다.

7. 한쪽에 치우친 질문을 작성하지 않는다. 한쪽으로 치우친 질문은 편견이 있거

나 편향된 질문을 말한다(Mangione, 1995). 때로 질문을 작성한 방식이 응답자가 어떻게 반응을 할지에 영향을 미친다. 낙태에 대한 사람들의 의견을 묻는 예를 들어보면, 다음과 같이 "낙태로 인한 살인을 합법화함으로써, 주에서 성경의 원리와 도덕성을 무시해야 하는가?"(Mangione, 1995, p. 21에서 인용)라고 질문을 작성할지도 모른다.

질문이 한쪽으로 치우치지 않기 위해서는, 의도한 질문에 앞서 질문을 조사해야 한다. "판별 과정 때문에 여러분의 학군에서 영재교육을 받지 못하는 사람들이 있다고 생각하십니까?"라고 묻는 대신에, "여러분의 주에서 실시하는 판별 기준상에 간과되고 있는 학생 집단이 있습니까?"라고 응답자의 입장 혹은 신념을 먼저 조사할 수 있다. 그러고 나서 여러 간과되고 있는 집단에 대해 이해관계자는 어떻게 생각하는지 그 분포를 이끌어 내는 질문을 먼저 한다([그림 3.4] 참조).

8. 가능할 때마다 단계적인 반응을 사용한다. 질문하는 사람이 반응범주 목록을 얻고 나면, 최대의 자료를 얻기 위해서 반응양식을 선택하는 것이 중요하다. 한 개 이상의 대납이 나오는 질문의 경우 선택이 중요하다. 일반적으로, 반응범주를 목록으로 만들고, 설문지 각 문항 옆에 있는 동그라미 중에서 표시를 하라고 알려 주면서, "해당되는 모든 것에 표시를" 하라고 말한다(질문 25번 참조). 25번 질문에서 응답자가 표시하지 않은 항목은, 별다른 정보를 주지 않으므로 올바로 반응하였다고 볼 수 없다. 이와 같은 질문을 개선하는 여러 방법들이 있다. 1) 응답자에게 좋은 것 순서로 3개를 표시하게 요청한다. 2) 응답한 것이 정확한지 판단할 수 있도록 각 항목 뒤에 예/아니오 척도를 첨가한다. 3) "가장 적은"에는 1점을 "가장 큰"에는 5점을 주는 척도를 사용한다. 이 세 가지 방법으로, 각 반응항목에 대해 응답자의 생각이 어떻게 분포되어 있는지 계산할 수 있고, 이해관계자의 지각을 이해하는 데 보다 풍부한 자료를 제공할 수 있다.

질문에 대한 평가

설문지 초안이 완성되면, 설문지를 평가해야 한다. 네 가지 유형의 설문지 평가가 있다. 즉, 개발자-평가(developer-evaluation), 조직 내 평가(in-house questionnaire evaluation), 지역인사 평가(local personnel evaluation)와 사전 검사(pretest)이다. 개발자-평가는 설문지를 개발한 사람이 스스로 자문하는 가장 비판적인 평가이다. 예를 들어, 충분하게 영재 프로그램의 모든 요소를 다루었는가? 각 질문의 목표는 무엇인가? 어떤 제안된 평가 질문들이 진술에 도움이 되는가? 장황한 질문이 있는가? 자료를 분석할 때 어떤 통계기법을 사용할 것인가? 등에 대해 자문한다.

조직 내 평가와 지역인사 평가는 동일한 목적을 위한 평가이다. 지시문, 질문한 단어 및 구조가 명확한지, 즉 초점이 되는 이해관계자 집단이 질문을 이해할 수 있는지 그리고 응답자가 기꺼이 질문에 대답하는 방식인지 아닌지를 영재 프로그램에 관여하고 있는 동료 및 지역 학군인사들에게 물어본다(Fowler, 1995; Mangione, 1995 참조). 특히 지역인사에게 그 지역학군 혹은 주의 영재 프로그램에서 사용하는 특수한 용어뿐 아니라 익숙하지 않은 용어를 집어 달라고 요청하는 것이 중요하다. 우리가 실시한 주의 영재 프로그램 평가에서는, "영재 촉진자"라는 용어를 사용하여, 일반적으로 사용하는 "영재교사"를 말할 때 이 용어를 사용하였다. 한 지역인사 평가 설문지에서는, "EPGY"가 "Stanford Math Program"보다 그 지역에서는 보다 친숙한 용어임을 발견할 수 있었다. 따라서 추후 버전에서는 이 용어를 업데이트하여 사용하였다.

사전 검사는 신뢰롭고 타당한 도구를 이끌어내는 중요한 방법으로 입증되고 있다(Dillman, 2000; Fowler, 1993; Mangione, 1995). 사전 검사는 특히 새로운 도구를 아무 것도 없는 상태에서 개발하였을 때 중요하다. 그러나 현실적으로, 시간과 예산으로 인해 사전 검사를 실시할 때 제약을 받는다. 영재 프로그램 평가에서 초보자인 경우, 아무 것도 없는 것에서 각 질문을 만들어내기보다는 그 상황에서 사용 가능한 도구를 채택하여 사용하라고 조언하는 바이다.

표집 계획 개발하기

비록 평가하려는 영재 프로그램에 있어 모든 이해관계자의 생각과 태도를 파악하는 것이 이상적인 것 같지만, 주어진 시간, 예산과 인적 자원의 제약으로 인해 대개는 비현실적이다. 전집을 대표하는 연구대상에서 얻은 결과는 반응률이 높고(75%) 도구를 잘 개발해서 실시한 연구에서 얻은 결론만큼 타당하다.

연구대상 표집 계획을 잘 세우는 것이 프로젝트를 평가할 때 꼭 필요하다. 표본에 대한 많은 문헌들이 있다(Fowler, 1993; Henry, 1990; Jaeger, 1984; Mangione, 1995). 본 장의 목적상, 기본적인 표본 추출 이론과 다섯 가지 공동적으로 사용하는 확률 표본 추출 기법을 간략하게 소개할 것이다. 어떤 표본 추출 절차이든지 영재 프로그램 평가에서 사용할 수 있다.

표본 추출 이론의 초석이 되는 세 가지 구성요소는 바로, 표집 구조(sampling frame), 표집 단위(sampling unit)와 확률표집 절차(probability sampling procedures)이다. Jaeger(1984)에 의하면, **표집 구조**는 대상, 사물과 기관의 목록으로서 이 목록에서 연구대상을 선정하게 된다. 이상적으로 표집 구조는 표본을 연구하여 얻은 결과를 일반화하는 전집과 동일한 것이다. 전집을 구성하는 요소를 표집 단위라고 한다(Fowler, 1993). **표집 단위**는 이해관계자 설문 표본인 경우, 학생, 교사 및 부모가 될 수 있으며 현지방문을 위해 표본을 추출한 경우, 학교 혹은 학군이 될 수도 있다.

확률표집 절차는 표집 구조에서 표본을 선정하는 다양한 기법을 말한다.

다섯 가지 기본적인 확률표집 절차가 있다. 단순 무선 표집(simple random sampling), 체계적인 무선 표집(systematic random sampling), 층화 표집(stratified sampling), 군집 표집(cluster sampling)과 다단계 표집(multistage sampling)이 있다. Henry(1990)는 각 표집 구조를 정의하고 각 표집 기법의 장단점을 상세히 논의하였다. 영재 프로그램 평가에서는, 일반적으로 설문지를 실시할 이해관계자 및 현지를 방문할 학교 혹은 학군을 선정할 때, 층화 및 군집 표집 책략을 사용한다. 단순 무선 표집과 체계적인 무선 표집은 거의 단독으로는 사용되지 않는다. 대신 그 절차는 다른 표집 절차 속에 병합된다. 표집 오차가 증가하고 계산이 복잡하여, 다단계 표집은 자주 사용하지 않는다. 〈표 3.1〉은 각 표집 기법의 장단점을 정의하고 그 외 영재 프로그램 평가에서 이들 기법을 적용한 경우를 제시하였다.

영재 프로그램 평가에서 표집 과정에는 얼마간의 절차가 있다. 평가자는 특수한 영재 프로그램의 현실에 따라야 한다는 것이다. 우리가 실시한 주 영재 프로그램의 평가에서, 층화 표집 계획을 세워서, 사회경제적(SES) 수준, 학군의 크기와 지리적인 위치를 3개 층으로 사용하여 방문할 12개 학군을 선정하였다. 그러나 한 층으로 지리적 지역만을 사용한다고, 각 층 내 모든 학군들이 선발되는 확률이 동일한 것은 아니었다. 일주일 안에 방문계획을 끝내야 한다면, 미리 선정해 놓은 4개 도시 학군 대신 운전해서 이동이 가능한 거리에 있는 학군들로 다시 선택함으로써 이 기준을 조절해야 한다. 둘째, 선정해 놓은 모든 학군과 학교가 연구에 참여한다고 동의하는 것은 아니다. 연구협조를 거부한 곳을 대체하기 위한 목록이 필요하다. 비록 대체한 학군이 3개 층에 있어서 본래 학군과 유사하다고 하지만, 대체한 목록에 있는 학군에 소속되어 있는 프로그램 코디네이터의 소개로 연구 협조를 쉽게 얻을 수 있었다. 표집 계획을 잘 기획해 놓

〈표 3.1〉 확률표집 책략: 영재 프로그램 평가에서의 정의와 적용

표집 기법	선정 책략[1)]	장점[2)]	단점[2)]	영재 적용
단순 무선	연구 전집의 각 구성원들이 선정될 동일한 확률을 갖는다.	직접적인-자체가중표집(self-weighting); 분석과 일반화가 용이하다.	표집 구조 목록을 업데이트하고 완성하기 어렵다; 비표집편향(nonsampling bias)이 발생하기 쉽다; 연구대상의 지리적 분산으로 현장방문이 어렵다.	이해관계자 설문을 실시할 때 층화 표집 책략의 일부분으로서 사용하는 프로그램 평가이다(예: 주별 학군에서 교사를 표집할 때 연수 기금을 일종의 층으로 사용).
체계적	연구 전집의 각 구성원이 집합 혹은 목록으로 되어 있고, 무선적인 출발을 지정한다. 그리고 나면 전집의 구성원들을 동일한 간격마다 선정한다.	통계적인 속성상 단순 무선 표집과 유사하다; 선정이 용이하다(예: 난수표 혹은 생성원이 필요하지 않다; 덜 숙련된 사람들도 간격과 출발 숫자만 주면 연구대상을 선택할 수 있다).	표집 구조를 잘 혼합해야 한다; 동일한 간격으로 의도하지 않았지만 주기성을 띠는 목록이 만들어져서 편향된 연구대상을 선정할 수 있다; 지리학적 분포로 인해 현장방문 비용이 많이 든다.	단순 무선 표집 책략을 적용하는 것과 유사하지만, 지정한 숫자로 인해 표집 단위(예: 학교 혹은 학군) 목록이 종종 어떤 학군 혹은 주 내 체계적인 순서를 의미하게 되어 자주 사용되지 않는다.
층화	연구 전집의 각 구성원을 집단 혹은 층으로 지정한 다음, 단순 무선 표집을 각 층에서 실시한다.	추정의 정확성이 증가한다; 표집의 효율성이 증가한다; 상위 전집 분석을 실시할 수 있다.	불균등한 층을 적용해야 할 경우 가중값이 필요하다. 층으로 나누기 위해 보다 정보가 필요하므로 비용이 많이 든다.	현장방문을 위해 학교 및 학군을 표집할 때 가장 자주 사용한다.

〈표 3.1〉 확률표집 책략: 영재 프로그램 평가에서의 정의와 적용 (계속)

표집 기법	선정 책략[1]	장점[2]	단점[2]	영재 적용
군집	연구 전집의 각 구성원을 집단 혹은 군집에 배정한다. 그러고 나서 군집들을 무선으로 선정하고 그 선정한 군집의 모든 구성원을 연구대상으로 포함한다.	군집의 목록만이 필요하다; 여행 시간만 소요되므로 비용 효율적이다.	표집 오차가 증가한다(예: 추정값의 정확성이 낮아진다).	설문지 실시를 위해 이해관계자를 표집할 때 사용할 수 있다(예: 선정된 학교 내 다니는 학생들이 학생 설문지에 응답한다).
다단계	군집 표집에서처럼 군집을 선정한 다음 연구대상 구성원을 단순 무선 표집을 사용하여 군집 구성원에서 선정한다. 군집화를 한 단계 이상에서 실시할 수 있다.	군집 표집 책략과 유사하다; 그러나 보다 효율적이다.	추정값의 정확도가 낮아진다; 표집 오차 때문에 복잡한 계산 절차가 필요하다.	표집의 복잡성 때문에, 이 책략을 층화 및 군집 표집보다 덜 사용한다.

주) 1) Henry, 1990, p. 27

2) 확률표집 책략에 대한 장점과 단점은 각 표집 책략에 대한 Henry의 설명에 기초한다(1990, pp. 95-116).

았다고 해도, 지시한대로 설문지를 배포하는지에 따라서도 실시과정에서 편차가 생긴다.

확률표집은 미묘한 기술이 필요한 과정으로, 평가연구를 위해서는 바람직한 표집 계획을 전문성을 갖춘 사람에게 위임해야 한다.

설문 실시하기

전형적으로 세 가지 방법으로 설문지를 실시한다. 우편/직접 실시하는 설문, 전화 설문과 개인적인 인터뷰 설문. 영재 프로그램 설문에서, 우리는 종종 학생, 교사, 행정가, 부모 및 기타 관련 집단으로부터 자료를 직접 수집하는 방법을 사용하였다. 기타 자료 수집방법과 비견되는 우편/직접 실시하는 설문의 장점은 1) 시간 효율성, 2) 현실적인 예산, 3) 표집에 있다. 게다가 직접 실시하는 설문지를 통해서 응답자는 보다 많은 시간을 들여 질문에 대해 생각하고, 질문에 대답할 때 사생활을 보장하고, 보다 질문을 조절할 여지를 갖게 된다. 직접 실시하여 자료를 수집하는 방법을 집단에서 실시하는 방법으로 확대할 수도 있어, 이해관계자(예: 영재학생)들이 특정 시간과 장소에서 설문지를 작성한다.

이해관계자 설문을 실시하는 방법

우리는 상황에 따라 이해관계자 설문을 실시할 때 여러 접근법을 사용하였다. 학생용 설문은 집단으로 실시하는 것이 가장 효과가 있었다. 평가자는 각 학교에 대한 연구대상 크기와 설문을 실시하는 절차에 대해 상세히 기술하고 설명한 지시문을 학생 설문지와 함께 코디네이터에게 우편으로 보냈다(연구대상 설명을 위해 [그림 3.6] 참조). 지명을 받은 교사들이 다 작성한 설문지를 프로그램 코디네이터에게 가지고 오면, 코디네이터가 자료

ㅇㅇ 귀하(프로그램 코디네이터):
평가를 계획할 때 주요 구성요소는 영재 프로그램의 효과에 대한 이해관계자의 생각을 유도해내는 것입니다. 이해관계자 설문을 실시할 수 있도록 도움을 주셨으면 합니다. 설문은 익명으로 실시되며 따라서 비밀이 보장됩니다. 아래 있는 지시문은 설문을 실시할 때 준수해야 할 사항들입니다.

1. 이해관계자 설문지는 2장으로 되어 있습니다. 첫 장은 양면으로 인쇄되어 있습니다. 이해관계자께서 첫 장의 양면 모두에 응답하도록 확인해 주시기 바랍니다.
2. 표집 계획에 따른 학급 수에 기초하여 각 학교를 무선적으로 선정하였습니다.
3. 이해관계자 설문지의 장마다 일련 단위 번호가 있습니다. 참여자에게 마지막 2자리에 여러분의 학교 코드를 적도록 말씀해 주십시오. 각 학교 코드는 맨 앞장 지시문의 목록에 있습니다.
4. 참여자들이 일련 단위에 학교 코드를 기입하였는지 확인해 주시기 바랍니다. 이 일련 단위 코드는 자료를 분류하고 분석할 때 정보가 됩니다.
5. 코디네이터께서는 다 작성한 설문지를 받은 후에 숫자 라벨을 사용하여 학교 정보를 이중으로 확인합니다.
6. 각 표집한 학교의 설문지 회수 상태를 확인하고 설문지 실시를 마칩니다.
7. 작성된 설문지를 수합하여 William and Mary 대학의 Center for Gifted Education으로 송부해 주시기 바랍니다.

자료 수집 과정에 도움을 주셔서 진심으로 감사드립니다.

Annie Feng
Research and Evaluation Coordinator
Center for Gifted Education, College of William and Mary

[그림 3.6] 관계자 설문지 실시용 지시문 예제

를 평가자에게 송부한다. 또한 설문 회수 상태를 보여 주는 학교 추적 목록을 미리 주어야 한다. 어떤 방법론자들은 학급에서 집단으로 실시할 때, 선생님이 있으면 학생들 사이에서 어떤 치우침이 생길 수 있다고 주장하지만, 학생의 반응에 대한 경험과 분석을 보면, 이상의 주장을 지지하지 않는 것으로 나타났다. 대신 집단에서 실시하는 것은 영재 프로그램 평가에서 높은 반응률을 얻는 가장 효과적인 방법임이 입증되었다(4장 참조).

성인 이해관계자 집단에서는 직접 실시하는 방법을 사용하였다. 이상적으로, 평가자는 각 표집해 놓은 응답자에게 실시할 설문을 준비하고(연구를 소개하는 편지, 설문지와 미리 주소를 적어놓은 반송용 봉투를 포함하여), 도구를 보낸다. 그러나 현실적으로 영재 프로그램 평가를 실시하는 것은 가족 설문 혹은 의학 설문과는 다르다. 가족 설문 혹은 의학 설문에서 설문에 응답하는 사람은 그 전집에 대한 우편 주소를 얻을 수 있어, 설문을 이 목록으로 보낼 수 있다. 그러나 표집해 놓은 성인 이해관계자의 목록을 평가자가 통제할 수 없다. 대개 표집해 놓은 이해관계자에게 설문을 실시하기 위해서는 학군 관련자(대부분 프로그램 코디네이터)에게 의존해야 한다. 심지어 표집 계획을 잘 기획하였다고 해도, 교사, 부모 혹은 행정가들을 선정해서 설문지를 실시하는 기회가 동일한 것은 아니다.

그러나 설문지의 일부 인구학적 질문을 통해서 어느 정도 반응하는 응답자가 선정해 놓은 인구학적 특징을 대표하는지 평가할 수 있다. 예를 들어, 교사 설문지에서 학년 수준을 묻는 질문을 위의 목적을 위해 사용할 수 있다. 유사하게, 부모 설문지에서, 현재 자녀가 등록해서 다니는 학년 수준을 물어봄으로써, 부모가 얼마나 대표적인지 점검할 수 있다. 다시 말해서, 정해 놓은 인구학적 질문에 대한 반응을 보고 응답자의 인구학적 분포가 전체 전집을 어느 정도 대표하는지 결정하는 데 도움을 얻을 수 있다.

때때로, 평가자가 표집 목록을 얻을 수 있을 때, 영재 프로그램 평가에서 직접 설문을 실시할 수 있다. 예를 들어, 우리가 실시한 2개의 주 수준 영재 프로그램 평가에서는, 학군 영재 프로그램 코디네이터 설문을 실시하였다. 평가자에게 학군의 전체 목록과 관련 연락정보를 제공해 주었다. 따라서 평가자는 표집해 높은 피험자 각자에게 설문을 실시할 수 있었다. 직접 우편 설문을 실시하게 되면, 평가자는 연구대상과 반응률을 추적할 수 있다. 그러나 평가자의 외적 지향점으로 인해 반응률이 낮아질 수 있다는 단점이 있다. 그러나 체계적인 관리 메커니즘과 좋은 설문지를 기획하면 반응률을 높일 수 있다.

설문 모니터링 및 시간 관리

우편 설문연구 주기는 어느 정도 걸리는가? 그리고 얼마나 많이 우편을 발송하여야 합리적인 반응률에 도달할 수 있는가? 연구문헌에 의하면 설문 우편 주기가 끝나려면 8주에서 10주 정도 걸리며, 2번 독촉장을 포함하여 4번 우편 발송을 사용해야 한다(Dillman, 2000; Fowler, 1993; Mangione, 1995). 6개 직장에서 실시한 직장 관련 음주정책과 문제에 대한 설문 연구에서 얻은 회수 패턴을 사용하여, Mangione은 4번의 우편 발송을 관리하는 다음의 지침을 제안하였다(〈표 3.2〉 참조). 이전 우편을 발송한 후 약 14일에 설문회수가 유의하게 낮아진다는 것을 발견하였다. 그래서 Mangione는 피험자가 이전 우편물을 받은 후 약 14일 안에 새로운 것을 받도록 추후 우편을 보내라고 제의하였다. 또 다른 흥미로운 패턴은 추후 우편 회수율이 이전에 얻은 것의 약 반 정도라는 것이다. 이와 같은 방식으로, 체계적으로 4번의 설문을 우편으로 발송할 경우, 그 반응률은 75%에 도달할 수 있다. 또한 각 우편마다 다른 초점을 강조하도록 제안하였다.

우편 및 시간 추적 절차는 비즈니스 사업 설문에서 얻은 패턴에 기초한다. 우편 시간 주기는 또한 영재 프로그램과 평가자의 위치상의 거리에 좌우된다. 휴가 때 우편을 받게 되면 대개 우편 주기를 지연하게 되므로 이 때를 피해야 한다. 특히, 예산에 한도가 있다면, 어떤 유형의 우편 서비스를 사용할지 생각해 본다. 그럼에도 불구하고 영재 프로그램 평가에 대한 우리의 경험을 볼 때, 비록 독촉장을 보내는 우편 주기를 특수한 평가 상황에 따라 늘이거나 단축할 수 있지만, 4번 발송하는 우편 접근법이 효과적인 책략인 것으로 나타났다.

게다가, 영재 프로그램 평가에서 평가자들이 갖는 특권 중 하나는 평가지역에서의 사람들과 맺게 되는 좋은 관계이다(예: 프로그램 코디네이터 혹은 평가위원회 구성원들). 또한 보다 잘 설문을 회수하는 또 다른 책략이 있다. 즉, 우편이 기대한 반응률에 미치지 못할 경우, 표집한 피험자에게 전화를 한다. 아직 작성하지 않은 설문에 대한 응답자의 관심에 호소하는 진심어린 전화는 긍정적이며 신속한 반응을 가져온다. 한 평가에서, 4번 우편물을 발송하고 추후 전화를 하여 75%의 반응률에 도달하였을 뿐 아니라 현지 사례연구를 위해 표집한 모든 학군에서 응답을 얻었다. 모든 학군들이 설문에 참여하여 현장방문 동안 얻는 질적 자료와 함께 비교할 수 있는 양적 기초를 얻었다.

반응률 증가시키기

전집을 나타내는 이해관계자에게 직접적으로 일반화할 수 있기 때문에, 설문지에서 좋은 반응률을 얻으려고 평가자들은 노력을 한다. 70% 그 이상의 반응률은 설문지 연구에서 매우 바람직한 것으로 볼 수 있다(Mangione, 1995). 비록 아주 간단한 통계 및 방법론적인 기술을 통해서 반응률을 높일 수는 없지만, 여러 영역에서 설문지를 사용하였던 연구자들은 다음과 같은 유용한 방법을 제안하였다.

1. 진심어린 그리고 전문가다운 편지를 쓴다.
2. 응답자에게 최대한 편의를 제공한다.
3. 비밀과 익명성을 보장한다.
4. 좋은 도구를 제작한다(예: 간단하고 명료한 질문, 친근한 배열).
5. 4번의 우편 발송 주기를 이행한다.
6. 마지막으로 도움을 요청하는 전화를 건다.

〈표 3.2〉 4번의 우편 발송 관리 및 시간

	우편 발송 시기	반응률	강조점
첫 번째 발송	발송하기로 한 날짜	40%	응답할 설문지; 철저함; 분명한 목표와 절차를 설명해 놓은 편지
첫 번째 독촉	14일	20%	우편엽서 독촉장; 친절하고 우호적으로 작성; 협조를 강조
두 번째 발송	14일	10%	응답할 설문지; 설문 회수율을 높이기 위해 설문의 중요성과 비밀보장을 강조
두 번째 독촉	14일	5%	우편엽서 독촉장; 최종적으로 전화하기; 응답자의 의견이 대표성을 갖도록 사람들에게 설문지를 송부해 줄 것을 권고하고 특별한 마감일을 정해서 보냄

주) 높은 반응률을 얻는 방법에 대한 Mangione(1995)의 주장을 표로 작성한 것이다.

위의 원리들은 직접 우편으로 설문을 발송하는 상황에 적용되는 것들로 이용해 볼 만한 방법이다. 집단으로 실시하는 것이 가능할 경우, 높은 반응률에 도달할 가능성이 있다. 그러나 이로 인해, 응답자들이 평가자에게 갖는 좋은 인상 때문에 질문에 대답하는 사회적 바람직성(social desirability)을 가져올 수도 있다. 그렇지만 합리적으로 반응률이 클 경우, 이상의 치우친 경향은 어느 정도 상쇄할 수 있으며, 설문지를 익명으로 작성하게 하여 이와 같은 경향을 최소화한다. 게다가 설문지 인쇄를 친숙한 색으로 정하거나(예: 노란색), 개인적인 편지를 활용하고, 편지문구류에 후원을 명시하는 등의 방법으로 또한 반응률을 높일 수 있다.

부모의 반응률

우리의 경험상, 부모 설문지는 전형적으로 영재 프로그램 평가에서 실시한 성인 이해관계자 설문지 중에서 가장 낮은 반응률을 보인다. 부모설문의 반응률은 약 35% 정도로(J. VanTassel-Baska와의 개인적인 서신교환, 2002년 2월), 이로 인해 대개는 결과해석에서 어려움이 있다. 그러나 특별히 이와 같은 문제에 대한 이유와 치료방안을 논의한 연구문헌은 없다. 영재 프로그램 평가에 대한 경험으로 볼 때, 우리는 거의 부모의 반응을 통제할 수 없었다. 어떤 경우에, 부모 설문지를 특별히 표집한 학교 내 영재교사를 통해서 실시한다. 다른 경우엔, 설문지를 학군이 직접 발송하기도 한다. 어떤 부모들은 설문지를 받아본 적도 없다. 성인 이해관계자 집단들 중 하나로서, 부모집단은 모든 종류의 인구학적 특징에서 가장 변화가 많아 척도에서 가장 높은 분산도를 보인다. 심지어 이로 인해 반응하지 않은 자료를 찾기가 더욱 어렵다. 학군으로 하여금 두 번째 우편을 발송하도록 권고하면서, 표집한 부모의 자녀를 지도하는 교사와 지속적으로 접촉을 하는 것이 추후 접근법 중 하나이다.

대부분 학교 체계에 이미 있는, 학군 전체에서 실시하는 부모 설문지의 한 부분을 이용하여 설문을 할 수 있도록 지역 영재 프로그램 코디네이터와 로비를 하라고 제안하는 바이다. 그 외, 내부 및 외부 평가자가 추적하고, 분석하고, 비교하며 여러 해 동안 실시하여 모아놓은 자료를 얻을 수 있도록, "만약 여러분의 자녀가 학군에서 제공하는 영재 프로그램을 받고 있나면"이라고 묻는 질문을 설문지의 인구학적 세션에 포함하는 것이 좋다.

결 론

영재 프로그램 평가를 위해 질문을 만들고 실시하는 것은 설문지의 작성 이론, 설문지를 실시하는 현실 중에서도 긴장으로 가득 찬 과정이므로, 이상의 역동적인 과정에서 균형을 이루는 평가자의 역량이 중요하다. 다음의 좋은 설문지 작성 원리와 설문지를 실시하는 기준이 있지만, 평가자는 또한 앞으로 생길 수 있는 현실과의 괴리를 염두에 두어야 한다. 도구를 가능한 한 신뢰롭고 타당하게 만드는 것을 무엇보다 우선시해야 한다. 여러 방법들을 사용하여 나온 자료를 다각도에서 검토함으로써 또한 이해관계자 설문을 작성해서 얻은 결과 및 해설을 강화한다.

설문지 구성과 실시를 위한 실제적인 조언

다음은 직접 설문지를 만들고 실시할 때 도움이 되는 실제적인 조언들이다. 그러나 설문지 작성의 복잡성을 생각할 때, 이 분야의 초보자들은 전문가의 도움을 받거나 신뢰도와 타당도가 높은 설문지를 조절하여 사용하거나, 이 설문지를 특수 상황에 맞추라고 제안하는 바이다. 다음의 조언들은 설문지를 작성하고 실시할 때 초보자 및 경험이 있는 영재 프로그램 평가자 모두에게 도움이 될 것이다. 또한 목적에 맞추어 사용할 수 있도록 설문지를 선택하는 기준도 포함하였다.

설문지 작성에 대한 조언

1. 하위 분석을 위해 인구학적 질문을 기획한다.
2. 영재 프로그램의 주요 구성요소를 완전히 다루는 최선의 실제적인 기준을 가지고 질문 내용을 배열한다.
3. 프로그램 장점을 배열하고 프로그램 실시 정도 및 개선 방향에 대한 지각을 조사하기 위해 프로그램 목적과 목표에 준하여 질문을 변경한다.
4. 여러 자원을 사용하여 맥락적인 반응범주를 만든다.

5. 좋은 질문을 적는다.

설문지 실시에 대한 조언

1. 표집 계획을 적절하게 세운다.
2. 가능한 한 우편으로 설문을 실시하기보다는 집단 설문을 실시하도록 이를 우선시한다.
3. 반응률을 증가시킬 수 있도록 지원을 해 주는 관련 지역 교육자와 좋은 라포를 형성한다.

참고 문헌

Dillman, D. A. (2000). *Mail and Internet surveys: The tailored design method* (2nd ed.). New York: Wiley.

Fowler, F. J. (1993). *Survey research methods* (2nd ed.). Newbury Park, CA: Sage.

Fowler, F. J. (1995). *Improvising survey questions*. Thousand Oaks, CA: Sage.

Henry, G. T. (1990). *Practical sampling*. Newbury Park, CA: Sage.

Jaeger, R. M. (1984). *Sampling in education and the social sciences*. New York: Longman.

Mangione, T. W. (1995). *Mail surveys: Improving the quality*. Thousand Oaks, CA: Sage.

Pawson, R., & Tilley, N. (2001). Realistic evaluation bloodlines. *American Journal of Evaluation*, *22*, 317-324.

제 4 장

영재 프로그램의 이해관계자 지각에 대한 설문 결과 메타 분석

Annie Xuemei Feng

정책 및 프로그램을 관찰, 이해, 판단하는 타고난 인간의 능력을 지지하고, 지원하고, 확대하기 위해 평가 분야를 개발하였다.

— Melvin M. Mark, Gary T. Henry, & George Julnes(2000, p. 5)

자기 보고식 행동은 자료를 얻는 정확성이 부족하고 정보회수에 있어 너무 기억에 의존하기 때문에, 부적절한 연구방법으로 비난받아 왔다. 인지 심리학자 및 언어이해 전문가들은 자기 보고식 행동이 정확하고 타당한 정보를 유도하는 데는 허점이 많은 방법론이라고 비난하였다(Schwarz & Oyserman, 2001). 그럼에도 불구하고, 자기 보고식 행동은 사회과학 연구와 프로그램 평가에서 가장 일관적으로 사용되는 방법 중 하나이다. 비록 이 방법의 제한점을 인식하고 있지만, 이 방법에 대한 사용은 증가하고 있다. 그러므로 모든 영역에서 방법론자들은 자기 보고식의 단점을 제거하고 바람직한 자료를 얻는 건설적인 방안을 제공하는 책략을 도출하고자 노력하고 있다.

과거 몇 십 년간, William and Mary 대학의 Center for Gifted Education은 지역 및 주의 수준에서 영재 프로그램 평가를 수없이 실시하였다. 이 평가연구에서 사용한 전형적인 책략 중 하나는 영재 프로그램의 주요 차원에 대한 이해관계자의 지각을 설문으로 조사하는 것이었다. 본 장에서는, 6개 영재 프로그램 평가(4개 지역과 2개 주)에서 얻은 이해관계자의 지각 자료를 수합하여 합성한 자료를 분석하였다. 여기서 축적한 실증적인 증거를 사용하여, 본 장에서는 설문지가 영재 프로그램 평가에서 얼마나 유용하며 영재 프로그램 실제에 대한 이해관계자의 일반적인 지각을 어떻게 그려내는지 설명할 것이다.

방 법

설문지 자료 선택

4개 지역과 2개 주 수준을 포함하여, 6개 영재 프로그램 평가에서 얻은 설문자료를 선정하였다. 설문자료는 지역뿐 아니라 최근의 자료, 자료의 지속성 및 이해관계자의 대표성에 근거하여 선정하였다. 평가 시기는 1995에서 2002년까지로, 2개의 연속되는 연구의 간격은 3년이다. 학생, 교육자(정규교사, 영재교사 및 행정가를 포함하여), 부모를 그리고 2개 주 수준의 평가에서는 학군 프로그램 코디네이터들을 이해관계자로 구성하였다.

〈표 4.1〉은 각 설문에 참여한 사람의 수와 선정한 6개의 영재 프로그램 평가연구의 반응률을 나타낸다(본 장에서 명시한 대문자 A에서 F는 6개의 평가지역을 지칭하기 위해 계속 사용할 것이다). 학생 설문지 반응률이 가장 높고, 부모 설문지가 가장 낮다. 지역 E에서 가장 높은 부모 설문지 반응률(65%)을 얻었는데, 그 이유는 부모 및 지역사회 구성원을 위해

〈표 4.1〉 이해관계자 설문 자료원: 참여자와 반응률

	95		97		00		00		01		02	
	A		B		C		D		E		F	
학생	—	—	—	—	1848	86%	1833	90%	—	—	465	93%
교육자	255	—	—	—	401	87%	366	50%	582	58%	293	65%
부모	374	58%	—	—	658	37%	735	36%	97	65%	183	26%
코디네이터	—	—	344	56%	—	—	—	—	77	75%	—	—

특별히 개최한 회의 장소에서 설문지를 실시하였기 때문이다. 그러므로 이 경우 부모 연구대상은 체계적인 표집절차 없이, 회의 장소에 참석한 사람들로 구성된 편의상의 연구대상(convenient sample)들이었다.

이해관계자 설문지 구성요소

이해관계자 설문지에는 대개 폐쇄형 질문과 한두 개의 개방형 질문이 있다. 질문은 대략 30문항으로 제한하여 반응률을 높이고 편리하게 전자 스캔을 사용할 수 있는 것이 좋다. 질문들은 판별과 사정, 교육과정과 교수지도, 조직적인 배열(예: 집단 편성), 평가와 행정에서 최선의 영재 프로그램인지 아닌지를 조사한다. 그 외, 제안서 및 지역 평가계획 팀의 요청으로 작성한 기타 질문뿐 아니라, 교직원 개발연수, 자격증과 부모와의 의사소통에 대한 질문들도 일반적으로 포함한다. 상이한 이해관계자 집단에 맞는 설문지 버전을 개발한다.

절 차

같거나 유사한 질문에 기초하여 시간순서대로 지역의 각 이해관계자 집단으로부터 설문지 자료를 수합하였다. 최소한 2개 지역이 있고 영재 프로그램의 특별한 차원에 대한 자료를 얻을 수 있을 때에만, 2차 분석을 위해 포함시켰다. 선택기준에 기초하여 다음의 장소에서 얻은 자료를 각 이해관계자 집단별로 비교하였다. 즉, 학생 지각 자료에 대한 비교 분석을 위해서 C와 F; 교육자 설문 자료에 대한 비교 분석을 위해서 A, C, D, E와 F; 부모 설문 자료에 대한 비교 분석을 위해서는 A, D와 F; 그리고 지역 학군 프로그램 코디네이터 설문 자료에 대해서는 B와 E(주의 지역)를 비교하였다.

이해관계자 설문 응답자의 특징

교육자 설문지. 대체로 응답자가 영재교사였던 한 평가지역을 제외하고, 대부분 교육자들이 정규교사(56~79%)였다. 나머지 교육자로는 행정가; 미술, 음악 및 체육교사; 진로 상담자와 심리학자들이 포함되었다. 교수 경력(D 지역의 교사 설문지에서는 교수지도에 대한 배경 정보를 제공하지 않았다)에 있어서 4개 학군의 교육 응답자들은 균형적인 대표성을 보였다. 교육자들에게 영재교육과정을 수강하였는지 질문하였을 때 대부분은 제한적으로 참여(66~71%)하였다고 응답하였고, 14~28%는 최소 6시간의 과정을 수강하였으며, 5~12%만이 주에서 부여하는 영재교육 이수증을 가지고 있다고 응답하였다. 그러나 영재교사들은 보다 많이 연수를 받은 것으로 나타나, 80% 이상이 영재교육에서 최소 6시간 과정 이상을 수강하였으며, 25~60%는 주에서 부여하는 이수증을 가지고 있었다. 영재교사 중에서 석사학위를 가진 사람들은 한 학군(F)—이곳에서는 영재교사의 17%가 수준 높은 영재교육 배경을 가지고 있는데—을 제외하고 3~6%인 것으로 나타났다.

부모 설문지. 부모 설문지를 교육자 설문지와 유사한 질문들로 구성하였다. C 지역 부모 설문지는 전화 설문지를 사용하여 실시하였고; 지역 E에서는 부모 설문지를 현장에서 실시하였다. 이 두 설문지는 자료 수집방법과 목적 때문에 질문에 보다 변화를 주었다. 따라서 선택한 항목이 적절할 때 모든 설문을 지역별로 비교하였지만, 부모 설문지에 대한 대부분 비교분석은 3개 학군의 부모 설문 자료(A, D와 F)에 기초하였다.

학생 설문지. 사용한 질문항목과 척도의 유사성으로 인해 2개 지역 학군(C와 F)에서 얻은 학생의 지각 자료를 비교하였다.

학군 프로그램 코디네이터 설문. 2개의 주 수준 영재교육평가(B와 E)에 있어, 또한 학군 영재 프로그램 코디네이터 설문을 실시하였다. 코디네이터 설문은 영재 프로그램 구성요소와 유치원부터 고등학교 3학년 프로그램의 서비스 주기를 완전히 포괄하는 것이 특징이다. 중서부에 위치한 B 지역에서는 344명의 코디네이터가 설문지에 응답하여 63%의 반응률을 나타내었다. 북서부에 위치한 E 지역에서는 77명의 학군 코디네이터가 반응하여 75%의 반응률을 나타내었다. 중서부 주의 학생 인구는 다양하였다. 그러나 북서부 주는 비교적 덜 다양하였다. 두 개 주의 크기와 인구 다양성이 유의하였음에도 불구하고, 두 지역에서 얻은 반응률 때문에 각 주 내에서 대표성이 있는 평가 결과를 얻을 수 있었다. 따라서 두 개의 영재 프로그램을 비교하고 해석할 수 있었다.

지역 학군 프로그램 코디네이터 설문은 두 개 주에서 실시하는 영재 프로그램에 대해 특정한 것을 묻는 질문들이므로, 비교한 결과를 다른 이해관계자 설문 분석에서 별도로 떼어 보고하였다.

지역별 이해관계자 설문 결과: 학군 수준

판별 과정

지역별 교육자 질문 결과에 따르면, 교육자들은 제공하는 서비스의 적합성과 판별 기준의 공정성에 대해 의견의 차이를 보였다. 이상의 경향은 지역 학군이 사용하는 판별 과정의 융통성과 관련이 있는 것으로 보였다. 판별 과정에 대해 높은 긍정적인 반응 비율(60%와 65%)을 보인 두 개 지역(C와 E)은 판별 기준 점수에 대한 지역 재량권 면에서 보다 융통적인 판별 체계를 갖고 있었다. 반면에, 다른 3개 지역(A, D와 F)은 이와 같이 통제하는 것을 선호하지 않았다. 판별과 제공하는 서비스가 서로 적합한가에 대한 교육자의 지각은 지역 학군이 선호하는 융통성과 일치하였다. 일반적으로 38~78%의 긍정적인 반응률을 보이는데, 특히 가장 높은 적합성 평정을 받은 지역(E)은 그 지역 학군이 판별에 있어 가장 융통적인 의사결정을 선호하는 영재 프로그램 중 하나인 것으로 나타났다. 한편, 가장 낮은 평정을 받은 지역(F)은 엄격한 표준화된 판별 절차가 있는 곳이었다.

지역별 부모들은 서비스의 적합성뿐 아니라 판별 기준의 공정성에 대해서도 유사한 지각 패턴을 보였다. 부모의 반 이상(50~58%)이 영재 프로그램의 목적에 맞는 학생을 충분히 공정하게 선발하고 있다고 생각하였다. 20~27%의 부모는 판별 기준이 너무 광범위하거나 협소하다고 생각하였다. 그러나 D와 F 지역 내 약 20%의 부모는 판별 과정을 잘 모르고 있다고 응답하였다. 유사하게도, 상당히 많은 부모들은(53~62%) 판별이 영재에게 제공하는 서비스에 적합하다고 생각하였고 10% 정도는 서로 상응하지 않는다고 답변하였다. 지역 D와 F의 28%와 36%의 부모는 이 질문에 대해 답변하지 않았다.

간과한 특별 학생집단

교육자와 부모들 모두 ESL(영어가 제2 외국어인) 학생들이 판별 기준 때문에 가장 등한시되는 특수한 요구를 갖는 영재학생이라고 평정하였다. "소외된"(disadvantaged) 집단으로 생각하는 것이 지역마다 다양하였다; 경제적으로 소외되거나, 소수민족 집단, 미성취와 학습장애를 가진 학생들이 포함되었다. 특별 학생집단 평가에서 교육자 평정을 1/3 이상 받은 집단은 없었으며, 부모의 경우 이상의 특별 학생집단을 영재학생이라고 평정하는 것이 더 낮은 것으로 나타났다(15% 미만). 이상의 결과처럼 일관적으로 낮게 특별 학생집단을 평정한다는 점으로 1) "간과된" 특별 학생집단의 문제가 각 지역의 영재 프로그램에서 팽배한지 보르고 있다는 점, 2) 질문을 작성한 방식으로 정확한 자료를 얻어내지 못하였다는 점(예: 보다 명확한 질문 선정의 필요성), 그리고 3) 어떤 평가지역(〈표 4.1〉 참조)에서 나타나는 저에서 중간 정도의 반응률이 결과 해석에 영향을 미칠 수 있다고 해석할 수 있다. 그럼에도 불구하고, Fowler(1993)가 지적하였듯이, 이해관계자 설문에서 얻은 일관적인 평정 패턴은 여러 문제가 있음을 암시하는 것이다. 기타 자료와 비교해서 평정을 점검해야 한다. 그러나 우리는 한 개의 평가지역(F)을 제외하고 다른 정보를 이용할 수 없었다. 지역 F에서 소수민족의 영재 프로그램 참여에 대한 학군의 기록을 조사하였고 이 문제에 대한 이해관계자의 지각과 일치하는 것을 볼 수 있었다.

영재 프로그램 교수지도의 강조점

일반적으로 영재에게 4개의 주된 교수지도 접근법을 사용하는 것으로 파악되었다. 즉, 수준 높은 질문, 개인 및 집단 프로젝트 활동, 학생 토론과 연구-기반 문제해결 활동이 그것이다. 최소한 교육자 중 2/3는 영재에게 이상의 접근법을 사용한다고 하였다. 비교적 덜 사용하는 접근법으로는 협동학습, 학습 촉진과 직접적인 교수가 포함된다. 이들 자료를 볼 때 교육자 스스로 영재에게 높은 수준의 교수접근법을 다양하게 사용하는 것으로 나타났다.

영재를 위한 차별화된 책략

교육자들이 가장 많이 보고한 차별화된 책략(62~93%)은 다음과 같다. 1) 수준 높은 사고 기술, 2) 문제-해결 활동에 대한 학생 참여, 그리고 3) 학생의 연구 기술 개발 등이다. 39~71%의 교육자들이 사용한다고 응답한 기타 차별화된 방법으로는 다양한 자료 및 자료의 활용, 독립연구 활동참여, 자율적인 학습을 위한 교수기술, 양질의 산출물 사용과 속진을 위한 압축 등으로 나타나, 프로그램 목적과 운영 모델에 따라 변화를 강조하고 있음을 알 수 있다.

두 개 평가지역(D, 60%; F, 73%)의 부모들은 영재에게 사용할 차별화된 책략으로 높은 수준의 사고기술을 강조하였다. 여러 자료와 자원을 사용하는 것 또한 일관적으로 언급하였다(41~59%). 어떤 부모들은 또한 핵심적인 교육과정을 채택하고 탐색할 주제에 깊이를 제공해 줌으로써(40~57%) 교사가 차별화할 것을 언급하였다. 영재를 위한 특별한 교육과정을 제공하는 것뿐 아니라 독립연구 및 조사 역시 각 지역마다 60% 이상의 부모들이 강조하였다.

흥미롭게도 교육자와 부모 모두 영재에게 사용할 차별화된 책략으로서 높은 수준의 사고기술을 강조하였다. 이해관계자 집단 또한 자주 사용하는 접근법으로서 연구기술을 강조하였다. 영재 프로그램들의 차이에도 불구하고, 지역과 이해관계자 집단마다 영재를 위한 두 가지 차별화 방법을 일관적으로 지적하고 있음을 볼 수 있다.

의사소통과 부모 참여

대부분 교육자들은 영재 부모와 긍정적으로 의사소통한다고 평정하였다(62~87%). 부모와의 의사소통에 대한 교육자의 불만족은 지역마다 6~29%로 다양하였다. 어떤 교육자는 문제가 보이지 않으면 영재 부모와 의사소통을 하지 않는다고 토로하였다. 이들 자료에 의하면, 주마다 대부분 교육자들은 영재 부모와 갖는 자신의 의사소통에 대해 만족하는 것으로 나타났다.

그러나 부모는 교육자의 긍정적인 지각과는 비견되게도, 자녀의 영재 프로그램 교사와의 의사소통을 중간 정도로 평정하였다. 부모의 40~76%는 5개 평가지역에서 의사소통을 긍정적으로 평정한 반면, 21~60%의 부모는 부적절하거나 빈약한 것으로 평정하였다. 전반적으로, 부모들은 교육자보다 의사소통을 낮게 평정하였으며, 바로 이런 점이 이 영역에서 문제점을 제기하고 있는 것이다.

교직원 개발: 부절적한 연구 기회

3개 지역(C, D와 F) 중 거의 반 정도의 교육자들은 학군에서 실시하는 영재 관련 교직원 개발 활동이 적절하다고 언급한 반면, 뛰어나다고 평정한 교육자는 없었다. 33~51%의 교육사들은 학군에서 제공하는 연구의 부적절성에 대해 불만을 표현하였다. 따라서 이들 학군의 영재 관련 교직원 개발이 빈약한 영역임을 볼 수 있었다. 충분한 그리고 양질의 연수 기회의 부족은 연수를 잘 받은 교사가 매우 중요한 초석이 되는 영재 프로그램에서 갈등을 빚고 있었다.

프로그램의 장점과 영향

영재에게 이득이 되는 프로그램에 대한 자료를 3개 지역(C, E와 F)의 교육자 설문지를 통해서 얻었다. 다음의 장점이 가장 빈번하게 언급되는 것들이다. 1) 속진과 도전적인 학습, 2) 유사한 능력과 홍미를 가진 학생과 함께 공부하는 기회, 3) 비판적 및 창의적인 사고기술에 대한 강조, 그리고 4) 문제해결과 연구기술에 대한 강조가 그것이다. 기타 장점은 각 평가에서 10% 미만의 교육자가 언급한 것들이다.

두 지역(C와 F)의 학생들은 자신의 영재 프로그램을 매우 칭찬하였다. 프로그램은 학생들에게 인지적, 정서적 및 사회적으로 긍정적인 영향을 미치는 것으로 나타났다. 대부분 학생들은(각 지역에서 각기 평균 92.2%와 91.5%) 영재 프로그램을 받는 것이 즐겁고, 동기유발이 되고, 격려 및 교사의 기대를 받는다고 응답하였다. 학생들은 보다 빠르고 자신에게 맞는 속도로 높은 수준의 내용을 배울 수 있고 자신의 비판적, 창의적 사고기술 및 문제해결 유능감을 펼칠 수 있다고 언급하였다(평균 89%, 92%). 게다가 학생들은 프로그램을 통해서 유사한 능력과 홍미를 가진 다른 학생들과 상호작용하는 기회를 갖게 되고 자신의 사회적 및 의사소통기술을 신장할 수 있다고 생각을 표현하였다(평균 89%와 91%). 이상의 모든 결과는 교육자 설문을 통해서 언급되었던 장점과 일치한다.

간학문적인 학습 또한 두 지역에서 대부분 학생들이 프로그램의 장점으로 언급하였다. 학생용 설문지는 또한 대학 수준, 교수지도 속도 및 사회적 요구와 관련하여 영재 프로그램의 부정적인 영향에 대해 조사하였다. 단지 낮은 비율의 학생들만이 이 차원들에서 문제가 있다고 지적하였다(각각 평균 12%와 10%).

변화가 필요하다고 생각하는 영역

지역마다(A, C, E와 F) 교육자들은 일관적으로 영재 판별과 선발에서 변화가 필요하다고 생각하였다. 그러나 필요하다고 한 변화의 속성은 보다 광범위하거나 협소한 기준을 기대하고, 과정에 교사들이 보다 개입하는 등의 프로그램에 따라 다르게 나타났다. 프로그램 선택안, 교육과정 및 교수지도와 교직원 개발은 변화가 필요한 것으로 두 번째 혹은 세 번째로 응답한 영역들이다. 8년 주기와 넓은 지리적 위치분포에도 불구하고, 설문 결과의 일관성을 보면 영재 프로그램상에서 이 문제들이 해결되지 않고, 아직도 변화가 우선적으로 필요한 영역으로 나타나고 있음을 알 수 있다.

변화가 필요한 영역에 대한 부모의 지각은 지역마다 다르다. 즉, 일관적인 패턴이 없다. 본 장의 처음에 언급한 바와 같이, 부모 설문지의 낮은 반응률로 인해 이상의 결과를 해석할 때 주의를 기울여야 한다.

지역별 영재 프로그램 코디네이터 설문결과: 주 수준

판 별

2개 학군 프로그램 코디네이터 설문에서 판별 관련 질문을 사용하여 문화적 다양성을 보장하는 판별 과정과 정책에 대한 일반적인 입장을 이해하고 자주 평가를 실시하였다.

문화적 다양성에 대한 보장. 판별과 선발 과정 중에서 문화적 다양성을 증진하기 위해 두 개 주에서 가장 많이 사용한다고 프로그램 코디네이터가 보고한 3개의 책략은 지명(60~73%), 학생 예제 산출물(21~37%), 그리고 창의성 측정(23.3~34.2%)이었나. 두 개 주에서 가장 많이 사용하는 것으로 나타난 것이 지명이다. 보다 작은 주에서는(E), 약 1/3 가량의 학군이 다양한 것들을 측정하고 또래 혹은 자아 지명을 사용한다고 보고하였다. 그러나 큰 주의 평가(B)에서는 이들 범주들이 선택 목록으로 나타나지 않았다. 따라서 이 범주에 대해서는 비교 자료를 이용할 수 없었다. 상대적으로 작은 주에서는 비소수민족의 동질성이 높아서, 거의 학군 코디네이터의 40%는 이 질문이 자신의 학군에서는 부적절하다고 지적하였다. 또한 두 개 주에 있는 일부 학군들은 문화적 다양성 문제를 언급하는 여러 방식을 결합하여 사용하고 있음이 나타났다.

이중예외성(twice-exceptional)**을 갖는 학생에 대한 판별.** 두 개 주에서 이중예외성을 갖는 학생에게 적절하도록 판별 정책을 조절하는 학군의 분포가 상이한 것으로 나타났다. B 지역 학군은 이중예외성을 갖는 학생에게 맞도록 기존의 판별 과정을 조절하기보다는 기존의 일반 절차를 사용하여 이들 학생을 판별하는 것으로 나타났다. 두 지역의 크기와 인구 구조의 특징을 볼 때, 보다 큰 주(B)가 이중예외성을 갖는 학생에게 보다 관심을 기울이며 이들 학생들을 판별하는 특별한 지침을 마련해 놓고 있다.

조직과 배열

두 개 주에서 제공하는 K-12 영재 프로그램에서 유사한 집단 편성 패턴이 나타났다. 비교 결과에 의하면, 큰 주와 작은 주의 초등학교 정규학급에서는 pull-out 모델이 지배적이었으나(74% 대 62%), 중학교(40% 대 33%)와 고등학교(5% 대 6%)로 학년 수준이 높아지면서 pull-out 모델이 감소한다. 대조적으로, 특수과목에서 능력별로 집단 편성하는 것은 학년 수준이 높아짐에 따라, 초등 수준에서는 평균 학군의 1/4이었던 것이 중등수준에서는 약 40% 그리고 고등학교 수준에서는 45% 그 이상으로, 점점 많이 활용하는 것으로 나타났다. 그러나 작은 주의 학군 중 반 이상은(53.4%) 전형적인 집단 편성 모델로서 이질적인(heterogeneous) 학급을 조직하는 반면 큰 주에 있는 학군은 16%만이 학급을 이질적으로 편성하는 것으로 나타났다. 이와 같은 차이를 통해서 큰 주보다 작은 주에서 영재 프로그램 서비스가 보다 혼란스럽다는 것을 알 수 있다. 결과에 의하면, 전일제 독립식(full time self-contained) 영재학급 및 특수학교를 사용하는 곳은 이들 주 중 어디에서도 없었다.

특수 영재집단을 위한 프로그램 차별화

전반적으로, 큰 주에 있는 영재 프로그램이 특수 영재집단, 소수민족 집단, ESL 학생과 사회경제적 수준이 낮은 학생을 보다 고려하는 것으로 나타났다. 심지어 그렇다고 하더라도, 결과에 의하면 대부분 학군에서는 특수 영재집단에게 보다 관심을 기울여야 한다는 점을 직접적으로 많이 언급하지는 않는다. 다중문화자료(34%)를 사용하고 다중문화적 관점(25%)을 언급하는 것이 큰 주의 학군에서 사용하는 주된 차별화 책략이다. 두 개 주는 위의 접근법을 사용하는 비율에서 다소 차이는 있으나(18% 대 15%), 프로그램상에서 특수 영재집단의 요구를 조절하려는 접근법으로서 학급 조절 및 수정에 관해서는 동일한 비율로 언급하고 있다. 그러나 상담, 사사제, 튜터제, 특별 연결 프로그램 같은 기타 책략들을 거의 사용하지 않았다(두 개 주 모두 10% 미만).

영재를 위한 고등학교 선택안

고등학교 수준에서 영재는 Advanced Placement(AP) 혹은 국제학사학위 프로그램(International Baccalaureate, IB)을 통해서 자신의 재능을 펼칠 기회를 갖는다. 크고(B, 55%) 작은(E, 40%) 주 모두 학군에서 높은 비율로 1개에서 5개까지 이 과정을 제공하지만, 6개 이상을 제공하는 학군은 거의 없었다(17% 대 15%). 작은 주의 학군들은 AP 과정을 많이 제공하지 않았다(45%). 고등학교와 대학의 이중등록이 고등학교 수준에서 영재에게 제공하는 그 외 선택안으로 나타났다. 큰 주(B) 내 학군의 76%와 작은 주(E) 내 학군의 59%는 고등학생에게 이중등록 선택안을 제공하였다. 보다 큰 주에 대한 평가를 4년 먼저 실시하였다는 점을 볼 때, 그 차이가 좀 더 커졌을 가능성이 있다.

영재교육 프로그램에 대한 테크놀로지의 영향

원거리 교육을 통해서 고등학교 학점을 받는 선택안을 보면 테크놀로지를 영재교육 프로그램 발전을 위해 적용하는 정도를 볼 수 있다. 큰 주(B)에 있는 학군의 16%와 작은 주(E)에 있는 56%의 학군들이 대학과의 통신교환과정을 제공하는 것으로 나타났다. 또한 작은 주의 학군들은 양방향식 비디오 강좌의 혜택을 받고 있었다. 한편 큰 주에 있는 학군의 52%는 1997년에 원거리 선택안이 없었다는 문제를 지적한 반면, 작은 주 내 학군의 30%는 2002년에 원거리 선택안이 있으나 그 이용이 제한적이라는 문제를 지적하였다. 이상의 결과를 통해 볼 때, 테크놀로지 발전을 보다 빨리 함으로써 영재 프로그램에 커다란 이점을 가져 올 것으로 생각되었다. 또한 보다 작은 주 내 대부분 학군들은 산악지대에 위치하고 있어, 원거리 선택안이 매우 필요하다는 점도 보여 주고 있다.

두 개 주 사이에서 영재학급 내 테크놀로지 자원활용을 비교하였을 때, 테크놀로지의 긍정적인 영향이 점점 분명해졌다. 보다 큰 주 내 학군의 41%는 1997에 인터넷 접속을 할 수 있었는 데 비해, 작은 주 내 학군의 96%는 2002년에 접속할 수 있었다. 이상과 같이 유의한 차이는 또한 학급 내 컴퓨터 보유 및 CD-ROM과 다중매체, 이메일과 웹사이트의 사용에서 나타나는 차이도 반영해 주는 것이다. 초기 테크놀로지 세대의 레이저 디스크와 양방식 디스크는 오늘날 보다 앞선 테크놀로지로 대체되고 있다.

영재학생 사정

두 주에서 영재의 학습을 측정할 때 사용하는 평가 도구는 그 종류에서 비슷하였다. 두 개 주의 자료에 의하면, 언어, 수학, 과학과 사회 영역은 완전학습이 이뤄졌는지 평가하는 주된 영역이었다. 두 주의 영재 프로그램은 비판적, 창의적 사고 기술, 상위 인지 기술, 학생의 자아인식과 개념이해 수준 및 간학문적 연결성 등의 영역에서 영재의 학습을 측정하였다. 영재 평가에서 두 주는 차이가 있었다. 보다 큰 주는 일관적으로 사고기술의 발달을 높게 평정한 반면, 작은 주는 내용 영역의 완전학습을 높게 평정하였다. 이상의 차이로 미루어 볼 때 각 주의 영재 프로그램에서 강조하는 바를 알 수 있었다. 즉, 한 쪽은 내용 지향적이고 다른 쪽은 기술에 보다 초점을 맞추고 있었다. 영재의 성취를 평가할 때 사용한 도구는 관찰; 규준 및 기준참조검사; 루브릭이 있는 성취기반 도구, 포트폴리오와 루브릭이 있는 산출물; 그리고 관찰로 구성된다. 특히 관찰은 두 개 주 모두에서 가장 자주 사용하는 방법이었다. 이들 자료를 보면, 영재를 대상으로 실시하는 평가는 기껏해야 학급활동에 기초하며 학군 혹은 주 수준에서 자료를 수합하지 않는다는 점을 볼 수 있는데, 이것은 바로 각 주에서 이용할 수 있는 실제 학생 자료가 부족하다는 모순을 여실히 보여 주는 것이다.

프로그램 관리

프로그램 실시에 대한 평가와 관리를 위한 메커니즘을 통해서 이 두 개 주는 영재 프로그램 관리를 평가하였다. 보다 큰 주는, 작은 주의 두 배에 해당하는, 45%의 학군에서 해마다 실시하는 바람직한 평가체계를 갖추고 있었다. 두 개 주에서 평가를 실시하는 접근법은 유사하여, 학급관찰, 학생 성취자료분석, 이해관계자 설문을 실시하였다. 보다 큰 주는 이들 접근법에서 높게 평정되었고, 두 개 주 모두에서 초점집단을 사용하는 경우는 적었다. 보다 큰 주는 작은 주보다 학군에게 많은 것을 넘겨주는 평가체계를 갖고 있었는데, 이런 점이 바로 영재교육 프로그램을 보다 형식적인 수준에서 실시하고 있음을 보여 주는 것이다.

두 주 모두 프로그램을 관리할 때 코디네이터가 전형적으로 사용하는 방법을 보면, 비형식적인 학급 방문(83%와 70%)과 프로그램 실시를 논의하기 위한 정기적인 교사회의(75%와 51%)가 있었다. 그러나 구조화된 형식의 관찰(29%와 34%), 교장과 하는 형식을 갖춘 자문(23%와 39%), 체계적으로 실시하는 영재학급 비디오 분석(0%와 3.2%)을 사용하는 학군은 상당히 적었다. 이상의 자료에서 볼 수 있듯이, 두 개 주 모두, 영재 프로그램 관리를 제한적으로 실시하고 있어, 이에 대한 지침이 보다 필요하며 강화해야 할 영역인 것으로 나타났다.

부모 참여와 교육

두 개 주에 있는 반 이상의 학군들은 다음의 4개 유형의 부모 참여를 선호하였다. 즉, 견학 자원봉사, 학급 자원봉사, 부모 면담, 그리고 설문조사. 2개 주에 있는 학군의 1/4은 영재 프로그램에 대해 조언하고, 옹호하고, 관리하는 형식적인 옹호집단이 없었다.

그러나 2개 주의 대부분 학군 코디네이터에 의하면, 형식적인 부모교육 프로그램을 이용하기 어려운 것으로 나타났다. 큰 주에서는 학군의 37%, 작은 주에서는 학군의 22% 정도가 부모교육 프로그램을 실시하지만, 그 중 오리엔테이션이 가장 전형적인 프로그램으로 나타났다. 영재의 정서적 요구 또한 얼마간의 관심을 받고 있었다. 어떤 학군들은 학업적 준비, 대학 진로와 학교 외 활동에 대한 주제로 부모 프로그램을 제공하고 있으며, 작은 주에서 보다 높은 비율로 이런 주제를 다루는 것으로 나타났다(43% 대 75%, 22% 대 37%).

교직원 개발

큰 주(48%)와 작은 주(60%)의 학군에서는 일정 비율의 교사들이 해마다 한두 번의 교직원 개발 활동을 갖는다고 보고하였다. 그러나 교직원 개발 활동은 보다 작은 주보다는 큰 주에서 자주 그리고 정기적으로 개최되었다(45% 대 32%). 보다 작은 주는 큰 주에 비해 면담 참여, 지역 현직 서비스와 대학과정을 자주 제공하는 반면, 큰 주는 학군과 학교를 기초로 한 서비스를 정기적으로 보다 자주 제공하였다. 두 주에서 볼 수 있는 교직원 개발상의 차이점은 크기 및 자원 할당과 관계가 있다. 보다 작은 주는 주 전체에서 초점을 두고 강조하는 여름연구소에서 실시하는 교사 참여와 연수를 실시하였다. 〈표 4.2〉는 영재 프로그램의 각 차원에 대한 관계자의 지각을 요약해 놓은 것이다.

논 의

6개 평가지역에서 실시한 관계자 설문에서 얻은 자료를 분석함으로써, 우리는 여러 차원에서 영재 프로그램의 일반적인 모습을 그려낼 수 있었다. 일관적인 결과를 통해서 문제점을 명시하고 본 평가지역과 이와 유사한 지역 및 주의 프로그램 기관에게 향후 영재 프로그램 발전을 위한 방향을 제시하였다.

판별과 평가의 주된 문제는 선발에 초점을 맞춘 선발 과정의 공정성과 서비스와의 적합성에 있다. 여러 지역을 분석하였을 때, 대부분의 교육자와 부모는 판별 과정에 만족하였고 기준이 영재를 판별하는 데 다소 공정하였다고 생각하였다. 반면에 이해관계자 집단의 반 정도는 그 반대라고 생각하였다. 이와 같은 판별의 공정성에 대한 찬반의 양상은 학군이 적용하는 기준 점수에 대한 지역 재량권 정도와 그 과정에 대한 이해관계자

〈표 4.2〉 지역별 영재 프로그램에 대한 이해관계자의 지각 요약

	교육자	부모	학생	코디네이터
판별	• 판별 기준의 공정성과 서비스와의 적합성에 대한 지각의 차이가 있음 • 지역의 융통성이 평정에 영향을 미침 • 현재 판별 실제는 ESL 같은 특수한 학생집단에게 불리하게 영향을 미침	• 판별 기준의 공정성과 서비스와의 적합성에 대한 지각의 차이가 있음 • 지역의 융통성이 평정에 영향을 미침 • ESL, 사회경제적으로 낮은 배경을 가진 학생, 소수민족 및 미성취 학생들이 판별 기준에 의해 불이익을 받음	없음*	• 판별 과정의 일부 책략을 통해서 문화적인 다양성을 보장함; 그러나 문화적인 차이를 고려한 판별 도구를 거의 사용하지 않음 • 이중-예외적인 학생의 다양성을 언급하는 정책
교육과정, 교수지도 및 평가	• 높은 수준의 교수지도 접근법을 사용 　• 수준 높은 질문 　• 프로젝트 활동 　• 학생토론 　• 연구 기반 문제해결 활동 • 가장 많이 사용하는 차별화 책략 　• 수준 높은 사고 기술 　• 문제해결 　• 연구 기술	가장 많이 사용하는 차별화 책략 　• 수준 높은 사고 기술 　• 연구 기술 　• 영재학습자와 함께하는 특별한 교육과정	없음	• AP와 IB 선택안을 이용하여 영재들로 하여금 고등학교에서 자신의 학업적 강점을 펼칠 기회를 제공 • 테크놀로지 자료에 대한 사용이 영재학급에서 증가하고 있음 • 학급에 기초한 평가가 지배적인 평가 경향임

〈표 4.2〉 지역별 영재 프로그램에 대한 이해관계자의 지각 요약 (계속)

	교육자	부모	학생	코디네이터
의사소통과 부모 참여	• 영재 부모와의 의사소통에 대한 호의적인 평가 • 현재 의사소통 상태에 대한 만족	• 영재교사와의 의사소통에 대한 중간 정도의 평가 • 교사와의 의사소통에 대해서 많은 비율의 부모들이 불만족	없음	• 부모의 참여 유형이 정규학급에서 기대하는 부모참여 정도를 뛰어 넘지 않음 • 형식적인 옹호집단의 부족 • 형식적인 부모교육 프로그램의 부족
교직원 개발	대부분 교육자들이 연구기회의 부적절함을 지적	없음	없음	• 교직원 개발 활동이 적음 • 교직원 개발 활동이 예산에서 제약을 받음
조직적인 배열	분석할 비교 가능한 지역별 자료가 없음	분석할 비교 가능한 지역별 자료가 없음	없음	• 학년 수준이 증가함에 따라 pull-out 모델에서 특수 과목상 능력별 집단을 구성하는 형식으로 전환 • 독립식(self-contained) 영재학급 혹은 특별 학교의 부족

〈표 4.2〉 지역별 영재 프로그램에 대한 이해관계자의 지각 요약 (계속)

	교육자	부모	학생	코디네이터
프로그램 관리/평가	없음	없음	없음	• 형식적이며 정규적인 평가 메커니즘이 두 개 주 모두에서 부족한 것으로 나타남
프로그램 이점과 영향	• 속진과 도전적인 학습 • 긍정적인 또래 집단의 영향 • 비판적 및 창의적인 사고기술 • 문제해결과 연구 기술	없음	프로그램은 학생의 인지, 정서 및 사회적 발달에 긍정적인 영향을 미침	
변화가 필요한 영역	• 보다 공정한 판별 과정 • 보다 많은 프로그램 선택안 • 교육과정과 교수지도 • 교직원 개발	평가지역별 이해관계자의 지각에서 일관성이 없음	없음	

*이해관계자 집단에게 특별히 질문을 하지 않았거나 특정 이해관계자 집단에 대해 지역별로 분석을 할 비교 가능한 자료가 없는 경우이다.

의 지식과 관련된 것으로 보인다. 지역 학군이 보다 융통적일수록, 이해관계자들이 판별 기준에 만족하는 것으로 나타났다. 기준이 공정하지 못하다고 지각하는 이해관계자들은, 영재성이 무엇인지에 대한 각 이해관계자 집단의 철학적 이해와 실제 주와 지역에 대한 의사소통의 부족 때문에, 기준이 보다 광범위해져야 한다는 사람과 협소해져야 한다는 사람으로 나누어졌다.

판별의 공정성에 대한 또 다른 면은 ESL, 소수민족, 사회경제적 지위가 낮은 학생, 미성취와 학습장애 및 이중-예외적인 학생 같은 특수집단 학생에 대한 문화적 관심이다. 이해관계자 집단과 지역마다 가장 일관적으로 나타나는 결과 중 하나는 ESL 학생이 판별 기준으로 인해서 가장 간과되는 학생 집단이라고 지각한다는 점이다. 판별상의 가장 실질적인 기준(National Association for Gifted Children, 1998)에 따르면 "평가 도구는 학생의 가장 유창한 언어를 사용하여 그 학생의 능력을 측정해야 한다" 그리고 도구는 "문화적으로 공정한" 것이어야 한다고 명시하였다. 본 자료는 이상의 기준이 영재 프로그램에서 충족되고 있지 못하다는 점을 보여준다. 학군 코디네이터 설문 결과가 제시하는 바처럼, 지명을 1996년도처럼, 2001년에도 문화적 다양성을 판별할 때 사용하고 있는 접근법이었다. 실질적으로 많은 변화가 생기지 않았고 문화적으로 언어적으로 공정한 판별 도구가 여전히 충분히 활용되지 못하고 있다.

제공하는 서비스와 판별 사이의 적합성은 판별 기준의 공정성에 대한 지각처럼 지역과 이해관계자 집단별로도 유사한 패턴을 보였다. 지역 학군에서 보여 주는 융통성은 이해관계자가 서비스 및 기준이 서로 적합하다고 느끼는 정도와 일치하였다.

수합한 자료를 사용하여 얻은 결과를 통해서, 우리는 몇 년 동안 영재에게 사용한 다양한 범위의 교육과정을 볼 수 있었다. 어떤 프로그램은 영재에게 동일한 교육과정을 사용하였지만 프로그램을 풍부하게 하기 위해 일련의 심화활동을 제공하였다. 다른 프로그램들은 핵심 교육과정을 채택하여 주제와 개념을 통해 깊이 있는 주제를 제공하였다. 그리고 여전히 기타 프로그램들은 영재에게 전적으로 새로운 교육과정을 사용하였다. 전반적인 자료분석에서 생기는 문제는 정규교육과정과 영재교육과정 간의 관련성이 어느 정도인가 하는 것이었다. 대부분의 평가지역에서 2개의 자료원 사이에는 분열이 있는 것처럼 보였으며, 초등학교 수준에서 보다 현저하였다. 게다가 2개 주 수준에서 프로그램을 분석하였을 때, 대부분 지역학군은 소수민족에 속하면서 영재인 학생의 인지적 및 정서적 요구에 부합하기 위해 다문화적 자료를 사용하지 않는 것으로 나타났다.

한편 여러 지리적 입지를 고려할 때, 영재 프로그램들에서 사용하는 교육과정의 모습들이 서로 고르지 않았지만, 차별화를 위해 사용하는 교수접근법에는 일관적인 패턴이 있었다. 이들 영재 프로그램들의 공통점은 교사들이 높은 수준의 기술을 강조하고, 독립 연구기술을 육성하고, 조사-기반 문제해결기술을 교수지도 실제에서 격려한다는 점이다. 여러 지역의 교수지도를 보면, 응집된 교육과정을 사용하고 조화로운 차별화된 책략의 모습이 부족하였는데 바로 이 점이 프로그램의 구조적 수준에서 구성요소가 빈약하다는 점을 나타내는 것이다. 즉, 지역별 영재학습자를 위해 잘 정의하고 계획한 교육과정이 부족함을 볼 수 있었다.

두 개 주의 코디네이터 설문에서 나타난 것처럼 영재학습의 평가는 프로그램의, 즉 높은 수준의 내용에 대한 완전학습 혹은 일련의 사고기술에 대한 강조점과 일치하는 것으로 나타났다. 그러나 교육과정 목적과 목표에 상응하는 체계적인 평가 메커니즘은 아직까지 지역과 주 수준 모두에서 설정되지 않았다.

전문성 발달 영역에서, 지역과 주 수준의 자료를 보면, 현재 영재교육 연수의 위치가 유사함을 볼 수 있었다. 여러 지역에서 해마다 영재교육과 관련하여 교직원 개발 활동을 정규적으로 계획하지 않았다(한두 곳). 그러나 대부분의 경우에, 교직원 개발 활동을 영재교사에게 제공하고 있고 이들만이 사용하는 것처럼 보인다. 정규교사는 주 수준에서 실시하는 영재 프로그램들 중, 주 연수기금을 제공하는 한 곳을 제외하고는, 참여하지 않았다. 설문에 응답한 교육자들의 2/3에게는 영재교육에 대한 연수가 제한되거나 공식적으로 연수를 받지 못하는 것으로 나타났다. 학교와 학군 행정가들도 심지어 관련 주제에 대해 덜 연수받았을 것으로 추측할 수 있다. 이와 같은 결과를 통해 볼 때 포괄적인 교직원 개발 계획이 필요하다는 것을 알 수 있다. 직접적으로 영재의 교수 과정에 관여한 사람뿐 아니라 행정가를 포함한 교직원들에게 연수를 실시한다면, 영재들은 프로그램의 이점을 최대한 얻을 것이다.

교사와 부모들은 각 이해관계자 집단 내 교사-부모 간 의사소통이 우호적이라고 지각하는 반면, 의사소통에 만족을 하는 교사의 비율은 높게 나타났다. 이해관계자 집단들 간의 지각적 차이는 전반적인 의사소통에 대한 관심을 보여 준다. 또한 정규적으로 영재 부모와 교사 사이에 정보 교환을 거의 계획하지 않는 것으로 나타났다. 일부 학군에서는 영재 프로그램에 대한 부모 만족도를 조사하였다. 그러나 이상의 설문지를 기껏해야 일 년에 한 번 실시하고 있으며 영재 부모를 위한 잘 구조화된 교육 프로그램은 없는 것으로 나타났다.

결 론

본 평가에서 이해관계자의 일관적 및 비일관적인 지각 패턴은 다음 3개의 갈등으로 영향을 받는다.

1. 영재 프로그램을 관리하는 것은 가치가 내재된 활동이므로, 영재교육에 대한 이해관계자의 철학은 판별과 평정 같은 특별한 프로그램 정

책에 대한 그들의 지각에 직접적으로 영향을 미친다.

2. 특별한 학문 및 비학문적인 영역에서 높은 적성을 가진 학생의 요구와 일반적으로 영재에 대해 갖는 정의(지능, 양적 및 언어적 능력에서 만능인) 사이에 충돌이 있다. 선발 과정과 서비스의 적합성에 대한 이해관계자 집단의 의견 불일치는 프로그램 목적에 대한 기본적인 오해로 영향을 받는다.
3. 영재 프로그램 그 자체는 미국 사회에서 엘리트주의라는 비난을 받는다.
4. 영재집단의 다문화적인 특징으로 인해 문화적 및 정치적으로 관심을 기울여 주는 프로그램이 필요하다. 그러나 이들 요구를 충족시키기 위한 효과적인 변화는 아직 일어나지 않고 있다. 평가 도구, 교육과정 구조와 프로그램의 차별화가 이상의 요구에 부응하기 위해 개정되어야 한다.

지난 몇 년 동안의 평가를 볼 때, 영재 프로그램 발달에서 나타난 가장 현저한 변화는 테크놀로지의 영향으로서, 원거리 선택안, 양방향적 비디오, 축적해 놓은 정보 및 수많은 연구방법을 가져 왔다. 게다가 동기, 열정과 여러 지역 및 주 영재 프로그램 코디네이터의 전문성을 반영한 인적 자원의 힘을 통해서 건전하고 전도가 유망한 방향으로 영재교육이 발전하고 있음을 볼 수 있었다.

평가자를 위한 실제적인 조언

수합된 설문 자료를 분석한 결과에 기초하여, 개인적으로 평가를 실시할 때 도움이 되는 여러 가지 조언을 요약하였다.

1. 여러 이해관계자 집단에게 설문을 사용한다.
2. 평가 설문 데이터베이스를 세우고 유지한다; 체계적인 입력 메커니즘을 개발한다.
3. 이해관계자 집단, 지역과 시기별로 설문 결과를 다각도에서 조사하여 연구결과, 발견한 점과 조언에 대한 신뢰성을 증가시킨다.

참고 문헌

Dillman, D. A. (2000). *Mail and Internet surveys: The tailored design method* (2nd ed.). New York: Wiley.

Fowler, F. J. (1993). *Survey research methods* (2nd ed.). Newbury Park, CA: Sage.

Mangione, T. W. (1995). *Mail surveys: Improving the quality*. Thousand Oaks, CA: Sage.

Mark, M. M., Henry, G. T., & Julnes, G. (2000). *An integrated framework for understanding, guiding, and improving policies and programs*. San Francisco: Jossey-Bass.

Miller, D. C., & Salkind, N. J. (2002). *Handbook of research design and social measurement* (6th ed.). Thousand Oaks, CA: Sage.

National Association for Gifted Children. (1998). *Best standards of gifted education programs*. Retrieved August 18, 2003, from http://www.nagc.org/web prek12.htm.

Schwarz, N., & Oyserman, D. (2001). Asking questions about behavior: Cognition, communication, and questionnaire construction. *American Journal of Evaluation*, *22*, 127-160.

제 5 장

학급 실제 사정하기: 구조화된 관찰 양식의 사용

Joyce VanTassel-Baska

> 나에게 있어, 학교 개혁을 기본적으로 위임한다는 것은 모든 결정, 실제와 정책을 조사하고 다음과 같이 질문하는 것이다: 설사 있다면, 이 결과로부터 누가 무엇을 배우는가? 우리를 교사, 교장 혹은 부모라고 하든지 간에, 우리의 일차적인 책임은 다른 사람과 우리 자신의 학습을 증진하는 것이다. 즉, 이것이 의미하는 것은 바로 교육자가 된다는 것이다.
>
> — Roland Barth

만약 "교수지도 상황"이 교육 개혁에 있어 핵심적인 전제라면, 우수한 능력을 가진 학습자를 가르치는 것 또한 문제이다. 그러나 영재학급을 지도하는 가장 좋은 교수지도 실제에 대한 연구는 상당히 부족한 실정이다. Westberg, Archambault, Dobyns와 Salvin(1993)에 의하면 영재는 교수지도 학습 상황 중 84% 정도, 영재가 아닌 다른 학생들과 함께 학습하며, 영재에 맞게 교육과정 혹은 교수법을 거의 조정하지 않는 것으로 나타나, 차별화의 필요성을 볼 수 있다. Avery와 VanTassel-Baska(2003)는 교육과정을 실시하는 교직원 교육과 함께, 사회에서 매우 강력한 교육과정을 개발함으로써, 교육 개혁 요소와 연결되어 있는 교수지도 행동을 증진시킬 수 있음을 발견하였다. 그렇지만 개혁안의 풍경과는 대조적으로, 학업적으로 우수한 학습자는 물론이고 교수지도 실제의 특성에 대한 실증적인 증거를 제공하는 연구는 매우 드물다.

지난 몇 십 년간, 초등학교와 중학교 영재교육 프로그램에 대한 평가를 여러 지역에서 실시할 기회가 있었다. 이들 학군에게 조직적인 모델을 적용하여 정규학급 내 클러스터(cluster) 집단형성, 독립적인 센터 기반 학급, 특별 학급과 pull-out 프로그램들을 평가하였다. 북서부와 남동 영역 내 지역을 포함하여, 다양한 사회경제적 수준의 도시, 시골 및 도시외곽 학교를 대표하는 16개 학군에서 평가연구를 실시하였다.

각 평가에서 동일한 학급관찰 양식(Classroom Observation Form, COF)을 사용하였으며, 상이한 체계 수준에서, 우수한 학생을 지도하는 학급의 속성과 상황에 대한 데이터베이스를 구축하였다. 최근, 우리는 영재 프로그램에서 수용 가능한 학급 실제를 구성하는 특수한 기준자료를 탐색하기 시작하였다.

목 적

본 장의 목적은 여러 교수지도 맥락에서 학급관찰 양식(Classroom Observation Form, COF)을 사용하여, 여기서 나온 데이터베이스를 분석하는 것이다. 본 분석을 통해서 상이한 조직적인 배치에서 나타나는 교수지도 행동의 차이점을 조사할 수 있다. 또한 타당도를 보여 주기 위해, COF의 데이터베이스를 사용하여, 양적인 최저 기준점을 설정하고 이를 영재교육 프로그램 맥락에 적용하는 노력을 보여 주고자 한다.

이론적 틀

지난 몇 십 년 동안, 교사의 행동방식과 교수지도 접근법이 학생이 학습하는 정도에 영향을 미친다는 상당한 증거들이 여러 지역에서 나타났다. Sanders와 Rivers(1996)의 보고에 의하면, 비효율적인 교사는 3년 동안 학생의 능력과 무관하게 54%까지 학생의 수학성취를 감소시킨다. Wenglinsky(2000)는 비판적인 사고와 상위 인지 같은 핵심적인 교수지도 방안을 초등학교와 중학교 수준의 수학 및 과학 학습에 활용하였을 때 긍정적인 효과가 있음을 발견하였다. 영재교육 문헌에 의하면, 교사 행동은 차별화된 프로그램과 영재를 위한 서비스와 관련이 있다. 연구들은 일관적으로 정규학급에서 차별화된 활동이 부족하다는 것을 보여 주고 있으며(Westberg et al., 1993 참조), 더욱이 영재교사 행동을 체계적으로 관리하지 않는 것으로 나타났다. 평가를 실시한 5년 동안, 1개 학군 중 단지 2곳만 학급 수행을 관리한 것으로 나타났다.

학급 개혁은 긍정적인 교사의 행동변화에 따라 매우 좌우된다. 따라서 전문성 발달에 관한 문헌은 어떻게 하면 교사의 행동을 긍정적으로 변화시킬지 주의를 기울이고 있다. 수학과 과학 프로그램 연구에서는 교사들이 내용 관련 책략을 사용하여 학생들에게 결과를 보여 준다는 것을 발견하였다(Kennedy, 1999). 변화를 위해 협력관계와 지원 또한 필요하다는 것을 발견하였다(Garet, Porter, Desimone, Birman, & Yoon, 2001). 또 다른 연구에서는 보다 높은 수준의 개혁 행동이 그 결과로 나타나기 위해서는 2년 그 이상의 집중적인 연수가 필요하다고 하였다(Borko, Mayfield, Marion, Flexer, & Cumbo, 1993). 이들 결과에 기초할 때, 교수법을 향상하기 위해서는 학급 수준의 교수지도 행동에 관심을 기울여서 주의깊게 관리해야 한다.

그러나 교사 평가만을 사용하거나 그 간 계속하던 전문가 개발연수에서 분리한다고 교사가 성공적으로 변화하도록 촉진하는 것은 아닌 것 같다. Wisconsin의 3개 학군에서 실시한 교사 평가연구(Kimball, 2002)에 따르면, 평가 경험이 있다고 교사의 교수지도 실제에서 실질적인 변화가 일어나는 것은 아니며 대부분 교사들은 평가 과정을 전문성을 개발하고 격려하는 기회라고 생각하지 않는다. 아직 임용이 되지 않은 비정규직 교사들은 경험이 많은 교사들보다 평가 동안 받은 피드백에 기초하여 자신의 교수법을 향상시키는 것으로 나타났다. 이상의 결과에 대해 해석을 하면, 아직 임용이 되지 않은 비정규직 교사들은 학습지도 경험이 적은 신참자여서, 가장 기본적인 면에서 노력한다고 할 수 있다. 교장과 다른 평가자들은 또한 신참 교사들이 즉시 사용할 수 있도록 건설적인 피드백을 제공할 때 자신의 이전 경험과 활동을 이끌어낼 수 있다. 둘째, 아직 임용이 되지 않은 비정규직 교사의 학급 수업을 보다 많이 관찰하고 사전 및 사후 관찰 면담을 실시하는 등 평가자에게 많은 시간을 할애하도록 요청하였다. 이들 비정규직 교사를 평가할 때 할애한 시간으로 직접적이며 계속적인 피드백 기회를 보다 많이 제공하였다. Kimball은 또한 평가자의 교과내용에 대한 배경이 특정 내용에 대한 교수지도의 질에 대해 결론을 내리고, 피드백을 제공하는 이들의 능력에 영향을 미친다는 것을 발견하였다.

영재교육 실제는 도전적인 기준의 필요성을 지지하지만 재능개발에 미치는 그 효과에 의문을 제기함으로써, 핵심적인 교육 개혁의 여러 면들과 불편한 관계를 가지고 있다(VanTassel-Baska, 1993). 교과서에만 의존하기보다는, 조사학습, 비판적 및 창의적인 사고기술, 높은 수준의 발문 책략, 상위 인지와 풍부하고 다양한 교육과정 자료를 사용하는 등, 영재교육 분야가 학급에 혁신적인 교수 실제를 도입한다고 인식하고 있다(Tomlinson & Callahan, 1992). 최근 들어, 효과적으로 교수지도를 하기 위해서, 기준 주변을 맴도는 것이 아닌 바로 그 기준을 강조하면서, 주 및 국가 기준과 맞물려 있고, 학생 학습 성취에 기초하여 평가하는 내용-기반 교육과정을 도입하여 영재교육 분야를 교육 개혁의 선두에 다시 올려놓았다(VanTassel-Baska, Bass, Ries, Poland, & Avery, 1998; VanTassel-Baska, Zuo, Avery, & Little, 2002).

이상의 발전에도 불구하고, 영재교육 프로그램이 적절하게 학습을 측정하고, 학생 성과를 체계적으로 평가한다는 증거는 거의 없다(Avery & VanTassel-Baska, 2001). 학생에 미치는 효과에 관한 자료 부족으로, 평가자들은 대개 프로그램 효과를 연구할 때 대신 다른 방법으로 교수지도 경험의 길에 의존해야 한다. 사실, 교사의 효과는 학생 발전을 결정하는 주된 요소처럼 보인다(Sanders & Horn, 1998). 학급관찰을 통해서, 교사 및 학생의 투입 변인들과 교수과정 그 자체, 즉 일정 시간 내, 가르치는 내용(목표와 목적), 교육과정 자원 및 자료, 교수지도 및 평가 책략 그리고 학급관리 기술을 연계할 수 있다. 영재의 요구를 충족시키려고 할 때, 관찰자는 세 가지 실제에 주안점을 두어야 한다. 일반적으로 훌륭한 교수지도, 핵심적인 교육 개혁의 요소와 뛰어난 능력을 가진 학습자를 위한 차별화가 그것이다.

교수지도 행동에 대한 가정

어느 관찰 도구를 사용하든지 그 기저에는, 특히 행동과 관련하여 광범위하고 깊이가 있는 COF 같은 도구의 경우에, 특별한 가정이 있다.

교수지도는 일종의 복잡한 사회적 활동으로 학생, 학급영역과 활동에 주의를 분산하는 능력이 필요하다. 학생을 지도하는 동안 교수지도 규정,

책략, 사용 시간 및 강조할 수업 등 여러 의사결정을 내려야 한다. 게다가 교사들은 자발적으로 여러 행동을 하려면, 복잡한 방식으로 생각해야 한다. 예를 들어, 교사가 보여 주는 사고유형은 수업 계획을 따라하고, 속도를 조절하고, 학생-교사의 상호작용을 조절하며, 그리고 여러 자극을 주는 것과 관계가 있다. 내용과 기술을 가르치면서 동시에 개념을 지도하고 지도하는 집단의 역동성에 주의를 기울이는 등 여러 목적에 비추어서 교수지도를 인식하는 사고유형이 교사에게는 필요하다. 또한 피드백 책략과 반응을 조율하고, 집단 편성 패턴 및 질문과 활동 선택에 있어서 융통성을 보이는 사고유형도 교사에게는 필요하다. 집단 및 개별학습을 계획하고, 관리하며 평가하는 것은 **교사가 중간에**(en medias res) 보여 주어야 할 또 다른 수준의 사고이다. 마지막으로, 교사는 자신의 수업을 계열화하는 것에 대해서도 생각해야 한다. 현재의 수업이 어떻게 어제의 것과 관계가 있으며 어떻게 내일의 것과 관계지을 것인가?

전통적으로 교수지도는 혼자만의 활동이다. 따라서 교사들은 자신의 활동을 외부에서 관찰하는 것에 익숙하지 않다. 마치 의사가 진찰중에 감독하는 사람이 있으면 불편한 것처럼, 교사도 관찰을 받으면 불편해진다. 그러나 교수지도를 향상시키기 위해서는 분명히 학생의 학습을 증진하는 교사 행동에 변화가 필요하다. 높은 수준의 사고, 문제해결 및 상위 인지 접근법을 사용하면 향상되는 것으로 보인다. 교사가 이들 책략을 사용하기 위해서는, 자신의 교수행동을 관리하는 어떤 양식이 있어야 한다. 효과적으로 프로그램을 평가하기 위해서는 또한 이와 같은 관리가 필요하다.

프로그램 평가에서 학급관찰의 역할

학급관찰은 프로그램 평가의 주요 부분이다. 학급관찰을 통해서 가르치고 배울 때 중심이 되는 실제 교수지도 경험을 살펴볼 수 있다. 학급관찰은 교사 및 학생의 투입변인과 교수지도 과정 자체 간에 연계를 제공한다. 프로그램 평가 과정의 한 부분으로서 학급관찰을 실시하여 학습경험의 질에 관해 알고 통찰을 얻게 된다.

학습 환경 맥락 내에서 관찰하는 것을 교사의 성취에 기반을 두고 내리는 평가라고 생각한다. 학생의 성취에 기반을 두고 평가를 할 때 얻는 특징과 동일한 것을 얻을 수 있지만, 학급 평가에서 초점을 두는 단위는 교사이다. 예를 들어, 학급관찰은 가르칠 수업을 선택할 때 많은 권한을 행사하는 교사에게 초점을 두고 관찰하는, 상대적으로 개방적인 경험이다. 따라서 학급관찰에서는 복잡하고 수준 높은 행동을 고려하게 되고, 훌륭한 교수지도를 통해서 복잡한 기술들을 통합적인 방식으로 유도해낸다는 점을 인식할 수 있다. 또한 학급관찰은 교수경험에 대한 상위 인지적 차원을 제공하기 때문에 자아-평가를 할 수 있게 한다. 가장 중요한 것은, 구조적인 방식으로 관찰을 실시하기 때문에, 영재교육 분야에서 최선의 바람직한 실제라고 생각되는 판단기준에 의거하여, 교수지도 과정을 평가할 수 있다.

그러나 학급관찰 과정에서 사용한 파라미터에 있어서 프로그램과 교사 평가를 서로 구분하는 것이 중요하다. 우리가 실시한 연구에서, 주안점은 프로그램 평가에 있으므로, 집합적인 전체에 초점을 맞추었다. 즉, 학급관찰 과정을 통해서 교사 행동을 추출하고, 현재 학교에서 책무성(accountability)을 잘 이행해야 한다고 위협을 받지 않도록, 교사들로 하여금 관찰에 준비가 되게 하는 것이 의도이다. 학급마다 자료를 수합하고, 두 실제를 기술하고, 프로그램의 질을 이해할 수 있도록 도움을 주었다.

직접적인 관찰 또한 교사(혹은 교직원) 평가 과정에서 중요한 요소이지만, 이상의 목적을 위해서는, 평가할 사람들을 보다 신중하게 선정해야 한다. 또한 교사 평가에서 계획하지 않고 학급을 방문하여 교수지도상에서 일관성이 있는지 평가하는 기회를 포함시켜야 한다. 두 개의 학급관찰(프로그램과 교사 평가)은 상호 보완적이지만, 프로그램 평가에서 사용하는 표본 추출 방법에 제약이 있으므로, 개별 교직원 수행을 근거로 승진시킬지 아니면 그대로 유보할지 추론하기에는 충분하지 않다는 점을 염두에 두어야 한다.

방 법

본 연구에서는 연수를 받은 관찰자가 학급관찰 양식(COF; VanTassel-Baska & Avery, 2003; Avery, VanTassel-Baska, & O'Neill, 1998)을 사용하여 16개 학군의 228개 영재학급에서 자료를 수합하였다. 본 양식은 40개 항목으로 구성되며 9개 행동 범주로 나뉜다. 관련 학군과 Center for Gifted Education에서 연수를 받은 관찰자 집단이 관찰을 실시하였으며, 우선 개별적으로 체크리스트를 작성하고 최종 평가를 실시하였다. 전문가에 의한 내용 타당도는 .97이었다. 도구의 평정자간 신뢰도는 이전에 계산하였을 때 .63으로 나타났다(Avery & VanTassel-Baska, 2001). 본 연구에서 Cohen의 Kappa를 사용하였을 때 신뢰도는 .82였다(Feng, 2001). 최종 점수를 결정할 때 팀 일치 모델(consensus model)을 사용함으로써 평정자간 신뢰도를 높였다. 관찰은 학기중에 실시하였으며, 대략 35~45분 동안 하였다. 영재학습자에게 네 가지 다른 조직적인 프로그램 모델을 제공하는 대표성 있는 초등학교와 중학교에서 관찰하였다. 방문일정을 잡고 교사에게 사전에 관찰의 목적을 알려 주었다(부록 B에 COF의 복사본을 수록).

본 연구에서 수합한 자료는 내용영역, 학교 수준 및 지리적 위치와 프로그램 모델별로 평균과 퍼센트를 사용하여 비교 분석하였다. 학교 수준,

내용영역, 프로그램 유형과 영재 대 정규학급의 범주별 평균 차이를 검증하기 위해 변량분석(ANOVA)을 실시하였다. 하위 집단 분석에서 항목별 분포의 차이를 위해 Chi-square 통계값을 계산하였다.

결 과

전체 표본 분석

학급관찰을 초등 2학년에서 고등학교 3학년까지 실시하였으며, 그 중 가장 높은 빈도 수가 나타난 학년은 초등 3학년에서 중학교 2학년으로, 각 학년 수준에서 16~42번 관찰을 실시하였다. 과학($N=37$) 혹은 사회과학($N=17$)보다 언어($N=62$)와 수학($N=41$) 수업을 보다 많이 관찰하였다. 관찰 빈도 수는 학군마다 51~68(혹은 24~58 영재학급)로 다양하였다.

[그림 5.1]은 9개 교수지도 범주에서 관찰한 행동과 최적의 수행 사이의 차이를 나타낸다. 관찰한 것과 최적의 교수지도 행동 사이의 전반적인 범주별 차이는 개인 차이, 비판적 사고, 문제해결, 상위 인지와 학급 확장에 대한 조절 면에서 중요한 차이를 보여 준다. 관찰 양식을 사용하여 분석할 때, 행동을 관찰하고, 관찰한 행동을 관찰 양식의 범주 내에서 추론해야 한다. 항목의 수와 범주 그 자체의 속성에 따라 범주마다 내리는 결론이 다양하였다. 예를 들어, 비판적 사고를 사용한다고 수용하려면, 관찰한 그 범주에서 5개 항목 중 3 항목이 필요하다. 현실적으로 관찰하는 시간이 제한되어 있다는 점도 범주 수용 가능성을 판단할 때 영향을 미친다. 이와 같은 방식을 사용하여, 수용 가능한 수준에서 교사 행동이 수용 가능하다고 판단하려면 전체 21점이 필요하다. 외부 전문가들은 이 수준을 최소 기준 점수로서 수용할 수 있다고 하였다. 본 기준을 사용하여 얻은 자료결과를 보면, 교사의 반 이하는 수용 가능한 수행 수준을 충족하는 것으로 나타

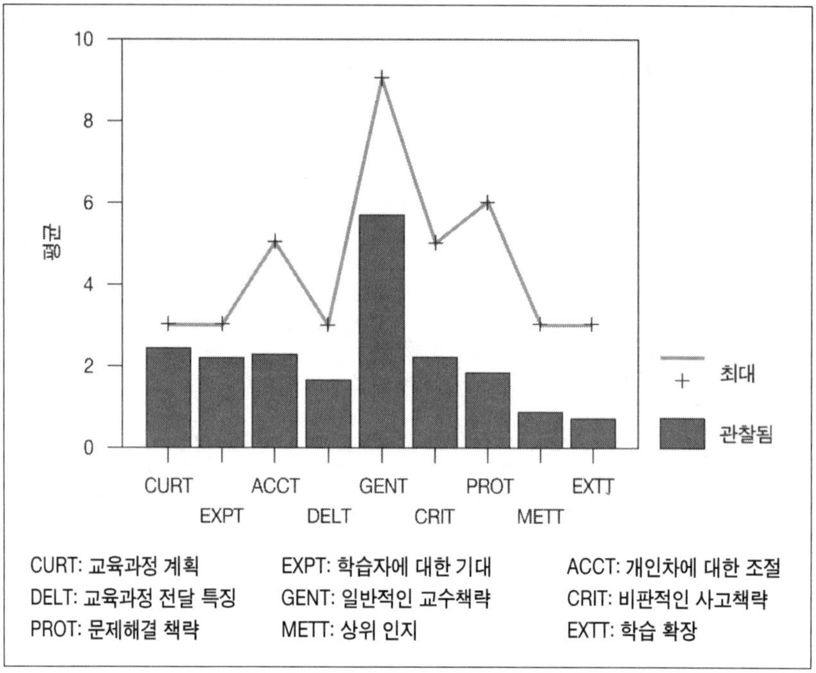

[그림 5.1] 지역에 따른 범주별 평균

났다. 외부 전문가 또한 모범적인 교사라고 판단하려면 관찰한 행동이 30점은 되어야 한다고 하였다.

〈표 5.1〉은 모든 학군의 영재학급에서 항목별로 그 교수 행동이 나타나는지 그렇지 않은지를 보여 준다. 본 척도를 사용하였을 때, 여러 행동용어(N=5)를 1/3 이상의 학급에서 볼 수 없었다. 기타 행동들에(N=8) 대해서도 자주 관찰할 수 없었고(예: 학급의 반 이하), 꽤 많은 일련의 행동들(N=9) 역시 대부분 학급에서 관찰할 수 없었다(70% 이하). 이들 행동들은, 개인차에 대한 조절, 비판적 사고, 문제해결, 상위 인지와 학습 확장의 범주로 묶인다. 테크놀로지 사용에 대한 일반적인 교수책략과 간학문적 연계의 교육과정 전달상의 특징 또한 자주 사용하지 않는다. [그림 5.1]은 이상의 결과를 표로 나타낸 것이다.

〈표 5.1〉 전반적인 학급관찰 결과(N=228)

영역	교사는 …	관찰 유무	
		O	X
교육과정 계획	1. 과목 목표와 관련이 있는 수업 계획을 문서로 작성한다.	200 (87.7%)	28 (12.3%)
	2. 학생들과 수업의 목적/목표에 대해 의사소통한다.	154 (67.5%)	74 (32.5%)
	3. 본래 의도한 바대로 수업의 기본적인 구조를 고수한다.	217 (95.2%)	11 (4.8%)
학습자에 대한 기대	4. 방향을 분명하게 주고 활동과 과제에 대해 논의한다.	215 (94.3%)	13 (5.7%)
	5. 학급 내 학생의 수행에 대해 높은 기대를 설정한다.	146 (64.0%)	82 (36.0%)
	6. 학생 수행에 대해 분명하고 일관적인 피드백을 제공한다.	155 (68.0%)	73 (32.0%)
개인차에 대한 조절	7. 학생에게 도전적인 내용을 제시한다.	157 (68.9%)	71 (31.1%)
	8. 자료 선택 및 과제를 부과할 때 개인 및 하위 집단의 차이를 조절한다.	64 (28.1%)	164 (71.9%)
	9. 최소한 2개 문화를 반영하는 문화적 관점 혹은 지식을 통합한다.	38 (16.7%)	190 (83.3%)
	10. 최소한 2개 상이한 학습 양식을 언급한다(예: 시각적, 청각적, 운동적).	215 (94.3%)	13 (5.7%)
	11. 학생들로 하여금 개별적 혹은 소집단별로 기본적인 자료를 보다 빠르게 배울 수 있도록 허용한다.	62 (27.2%)	166 (72.8%)
교육과정 전달 특징	12. 학습의 깊이를 강조한다.	146 (64.0%)	82 (36.0%)
	13. 언급하는 내용 영역을 관련 있는 핵심 개념과 아이디어에 맞게 가르친다.	184 (80.7%)	44 (19.3%)
	14. 간학문적인 연계성을 격려하거나 지도한다.	80 (35.1%)	148 (64.9%)

〈표 5.1〉 전반적인 학급관찰 결과(N= 228) (계속)

영역	교사는 …	관찰 유무	
		O	X
일반적인 교수책략	15. 수업을 전달하는 집단을 편성할 때 융통적인 패턴을 사용한다.	127 (55.7%)	101 (44.3%)
	16. 수업을 전달할 때 한 가지 이상의 교수책략을 사용한다.	186 (81.6%)	42 (18.4%)
	17. 학생들이 새로운 학습을 적용하는 활동을 제공한다.	186 (81.6%)	42 (18.4%)
	18. 학생들이 테크놀로지를 사용할 기회를 제공한다.	72 (31.6%)	156 (68.4%)
	19. 모든 혹은 대부분의 학생들이 과제를 계속하게 한다.	222 (97.4%)	6 (2.6%)
	20. 기록하는, 조작적인, 실험하는 것 등을 포함하여 손으로 직접해 보는 접근법을 사용한다.	186 (81.6%)	42 (18.4%)
	21. 협동적인 혹은 공동으로 하는 학습책략을 사용한다.	139 (61.0%)	89 (39.0%)
	22. 학생들로 하여금 구조적인 활동 혹은 질문을 통해서 스스로 핵심적인 아이디어를 발견하게 한다.	140 (61.4%)	88 (38.6%)
	23. 높은 수준의 사고책략/기술을 강조한다.	150 (65.8%)	78 (34.2%)
비판적인 사고책략	활동 혹은 질문을 사용하여 학생들로 하여금 …하게 한다.		
	24. 상황, 문제 혹은 논쟁거리를 판단하고 평가하게 한다.	167 (73.2%)	61 (26.8%)
	25. 비교하고 대조한다.	144 (63.2%)	84 (36.8%)
	26. 특별한 자료에서부터 추상적인 것으로 일반화한다.	107 (46.9%)	121 (53.1%)
	27. 여러 과목들 간에 정보를 통합하거나 요약한다.	93 (40.8%)	135 (59.2%)
	28. 아이디어를 지지하기 위해 관점을 논쟁하거나 주장을 발전시킨다.	53 (23.2%)	175 (76.8%)

〈표 5.1〉 전반적인 학급관찰 결과(N= 228) (계속)

영역	교사는 …	관찰 유무	
		O	X
문제해결 책략	활동 혹은 질문을 사용하여 학생들로 하여금 …하게 격려한다.		
	29. 아이디어 혹은 대안들을 브레인스토밍 한다.	121 (53.1%)	107 (46.9%)
	30. 문제를 정의한다("혼란"에서부터 잘 정의된 문제로 진술한다).	52 (22.8%)	176 (77.2%)
	31. 문제에 대한 해결책을 선택하고 실시한다.	80 (35.1%)	148 (64.9%)
	32. 여러 해석을 탐색한다.	94 (41.2%)	134 (58.8%)
	33. 학생들로 하여금 학급/숙제 활동/산출물을 할 때 한 개가 아닌 여러 표현양식(예: 차트, 그래픽, 비디오, 저널 등)과 대안들을 사용하게 한다.	77 (33.8%)	151 (66.2%)
	34. 학생들이 스스로 선택한 주제에 대해 보다 깊게 연구하게 한다.	53 (23.2%)	175 (76.8%)
상위 인지	35. 계획, 관리, 자아반성 혹은 자아평가 등의 상위 인지적인 책략을 모델로 보여 준다.	80 (35.1%)	148 (64.9%)
	36. 학생들에게 자신의 사고에 대해 생각해 보는 기회를 제공한다.	77 (33.8%)	151 (66.2%)
	37. 학생들로 하여금 자신의 수행에 대해 반성하게 한다.	67 (29.4%)	161 (70.6%)
	38. 숙제를 내어 줌으로써 수업을 강화하거나 확장해 준다.	119 (52.2%)	109 (47.8%)
학습 확장	39. 학생들이 추구할 특별 프로젝트에 대한 추후 아이디어를 제공한다.	36 (15.8%)	192 (84.2%)
	40. 학생 학습을 보충하기 위해 사용할 수 있는 사람 혹은 자료를 파악한다.	41 (18.0%)	187 (82.0%)

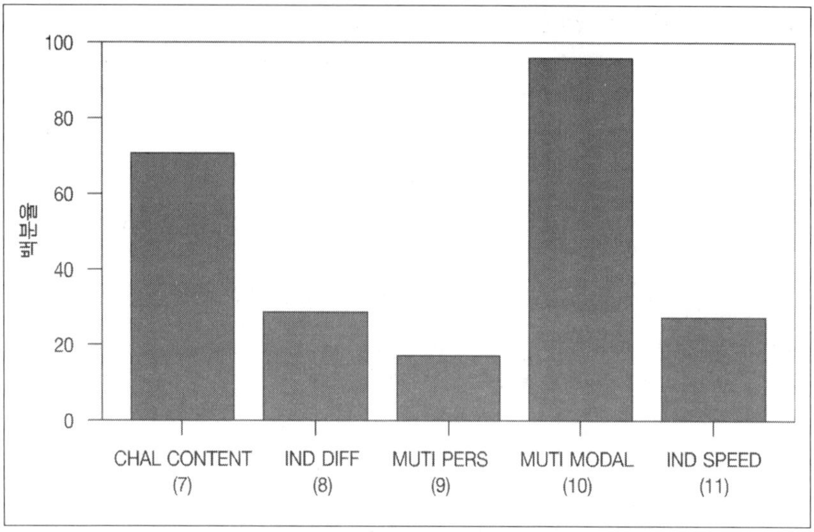

[그림 5.2] 개인차에 대한 조절: 범주 내 항목별 비교

주: 괄호 안의 숫자는 〈표 5.1〉의 문항번호를 나타냄

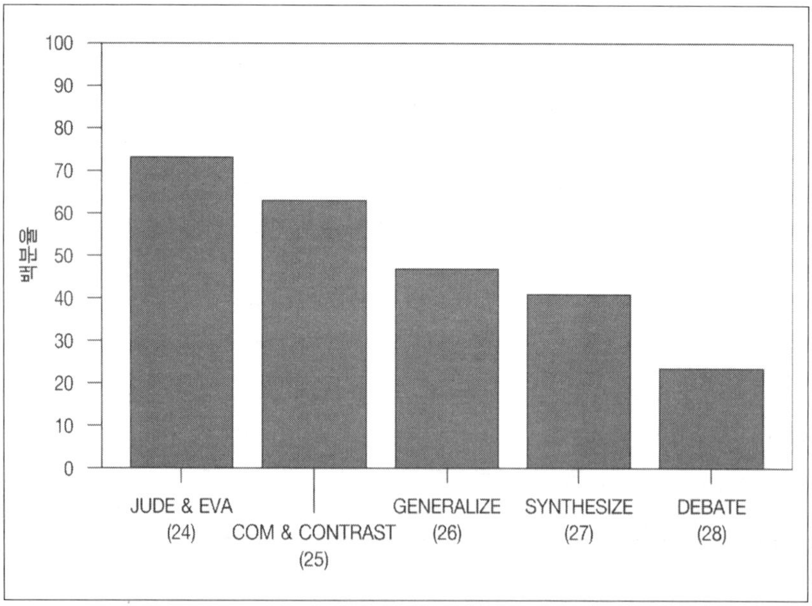

[그림 5.3] 비판적 사고책략: 범주 내 항목별 비교

주: 괄호 안의 숫자는 〈표 5.1〉의 문항번호를 나타냄

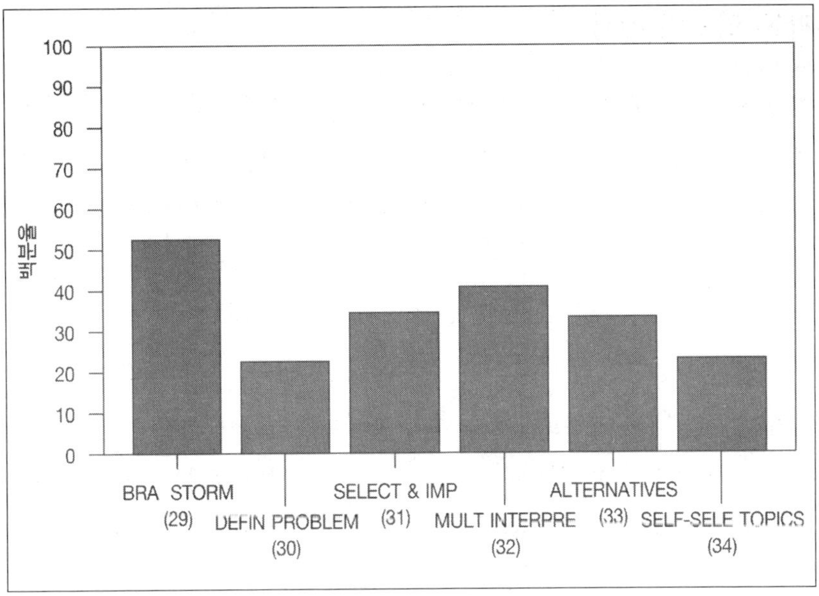

[그림 5.4] 문제해결 책략: 범주 내 항목별 비교

주: 괄호 안의 숫자는 〈표 5.1〉의 문항번호를 나타냄

[그림 5.2], [그림 5.3]과 [그림 5.4]는 개인차에 대한 조절, 비판적 사고와 문제해결 책략의—이것은 영재교사에게 기대하는 중요한 차별화 요소들로서—범주에서 관찰한 행동을 비율로 나타낸 것이다. 이들 그림은 영재학급에서 부적절한 차별화 책략을 사용하는 정도와 현장을 보여 준다. 학급에서, 융통적인 집단 편성과 자료를 선택하는 네 관심을 충분히 기울이고 있지 못하다. 즉, 학생의 개인적인 요구를 조절하려고 다문화적 관점을 눈에 띄게 사용하지 않는다. 5개 비판적 사고책략 중에 3개, 즉 일반화, 합성과 상이한 관점에 대한 논쟁을 관찰할 수 있었던 영재학급은 반 이하 정도였다. 5개 문제해결 책략 중에 단지 하나, 브레인스토밍 책략을, 반 이상의 학급에서 관찰할 수 있었다.

과목 영역별 결과

변량(ANOVA) 분석을 실시하였을 때 과목 영역별로 사용하는 책략 중 한 개에서 유의한 차이가 나타났다($p < .05$). “확장” 범주에서의 차이는 수학과 과학 사이에서 나타났으며, 수학교사가 과학교사에 비해 확장을 보다 많이 하는 것으로 나타났다. 기타 과목 영역에서의 차이 또한 사용하는 책략에 영향을 미쳤으나 통계적으로 유의한 수준은 아니었다. 언어 학급에서는 보다 융통적인 책략을 사용하는 것으로 나타난 반면, 사회연구 학급에서는 기타 내용 영역보다 다문화적 관점을 자주 사용하는 것으로 나타났다. 수학 학급은 다른 내용 영역보다 수업 목적의 명확화, 높은 수준의 사고, 문제해결과 상위 인지를 보다 자주 사용하는 것으로 나타났다. 수학

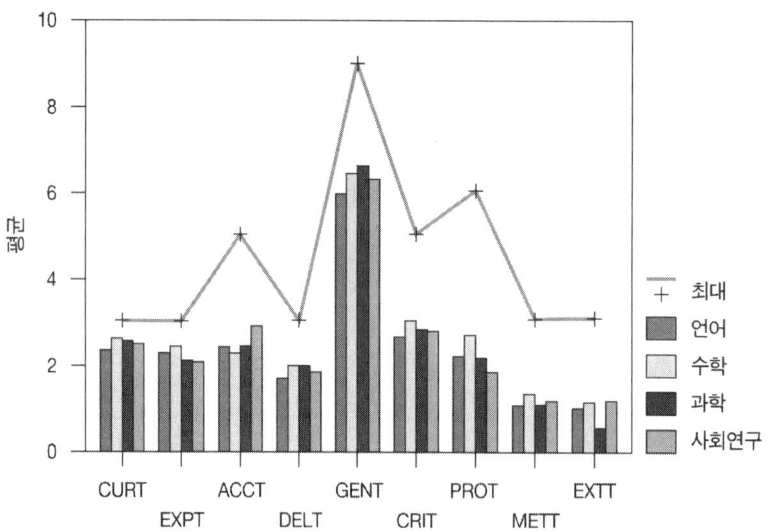

CURT: 교육과정 계획 EXPT: 학습자에 대한 기대 ACCT: 개인차에 대한 조절
DELT: 교육과정 전달 특징 GENT: 일반적인 교수책략 CRIT: 비판적인 사고책략
PROT: 문제해결 책략 METT: 상위 인지 EXTT: 학습 확장

[그림 5.5] 과목에 따른 범주별 평균 비교

학급은 또한 일관되게 학습책략으로 숙제를 하게 하였다([그림 5.5] 참조).

학년 수준별 결과

변량(ANOVA) 분석을 실시하였을 때, 학교급 수준에 따라 사용하는 책략에서 여러 유의한 차이가 나타났다($p < .05$). 초등학교보다 중학교의 학급은 개선-기반(reform-based) 책략 사용을 선호하였고, 초등학교와 중학교는 고등학교에 비해 일반적인 책략을 선호하였으며, 고등학교에 비해 중학교는 문제해결 책략을, 그리고 초등학교에 비해 고등학교는 확장을

〈표 5.2〉 학교급 수준에 따른 9개 범주별 평균에 대한 변량분석표

영역	*N*	*df*	*F*
교육과정 계획	228	2	2.57
학습자에 대한 기대	228	2	.22
개인차에 대한 조절	228	2	.56
교육과정 전달 특징	228	2	3.70*
사후비교 평균 차이			
초등학교 − 중학교 = −.30*			
일반적인 교수책략	228	2	7.33**
사후비교 평균 차이			
초등학교 − 고등학교 = 1.79*			
중학교 − 고등학교 = 1.83*			
비판적인 사고책략	228	2	2.74
문제해결 책략	228	2	3.68*
사후비교 평균 차이			
중학교 − 고등학교 = 1.01*			
상위 인지	228	2	.12
학습 확장	228	2	12.14**
사후비교 평균 차이			
초등학교 − 고등학교 = −.61*			

주) $^{*}p < .05$, $^{**}p < .01$

보다 선호하는 것으로 나타났다(〈표 5.2〉 참조).

프로그램 집단 편성 모델별 결과

영재 프로그램 집단 편성 유형에 따른 차이를 조사하고자 변량(ANOVA) 분석을 실시하였을 때, 유의한 범주별 차이를 볼 수 있었고, 센터-기반 프로그램 선호에서 수적인 차이가 있었다. 일반적으로, 독립식 센터-기반 프로그램의 교사들은 다른 모델에 근거하여 학급을 조직하는 교사에 비해 보다 차별화 행동을 보여 주었다. 특히, 독립식 센터-기반 프로그램 교사들은 비판적 사고, 문제해결과 상위 인지 행동을 사용하는 것으로 나타났다([그림 5.6] 참조). Chi Square 지표를 사용하였을 때, pull-out 프로그램

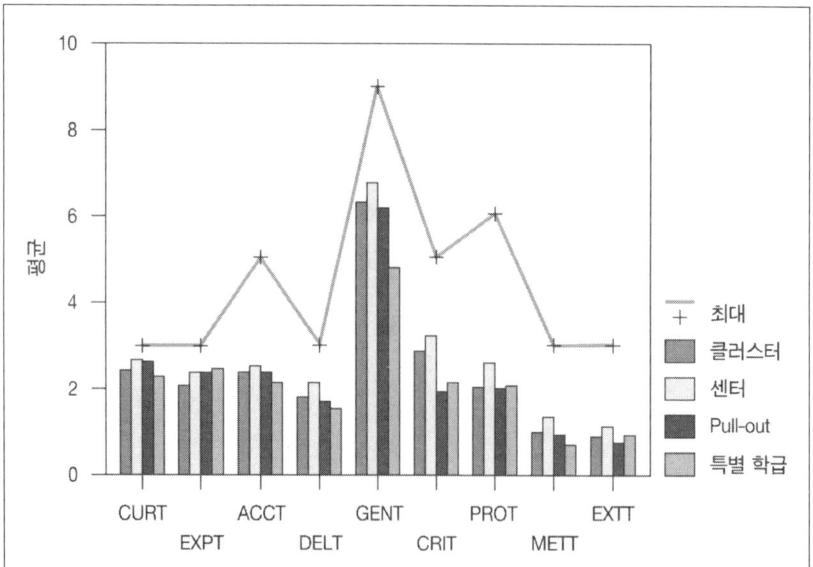

[그림 5.6] 프로그램 유형에 따른 범주별 평균 비교

에서 학생과의 의사소통을 보다 많이 하는 것으로 나타났다($\chi^2 = 19.84$, $p < .01$). 특별반 모델을 제외하고, 다른 세 가지 모델 하에 운영하는 프로그램에서는 학생의 학습 스타일에 대한 언급($\chi^2 = 10.11$, $p < .05$), 여러 교수책략의 사용($\chi^2 = 8.62$, $p < .05$)과 적용 활동($\chi^2 = 16.18$, $p < .01$)을 강조하였다. 정규학급 내에서 실시하는 집단 편성에서는 하위 집단의 과제와 동기 차이를 조절하는 것으로 나타났으며($\chi^2 = 9.97$, $p < .05$) 센터-기반 프로그램과 마찬가지로 스스로 사고에 대해 반성하는 기회를 학생에게 제공하였다($\chi^2 = 10.55$, $p < .05$).

영재와 정규학급별 결과

2개 평가지역에서, 우리는 또한 정규학급에서 관찰 자료를 수집하였다. 정규($N = 68$)와 영재학급($N = 228$)에서 실시한 학급관찰 자료에 대해 변량(ANOVA) 분석을 실시하였을 때, 영재학급에서는 세 가지(교육과정 계획, 개인차에 대한 조절과 확장)를 제외하고 통계적으로 유의한 범주별 행동을 관찰할 수 있었다. 특히 언급한 바와 같이 일반적인 책략 사용, 비판적 사고와 문제해결 책략 사용에서 차이가 있었으며, 이는 정규학급보다 영재학급에서 보다 많이 나타났다([그림 5.7] 참조).

논 의

본 탐색적 연구를 통해서 학급에서 영재들에게 어떤 "실제"들을 제공하고, 이 실제들은 무엇으로 구성되어 있는지에 대해 조사하였다. 우리는 교수지도 효과를 증진하는 교수지도 행동에 대한 이론과 연구를 살펴보았다. 본 연구는 높은 능력을 지닌 학생에 대한 교사의 반응을 통해서 개별 교사의 수행을 평가하는 기초를 마련하였다. 사실, 높은 능력을 가진 학생들에

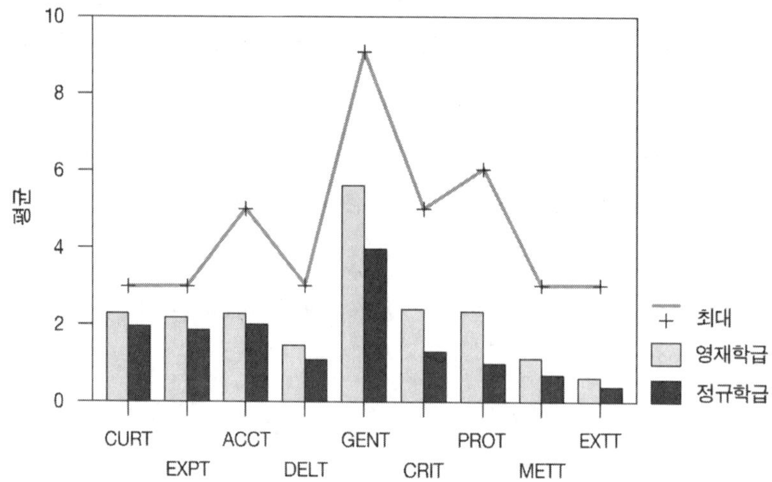

CURT: 교육과정 계획 EXPT: 학습자에 대한 기대 ACCT: 개인차에 대한 조절
DELT: 교육과정 전달 특징 GENT: 일반적인 교수책략 CRIT: 비판적인 사고책략
PROT: 문제해결 책략 METT: 상위 인지 EXTT: 학습 확장

[그림 5.7] 영재와 정규학급에 따른 범주별 평균 비교

게 차별화된 서비스를 제공해야 한다면, 어떻게 이 기준을 교사 수행과 책무성에 대한 기대로 변형할 것인가? 본 연구는 위의 질문에 답변하기 위해 양적 자료를 활용하는 메커니즘을 제공하고자 하였다.

게다가, 교사행동에 대한 본 연구는 여러 유형 및 학급 수준에서 높은 능력을 가진 학생과 활동하는 교사를 기술하고, 보다 강력한 학습을 이들 학생에게서 이끌어내는 차별화된 교수지도 행동을 인식하고 보급하도록 하였다. 다음의 논지는 결과와 관련하여 고려할 사항들이다.

영재교사들은 많은 좋은 교수지도 행동 범주를 보여 주는 한편, 차별화된 실제에서 볼 수 있는 행동 범주는 잘 보여 주지 못하고 있다. 비록 영재교육자들이 높은 수준의 사고 모델을 적용하는 것에 대해 스스로 자부심을 가지고 있지만, 대부분 학생들이 영재로 구성될 때 기대하는 것보다 이상의 모델을 덜 사용하고 있었다. 영재 프로그램에서 속진 책략을 거의 강조하지 않았다. 학급교사, 심지어 영재교육에서 교육을 받은 교사들도 영재학습자들의 속도 차이에 관심을 기울이지 않았다.

사고와 문제해결 행동의 상이한 유형을 탐색하는 모델도 영재 프로그램 학급에서 거의 사용되고 있지 않았다. 가장 만연하게 관찰된 문제-해결 행동은 브레인스토밍으로, 다른 문제해결 행동의 몇 배로 많았다. "비교하고 대조하기" 및 평가활동은 비판적 사고 접근법에서 가장 많이 사용하는 것으로 나타났다. 비록 상위 인지를 교육과정 개혁을 위한 핵심적인 책략이라고 생각하지만, 영재학급에서 사용한다는 증거를 거의 관찰할 수 없었다. 게다가 확장 활동을 덜 제공한다고 판단할 수 있을 정도로 영재학급교사들은 학급 밖 학습을 비교적 강조하지 않는 것으로 나타났다. 중·고등학교 수학교사들은 초등학교 교사보다 이상의 행동을 보다 덜 나타내었다.

결 론

학군별 교사 행동에 대한 본 연구와 관련하여, 영재교육 분야에서 주와 국가적으로 강조하는 교사연수의 특징을 보면, 영재를 지도할 때 기대하던 것보다 높은 수준의 책략을 덜 사용하였다. 영재학생들의 차이에 대한 개별화, 비판적 사고와 문제해결은 관찰했던 학급에서 가장 사용하지 않는 것으로 나타났다. 수업 계획하기와 방향제시에 대한 명료성 같은 핵심적인 교수 행동을 가장 일반적으로 관찰할 수 있었다. 교육과정 개혁 요소 중에서 사실상 다른 교수행동에 비교해서 개념을 많이 지도하는 것으로 나타났다. 그러나 정규학급과 비교할 때 영재교사에게서 학생의 학습을 증진하는 행동을 보다 유의하게 볼 수 있었다.

시사점

본 연구에서 도출한 결과들은 교사 전문성 개발에 대해 여러 시사점을 갖는다. 교직원 개발을 계획할 때, 보다 단단하게 필요한 기술에 집중할 수 있도록 교사의 기술을 유도하는 것을 고려해야 한다. 영재 프로그램에서 높은 수준의 기술을 효과적으로 사용하는 정교한 방식을 고려하고, 교사들은 적절한 방법을 통해서 오랜 기간 동안 기술을 개발해야 한다. 비록 다른 것에 비해 일반적일지라도, 교사 스스로 기술을 숙달하지 않고 현직 교사연수를 받게 하는 경향은 프로그램 자원을 개발하는 현명한 방법이 아니다.

자아 관리에 대한 사항이 있는 다른 체크리스트에서도 볼 수 있듯이, 학급관찰 양식은 학교 혹은 학군에서 바람직한 교사 행동의 전반적인 성장을 기록하는 유용한 방법이다(Hague & Walker, 1996). 영재학습자와 함께 효과적으로 활동하기 위해 필요한 개별 교사의 기술에 대한 진단을 또한 학급관찰 양식을 통해서 얻을 수 있다. 외부 관찰자를 사용할 뿐 아니라, 학급관찰 양식을 이용하여, 교수지도 행동을 비디오로 분석함으로써 자아-평가를 할 수 있다. 영재학습자와 효과적으로 활동한다는 것은 개별화 기술을 적용하여 영재의 차이점을 보다 조절한다는 것이다. 따라서 영재 프로그램은 교사들에게 학급 상황에서 이상의 기술을 적용하도록 책략을 제공해야 한다.

교수지도는 수행 예술이다. 그러므로 성공을 검증하는 것은 바로 관련된 그 기술에서 숙달하였다는 것을 보여 주는 것이다. 코칭, 구조화된 관찰과 비디오 분석을 포함하여 여러 관리 접근법을 사용함으로써 교사들로 하여금 우수한 학생의 학습을 최적화시키는 행동 방식을 향상시키는 기회를 증진시킨다.

본 연구는 영재교사와 함께 잘 계획하고 계속 진행하는 보다 광범위한 교직원 개발의 필요성을 정확하게 지적하는 것이다. 교사 행동과 학교에서 교사들에게 제공하는 전문성 개발 기회와의 관련성에 대한, 특히 학생 학습에 가시적인 영향을 미치는 수준까지 체계적으로 실행되는 추후 연구를 해야 한다(Guskey, 2000).

내용에 기초한 차별화된 교수 행동에 대한 연구 또한 흥미로우며 영역과 관련하여 교수지도 행동을 조절해야 한다는 점을 제안해 주는 것이다. 게다가 기타 특정요구를 가진 학생을 지도하는 연수를 받은 교사와의 비교연구를 통해서도 교사 행동과 학생 특징 간의 관계를 좀 더 잘 이해하는 것도 중요할 것이다.

실제적인 조언

1. 모든 영재 프로그램 평가는 프로그램 문서에서 강조하는 바와 이해관계자 지각을 점검하기 위해서 학급관찰을 실시해야 한다.
2. 일반적인 교수지도와 영재교육에 근거한 신뢰로운 관찰 도구를 사용하여 평가하는 노력을 증진한다.
3. 학급을 관찰할 때 팀 접근법을 사용하여 신뢰성을 증진한다.
4. 평가에서 학급관찰 절차를 사용함으로써 학군의 지도자에게 프로그램 향상을 위해 지속적으로 사용할 수 있는 모델을 제공한다.
5. 교사를 평가하는 도구로서가 아니라, 교직원을 개발하는 요구 평가도구로서 학급관찰을 실시해야 한다.
6. 시간을 두고 교사 행동을 분석하여 행정가로 하여금 영재 프로그램과 모든 교사의 학급에서 교수법의 향상을 기록할 수 있도록 데이터베이스를 제공한다.

참고 문헌

Avery, L. D., & VanTassel-Baska, J. (2003). *Changing teacher behavior: The struggle to provide gifted-level instruction in the greater classroom.* Unpublished manuscript under review.

Avery, L. D., & VanTassel-Baska, J. (2001). Investigating the impact of gifted education evaluation at state and local levels: Problems with traction. *Journal for the Education of the Gifted, 25*, 153-176.

Avery, L. D., VanTassel-Baska, J., & O'Neill, B. (1998). Making evaluation work: One district's experience. *Gifted Child Quarterly, 41*, 124-132.

Borko, H., Mayfield, V., Marion, S., Flexer, R., & Cumbo, K. (1993). Teachers developing ideas and practices about mathematics performance assessment: Successes, stumbling blocks, and implications for professional development. *Teaching and Teacher Education, 13*, 259-278.

Feng, A. X. (2001). *Technical report on inter-rater reliability of the Classroom Observation Scale.* Williamsburg, VA: Center for Gifted Education, College of William and Mary.

Garet, M. S., Porter, A. C., Desimone, L., Birman, B. F., & Yoon, K. S. (2001). What makes professional development effective: Results from a national sample of teachers. *American Research Journal, 38*, 915-945.

Guskey, T. R. (2000). *Evaluating professional development.* Thousand Oaks, CA: Corwin Press.

Hague, S. A., & Walker, C. (1996). *Creating powerful learning opportunities for all children: The development and use of a self-monitoring checklist for teachers.* (ERIC document #ED396844)

Kennedy, M. (1999). Form and substance in mathematics and science professional development. *NISE Brief, 3(2)*, 1-7.

Kimball, S. M. (2002). *Analysis of feedback, enabling conditions, and fairness perceptions.* Madison: University of Wisconsin, Wisconsin Center for Education Research, Consortium for Policy Research in Education.

Sanders, W. L., & Horn, S. P. (1998). Research findings from the Tennessee value-added assessment system (TVASS) database: Implications for educational research and evaluation. *Journal of Personnel Evaluation in Education, 12*, 189-247.

Sanders, W. L., & Rivers, J. C. (1996). *Cumulative and residual effects of teachers on future students' academic achievement.* Knoxville: University of Tennessee

Value-Added Research and Assessment Center.

Tomlinson, C. A., & Callahan, C. M. (1992). Contributions of gifted education to general education in a time of change. *Gifted Child Quarterly, 36*, 183-189.

VanTassel-Baska, J. (1993). Linking curriculum development for the gifted to school reform and restructuring. *Gifted Child Quarterly, 16*, 34-37.

VanTassel-Baska, J., Bass, G. M., Ries, R. R., Poland, D. L., & Avery, L. D. (1998). A national pilot study of science curriculum effectiveness for high-ability students. *Gifted Child Quarterly, 42*, 200-211.

VanTassel-Baska, J., Zuo, L., Avery, L. D., & Little, C. A. (2002). A curriculum study of gifted student learning in the language arts. *Gifted Child Quarterly, 46*, 30-44.

Wenglinsky, H. (2000). *How teaching matters.* Princeton, NY: Educational Testing Service.

Westberg, K. L., Archambault, F., Dobyns, S., & Salvin, T. (1993). The classroom practices observation study. *Journal for the Education of the Gifted, 16*, 120-146.

제 6 장

영재 프로그램 평가에서 초점집단의 사용

Annie Xuemei Feng & Elissa Brown

> 평가라는 사회적 실제를 통해서 사회정치적 제도를 형성하고, 구성하며 정치적인 토론을 할 때 도움을 준다. 평가자 이상의 책임을 주장할 때이다. … 그리고 관찰자로서가 아니라 우리 자신과 우리 사회를 향상하고자 노력을 기울이는 건설적인 한 부분으로서 우리의 과업을 세울 때이다.
>
> — Jennifer C. Greene(2001, p. 400)

사회과학과 평가연구자들은 최근 들어 초점집단 인터뷰를 계속 사용하고 있다(Morgan, 1988; Morgan & Krueger, 1993). 초점집단 인터뷰는 일종의 독립식 질적 연구방법으로서, 인류학, 사회학, 경영학, 보건 및 의학, 정치학과 교육학 여러 분야를 연구할 때, 참여 관찰, 개별 인터뷰, 설문지와 실험연구를 포함하여 여러 연구들과 함께 사용되고 있다(Morgan, Stewart, & Shamdasani, 1990). 초점집단(focus group)은 또한 사회 프로그램을 평가할 때도 광범위하게 사용되고 있다(Krueger, 1988).

과거 몇 년 동안, 우리는 영재 프로그램 평가에서 자료를 수집할 때 초점집단 인터뷰를 사용하여, 1,804명의 참여자와 관련을 맺고 있는 195명의 이해관계자 집단에서 초점집단 자료를 축적하였다. 본 장의 목적은 초점집단 사용에 관한 원리와 실시뿐 아니라, 영재 프로그램 평가에서 초점집단을 사용할 때 초점집단 세션을 구성하는 과정에 대해 살펴보는 것이다. 구체적인 예들을 통해서 초점집단 인터뷰 절차 선택을 예시할 것이다. 초점집단을 효과적으로 영재 프로그램 평가에서 활용하는 방법을 제안하는 것 외에도, 초점집단 인터뷰를 실시하는 절차 및 주의점에 대해서도 논의할 것이다.

초점집단이란 무엇인가?

단순하지만 직접 초점집단을 정의하면 "소집단을 위해 고안한 인터뷰 스타일"을 말한다(Berg, 1998, p. 100). 초점집단은 흥미 있는 특정 주제에 대해서 집단 참여자를 구성할 때 사용하는 질적 연구방법이다. Stewart와 Shamdasani(1990)에 의하면, "초점집단은 일종의 집단 역동성의 실행이며 집단의 행동으로서－얻은 결과에 대한 해석뿐 아니라－집단 상호작용 맥락 내에서 이해해야만 한다."(p.7). Morgan(1988)은 초점집단을 참여관찰과 개별 인터뷰 사이의 질적 도구라고 정의하고 "초점집단의 특징은 그 집단 내에서 상호작용을 보지 않고는 알 수 없는 자료와 통찰을 얻게 해 주는 명시적인 집단 상호작용"이라고 언급하였다(p. 12).

초점집단 인터뷰의 다섯 가지 구성요소

초점집단 세션에서 기본적인 다섯 가지 구성요소는 촉진자/중재자, 참여자, 위치/상황, 시설과 초점집단 프로토콜이다.

촉진자/중재자(facilitator/moderator)는 초점집단 세션을 진행하는 사람을 말한다. 그 자신들이 연구자, 연구 팀 구성원 혹은 연구 프로젝트 후원자가 고용한 전문가일 수 있다. 효과적인 촉진자는 개인적 및 상황적 요인을 잘 결합하여 민감성과 객관성, 공감과 초연함의 균형을 이룰 수 있는 사람이다. 촉진자/중재자는 집단토의를 진행하고 두드러지게 이야기를 하는 사람을 관리하면서 다른 사람들에게도 기회를 주어 공이 굴러가듯 대화를 유지할 수 있는 사람이다(Stewart & Shamdasani, 1990). 중재자는 참여자가 모호하게 이야기한 것을 명확하게 하고 인터뷰에서 언급되지 않은 새로운 주제에 민감하게 대응하는 것이 중요하다. 영재 프로그램 평가에서, 연수를 받은 평가자 팀 구성원들은 대개 촉진자의 역할을 한다.

참여자(participant)는 연구자가 자료 수집과 주안점을 두는 연구문제를 조사할 때 자료를 제공하는 사람들을 말한다. 영재 프로그램 평가에서, 우리는 여러 이해관계자 집단, 예를 들어, 학생, 영재교사, 정규교사, 행정가, 프로그램 직원, 부모와 프로그램 평가 질문에 답변하여 중요한 정보를 제공할 것으로 생각되는 사람들에게 초점집단 인터뷰를 실시하였다.

초점집단 세션의 **위치/상황**(location/setting)은 연구주제, 시간과 예산에 따라 지역사회 센터, 도서관 혹은 학교에 있는 공간에서 초점집단 세션을 진행할 수 있다. 상황으로는 참여자가 편안하고 안락하며, 둥글게 앉아 좌석이 어떤 순위를 나타내지 않지만, 참여자와 중재자 간에 최대한 시각적 접근이 가능할 수 있게 한다(Morgan, 1988; Stewart & Shamdasani, 1990). 영재 프로그램 평가를 대개 학교 상황에서 실시하므로, 초점집단 세션을 주로 미리 선정해 놓은 학교 도서관이나 면담실에서 실시한다. 경우에 따라서는 집단 인터뷰를 교직원 식당 및 카페테리아에서 실시하기도 한다. 둥글게 좌석을 배치하였음에도 불구하고, 초점집단 인터뷰에서 위치뿐 아니라 참여자를 선정할 때 협조를 하는 사람이 대부분 영재 프로그램 코디네이터이므로 융통성을 발휘하여 이들을 존중해 주어야 한다. 여러 선정해 놓은 학교와의 라포 및 영재 프로그램 코디네이터의 노력이 최적의 상황 배열을 결정지을 것이다.

영재 프로그램 평가에서 초점집단 세션 내 **시설**(facility)에는 대화를 기록하는 차트, 인덱스카드와 참여자들이 생각을 적을 연필과 인터뷰 질문을 상기시켜 줄 접착식 폴더가 있다. 사회과학 연구자 및 경영학 연구자들에게 초점집단 세션을 비디오 및 녹음기로 기록하는 것이 일반적이지만, 학교에서 기록할 때 허가를 받는 데 제약이 있고 전사한 것을 분석하는 데 시간적으로 부담이 되어 William and Mary 대학에서 실시한 영재 프로그램 평가에서는 이 방법을 일반적으로 사용하지 않았다.

촉진자와 함께 **초점집단 프로토콜**(focus group protocol)을 가지고 연구한다. 프로토콜은 촉진자를 위한 지침으로 구성되며, 미리 구조화된 질문과 가능한 문제를 상세하게 적어놓는다. 영재 프로그램 평가에서, 초점집단 프로토콜은 2개 섹션, 즉 참여자의 인구학적 특징과 인터뷰 질문으로 구성된다. 인구학적 섹션을 통해서 평가 팀 구성원들은 학년, 역할 지위, 인종, 성과 자료를 분석할 때 중요한 기타 변인에서 참여자의 대표성을 점검할 수 있다. 이들 변인들을 또한 본래 표본 추출 계획에서 참여자 구성원이 벗어난 정도를 점검할 때에도 사용할 수 있다. 질문 세션은 일반적으로 영재 프로그램의 주요 차원에 대한 4개 혹은 8개 반구조화된 질문으로 구성된다. 이들 문제를 개발하는 것에 관해서는 본 장의 후반에서 논의할 것이다.

초점집단 인터뷰의 장점과 단점

초점집단 연구자들은 참여관찰, 개별 인터뷰와 설문지 등의 기타 연구방법과 초점집단을 비교하고 대조하여, 초점집단 인터뷰의 장점과 단점을 명확하게 한다(Fern, 2001; Morgan, 1988; Morgan & Krueger, 1993; Stewart & Shamdasani, 1990).

초점집단의 장점은 다음과 같다.

1. 집단과 인터뷰를 실시하면 더 짧은 시간이 소요되므로, 개별 인터뷰와 비교할 때 인적 및 시간비용이 적게 든다.
2. 참여 관찰의 경우 정보 제공자의 일관성에 대해 연구자가 통제를 할 수 없는 반면, 초점집단 인터뷰에서는 집단 참여자로부터 정보를 쉽게 수집할 수 있다.
3. 중재자와 반응자간 상호작용을 통해서 주제 및 논쟁거리에 대한 반응과 추후문제를 명확하게 하는 것이 가능하다.
4. 집단 역동성은 초점집단 인터뷰의 독특한 특징으로서 다른 방법에서 볼 수 없는 것이다.
5. 초점집단 인터뷰는 참여자의 수가 8~12명까지라는 점에서 융통적이며 세션에 한두 명의 반응자가 있거나 없거나 크게 결과에 영향을 미치지 않는다.
6. 개방형 반응양식을 통해서 맥락적 배경 내에서 보다 깊게 흥미 있는 주제를 이해할 수 있다.
7. 세션 내 집단 구성원의 언어적 및 비언어적 반응은 결과를 보고할 때 연구자에게 보다 풍부한 정보를 제공한다.

그러나 초점집단 인터뷰가 가진 단점도 있다. 평가 도구로서 초점집단이 받는 비난은 다음과 같다.

1. 반응하는 사람의 수가 적으며 표본을 편의상 추출할 수 있다.
2. 중재자의 영향으로 중재자의 무의식적인 단서가 참여자의 반응에 영향을 미칠 수 있다.

3. 집단 구성원 간 부정적인 상호작용이 발생해서 적대적인 의사소통이 일어나거나 한 사람의 의견에 대한 방어적인 논쟁이 벌어질 수 있다.
4. 초점집단의 인터뷰 결과 그 집단에서 주도적으로 이야기를 하는 사람의 의견이 두드러질 수 있다.

초점집단 인터뷰의 기능

이상의 제한점에도 불구하고, 초점집단 인터뷰를 사용해서 새로운 주제 및 논쟁거리를 탐색하고 다른 자료원에서 얻은 결과를 다각도에서 조사하는 등, 새로운 연구상황에서 바람직하다. 연구문헌을 살펴보면, 초점집단은 주로 연구 혹은 평가 상황에서 네 가지 주된 목적을 위해 사용되었다. 즉, 탐색적, 확인적, 다각적인 조사와 독립적인 도구(Fern, 2001; Morgan, 1988; Morgan & Krueger, 1993; Stewart & Shamdasani, 1990).

탐색적인 목적(exploratory purpose)

초점집단은 흥미 있는 현상에 대해 알려진 바가 거의 없을 때 사용하는 연구 도구이다. 경영학 연구자들과 사회과학자들은 탐색적 목적을 위해서 초점집단을 광범위하게 사용하였다. 또한 자주 설문을 구성하는 과정에서 초점집단을 사용한다. 영재 프로그램 평가에서, 평가를 실시할 학군을 미리 방문하는 동안 자주 후자의 경우를 볼 수 있다. 평가자는 대개 지역 영재 프로그램의 핵심적인 사람들로 구성된 이해관계자들과 함께 탐색적인 초점집단 세션을 소집하고 평가 문제를 완성하는 것 외에도, 이해관계자 설문지를 개발할 때 두드러지는 프로그램의 문제에 대한 아이디어를 이끌어낸다.

확인적인 목적(confirmatory purpose)

설문 도구와 함께, 초점집단을 사용하여 질문에 대한 참여자의 이해를 명확하게 하고 설문 도구를 정련할 뿐 아니라, 결과를 수용하거나 수용하지 않기도 한다. 대규모 양적 설문을 실시한 후에, 연구자는 때로 추후 초점집단 인터뷰를 실시하여 설문 자료의 결과에서 얻은 발견사항을 확인하고 다양한 발견사항에 대한 맥락적 해설을 제공하기 위해 심도 있게 토론하여 타당한 증거를 찾으려고 한다. 설문지에 기입할 때 생각한 바를 크게 소리내어 읽도록 반응자에게 요청함으로써 연구자는 확인하고 개정하여 설문 도구의 타당도를 높일 수 있다.

다각도 조사의 목적(triangulation purpose)

영재 프로그램 평가에서 초점집단 인터뷰를 자주 사용하는 것은 다각도에서 조사를 하기 위함이다. 초점집단 세션을 이해관계자 설문지와 동시에 실시하여, 각 구성요소들을 이해하고 상호 분석력을 증가시킬 수 있으며, 발견사항에서 결론을 도출하는 능력과 확신을 증진할 수 있다(Wolff, Knodel, & Sittitrai, 1993). 우리가 실시한 프로그램 평가에서는 초점집단 인터뷰를 실시함으로써 설문지, 학급관찰 및 개별 인터뷰에서 얻은 발견사항과 다각도에서 조사하여 발견한 사항에 대한 타당도를 높이고 도출해 낸 결론에 대해 확신을 가지고 행동방안에 대한 계획을 제안할 수 있었다.

독립식 연구도구(self-contained research tool)

초점집단 인터뷰는 또한 독립적/독립식 질적 연구도구로서 여러 연구상황에서 사용할 수 있다(Morgan, 1988; Knodel, 1993). Fern(2001)의 주장에 의하면, "어떤 상황에서도, 초점집단 연구는 양적 연구(예: 설문과 실험)와 동일한 과학적 위치를 갖는다"(p. 141). 그럼에도 불구하고, 초점집단은 연구와 평가 상황에서 기타 연구방법론과 함께 가장 잘 사용할 수 있다.

정치적 및 인간 차원의 초점집단 인터뷰

영재 프로그램 코디네이터는 일반적으로 자신의 영재 프로그램이 필요하며 영재의 삶에서 프로그램이 중요하다는 점을 납득시켜야 한다. 계속적으로, 학교이사회가 예산을 줄이려고 하는 재정적인 제약으로 인해 이렇게 하기 어렵다. 영재 프로그램을 종종 교육적으로 치장해 놓은 장식이라고 생각하기 때문에, 예산 삭감의 대상이 된다(Clark, 2002). 영재교육 옹호자들은 영재의 잠재력과 독특한 학문적, 사회정서적 요구를 충족시키기 위해서 영재 프로그램을 통한 차별화된 교육의 필요성을 주장하고 있다. 프로그램 코디네이터들이 나름의 방식을 따라 프로그램 구성요소를 관리하지 않는다면, 프로그램은 교수지도, 전달, 평가와 학생 결과면에서 일관성이 부족하게 될 것이다.

따라서 초점집단에서는, 외부에서 부과한 모델에 반대될 때, 그 파생되는 평가가 현 위치에서 참여자의 사고를 반영하게 하면서, 해결해야 할 문제 혹은 논쟁거리에 대한 참여자의 지식과 경험을 공유한다. 여러 이해관계자 집단과 함께 초점집단 세션을 보다 큰 교육평가의 일부분으로 실시함으로써, 행정적 관심면에서 책무성을 증진할 뿐 아니라, 건전한 교육적 및 정치적 감각을 조성하게 된다. 초점집단 세션에 이해관계자들이 참여하고 협동을 증진하기 때문에, 영재교육평가의 중요한 일면으로서 초점집단은 행동지향적인 그리고 공동의 정치적 협의사항을 명확하게 할 수 있다.

이해관계자 참여

각 초점집단 세션은 의사결정을 내릴 수 있도록 돕는 정보수집에 대한 것이다. 따라서 일반적으로 교육평가에 대한 정의를 나타낸다(Shula & Cousins, 1997). 반구조화된 환경에 똑같이 참여하게 함으로써 참여자들은 심리적으로 안전한 맥락 내에서 생각에 몰두할 기회를 갖게 된다. 세션은 평등주의적이다. 즉, 똑같은 수준의 경기장이다. 학교 체제 혹은 지역사회에서 자신의 역할과 무관하게, 각 참여자들은 동일한 자격으로, 공정한 그리고 개방적인 생각을 권장하는 세션에 온다. 200개 이상의 초점집단 세션을 실시한 경험상, 다양한 사람들로부터 받은 말로 미루어 볼 때, 세션은 "공정"하고 참여자들이 공정하게 대우를 받았다는 것을 알 수 있었다. 동일하게 참여한다는 것을 보장하는 방법으로 촉진자는 한 초점집단 세션에 관여하는 참여자의 수를 제안하고 대화를 독점하지 못하게 제한하며 머뭇거리는 사람을 격려하는 책략을 사용할 수 있다.

협동 과정

"반응적인 평가"에 대한 Stake(1995)의 생각에서 비롯된 핵심적인 가정들 중 하나는 평가연구란 주의 부서, 지역 학군과 계약자를 포함하여, 이해관계자들 간의 협동적인 과정이라는 점이다. 가정하건대, 초점집단 참여자들은 세션에 영재와 서비스 혹은 자신의 학군에서 사용하는 프로그램에 대해서 개인적인 가정을 갖고 있지만, 촉진자는 세션의 모든 이해관계자들이 동일한 질문에 대해 동일한 참조의 틀로 활동하고 있음을 확인하고, 반응할 동일한 시간을 준다. 그 집단은 의사결정을 할 때 학교 체계 혹은 학군을 협조적으로 지원한다. 초점집단 세션의 결과는 한두 구성원에게 특화하는 것이 아니라 모든 말들을 합해 놓은 결과이다. 이 방법은 어떤 사람도 프로그램의 모든 기능적인 면을 완벽하게 경험할 수 없다는 점을 인정함으로써, 영재 프로그램에 대한 여러 이해관계자의 정통함을 이용한다. 초점집단 세션을 일종의 협동과정으로서 실시하여 여러 의견을 존중하며, 적극적으로 경청하고, 올바로 인식하도록 촉진한다.

행동지향적

초점집단에서 각 구성원은 이해관계자(예: 학생, 부모, 교사, 학교이사회 구성원, 행정가, 상담자 등)를 대표한다. 이들의 참여는 평가 결과를 강화해 줄 뿐 아니라 다른 사람에게도 이것이 중요한 프로젝트임을 알려 준다. 사람들은 업적을 살펴보고, "무엇인가" 이뤄진 것을 알고 싶어한다. 초점집단의 일원이 된다는 것은 연구중인 프로그램, 이 경우, 영재교육 프로그램의 중요성에 대한 공통적인 이해를 형성하게 된다. 또한 주어진 맥락에서 유동성을 인식하고 자신의 체계 내에서 발생할 수 있는 변화의 속성과 정보에 영향을 미치는데 참여하게 된다(Fullan, 2001). 촉진자는 프로그램 향상을 지원하기 위해서 행동지향적인 토론에 초점을 맞추어 활동한다.

정치적인 의결사항의 공유

평가는 정치적이다. 평가는 자원배분을 결정하고, 명성을 형성하며(혹은 파괴하고), 건설적인 관심에 반응하고 새로운 강조점을 설정하기 위해 사용된다. 또한 프로그램을 향상하고, 뛰어난 교수지도에 대해 보상해 주며, 자녀가 얼마나 잘 하였는지 부모에게 전달해 줄 때 평가를 사용할 수도 있다. 비록 초점집단 세션을 평가 과정의 한 부분으로 실시하는 것이 기술적인 과정이라고 하더라도, 영재 프로그램 코디네이터는 평가가 일종의 정치적인 차원을 갖는다는 점을 인식해야 한다. 각 참여자들은 세션에 정치적인 의결사항을 가지고 오며 평가자들은 생산적으로 균형을 잡기 위해서 이들 의결사항들을 인식해야 한다. 영재 프로그램 코디네이터는 평가 과정이 변화 과정을 위한 지렛대를 제공하여 낭비되지 말아야 한다는 점을 이해해야 한다(Avery & VanTassel-Baska, 2001). 영재 프로그램 코디네이터는 프로그램을 옹호하고 평가를 통해서 프로그램의 장점을 명시한다. 게다가 코디네이터는 그 결과가 유용하며 부족한 자원의 시대에 보다 평가과제가 어렵다는 점을 교육정책 결정자에게 설득할 책임이 있다(Gallagher, 1998).

영재 프로그램은 전통적으로 기금이 부족하므로, 학교 체제에서 강력한 지원을 얻기 위해서는 평가 결과를 실질적으로 받쳐주어야 한다. 주요 의사결정자를 관여시키고, 초점집단 세션을 영재 프로그램의 한 부분으로 실시함으로써, 학군 내 영재를 위한 프로그램 서비스를 궁극적으로 증진하고 정치적으로 지원할 수 있다.

초점집단 인터뷰 계획하기

초점집단 인터뷰를 계획할 때 일반적인 기획 안에 포개서 실시해야 한다. 우리는 전형적으로 이해관계자 초점집단 세션을 현지에서 4~5일 동안 실시하였으므로, 개최할 초점집단 세션 외에도 관찰할 학급 수, 개별 인터뷰를 포함한 사례연구의 각 구성요소를 미리 계획하였다. 하루에 8시간 활동하는 중에, 우리는 한 학교 건물에서 학생, 학급교사와 부모를 포함하여 최소한 3개의 이해관계자 집단과 함께하는 초점집단 세션과 행정가, 영재 프로그램 교사, 학군 프로그램 직원 및 행정가와 함께하는 세션을 실시하였다. 평가 목적의 집약성과 특정 평가 프로젝트의 시간적 제약에 따라, 이해관계자 초점집단의 수는 최대 5일 방문하는 동안 12~56명 범위에서 실시하였다.

집단 수 결정하기

집단의 수는 연구 혹은 평가 프로젝트의 복잡성, 연구자가 흥미를 갖고 있는 변인의 범위와 유형 그리고 초점집단 인터뷰의 목적과 관계가 있다. Fern(2001)에 의하면, 탐색적 목적을 위해서는 대부분 초점집단이 5개보다 적은 것이 적절하다. 그러나 만약 집단 구성원이 가지고 있는 관점이 연구의 목적인 실험과제라면, 보다 많은 집단이 필요하다. 게다가 집단의 수는 그 집단의 특징과 인터뷰 지침에 있는 논쟁거리의 수에 좌우된다. Knodel(1993)은 특징마다 동질적인 집단을 만들 수 있도록 2개 집단을 사용해야 한다고 제안하였다. 일반적으로 언급할 논쟁이 많을수록, 집단의 수가 많이 필요하다. Fern은 어떤 연구자들은 24~76 집단에 이르는 많은 초점집단 세션을 사용한다고 하였다.

평가자들은 계획단계에서 초점집단 세션의 수를 결정할 때 두 가지 요소를 염두에 두어야 한다. 시간 제약과 평가 질문이 그것이다. 지역 학군 영재 프로그램 평가에서, 예를 들어, 일차적인 원칙은 학생, 정규교사, 부모, 행정가와 영재 프로그램 교사 및 직원을 포함하여 각 이해관계자 집단에 대해 최소한 한 개의 초점집단을 포함해야 한다는 것이다. 이들 이해관계자 집단들은 평가기획 시 설문 구성요소에서 주안점을 두는 것들과 병행해야 한다. 각 집단은 학교 체제에서 독특한 역할과 관점을 가지기 때문에, 초점집단 세션을 별도로 실시하는 것이 필요하다. 대개 우리는 초점집단 세션을 위해, 영재 프로그램 교사, 프로그램 직원과 행정가를 학교별로 소집하였다. 이들 요인을 염두에 두고서, 각 평가지역에서 인터뷰한 집단의 수를 다양하게 하였다.

참여자의 동질성과 이질성

초점집단의 표집은 설문처럼 똑같이 엄격한 표본 추출 과정을 따르지 않지만, 잘 기획하여 집단 구성원을 선택해야 한다. 집단 내 동질성과 집단 간 이질성은 참여자를 선정하고 집단 구성원을 지명할 때 준수해야 하는 두 가지 원칙이다.

동질성 원칙(homogeneity rule)은 집단 구성원이 가능한 한 동질적이어야 한다는 점을 말한다. 예를 들어, 교사 초점집단은 행정가 혹은 영재 프로그램 교사가 아닌 정규교사만으로 구성되어야 한다. 집단 역동성 연구에 의하면 동질적인 집단은 참여자 사이에서 상호작용을 이끌어내는 잠재력을 가지며 집단 구성의 상이한 역할 지위에서 비롯되는 갈등을 피할 수 있다(Morgan, 1988; Morgan & Krueger, 1993; Stewart & Shamdasani, 1990). 따라서 동질적인 집단이라는 인식을 갖게 되면 참여자들은 보다 쉽게 다른 사람들의 토론에 기초하여 의견을 내고 서로 경험을 공유할 것이다.

이질성 원칙(heterogeneity rule)은 성, 인종, 학생집단의 학년 수준과 역할 지위, 교육적 배경, 활동, 교수지도 경험과 성인 이해관계자 집단으로 영재 프로그램 평가에 참여한 것 등 주요 인구학적 변인들에 대한 전집의 대표성과 관계가 있다.

집단 크기를 결정하기

집단 크기에 대한 문헌에서는 일반적으로 합의된 의견은 없지만, Morgan(1988)은 6~8명이 합리적인 표본이라고 제안하였다. Stewart와 Shamdasani(1990)는 6~12명이 일반적인 실제라고 언급하였다. Fern(2001)은 한 개의 이질적인 세션으로서 8~12명 혹은 3개의 작은 동질적인 집단을 제안하였다. 언급해야 할 점은 모든 이들 숫자들이 특정한 연구상황 안에서 제시된 것이라는 점이다. 영재 프로그램 평가에서, 대개 우리는 한 초점집단 세션에 8~12명의 이해관계자를 계획한다. 성인 이해관계자 집단에 대해서, 우리는 정규 및 영재교사의 학년과 교수지도 경험에 대한 대표성을 고려하였고, 행정가 및 프로그램 직원에 대해서는 학교에 대한 대표성을 고려하였다. 그 외 평가자들은 여러 이유로 인해 일부 예상되는 참여자의 부재 가능성을 고려해야 한다.

초점집단 질문을 개발하기

이해관계자 초점집단의 프로토콜을 만들 때, 다음 네 가지 요소를 염두에 두어야 한다.

1. 상이한 이해관계자 집단에 맞추어 질문을 개발한다. 그래서 분석과정에서 집단 간 비교를 할 수 있어야 한다.
2. 표현의 변화가 필요하다. 이해관계자들이 질문을 이해할 수 있어야 한다(낮은 학년의 학생에게 특히 주의가 필요하다).
3. 물어보는 질문이 이해관계자에게 관련이 있어야 한다. 즉, 이해관계자들이 최소한 어느 정도 프로그램에 참여하고 있어야 한다.
4. 다각도에서 자료를 조사하기 위해 설문지에 있는 섹션을 반영하도록 질문을 개발해야 한다.

Stewart와 Shamdasani(1990)는 초점집단 질문을 개발할 때 다음의 두 가지 일반적인 원칙을 제안하였다. 즉, "일반적인 것에서 특수한 것으로" 그리고 "더 중요한 것에서 덜 중요한 것으로." Stewart와 Shamdasani는 처음에 보다 일반적이고 비구조적인 질문을 통해서 참여자가 사전연습을 하도록 제안하였다. 그러나 일반적이고 비구조적인 질문을 통해서는 특정한 차원에 대한 참여자의 생각을 얻을 수 없다. 마지막 규칙은 초기에 질문하였던 것보다 구체적으로 질문을 만들어 중요한 문제를 언급한다. 영재 프로그램 평가에서 우리가 사용하였던 초점집단 프로토콜의 모든 질문들은 똑같이 중요하지만, 이 질문들은 순서를 가지고 있다. 전형적으로 영재 프로그램에 대한 전반적인 지각을 묻는 일반적인 질문은 첫 번째 질문이고 프로그램의 강점, 약점과 개선할 영역에 대한 것은 나중에 하는 질문이다. 두 가지 질문 사이에서, 우리는 판별, 교육과정과 교수지도, 평정, 부모참여와 의사소통, 일부 성인 이해관계자 집단 세션에서 교직원 개발에 대한 참여자의 경험과 지각을 질문하였다. "사이 질문(between questions)"이라는 말은 전형적으로 이해관계자 설문지에서 볼 수 있는 질문 요소들을 반영한다(4장 참조).

이와 같은 방식으로, 우리는 초점집단을 사용하여 특정 프로그램 구성요소에 대해 이해관계자가 어떻게 지각하는지 통찰을 얻을 수 있을 뿐 아니라 또한 이해관계자 설문지 결과에서 얻은 발견사항을 여러 각도에서 조사할 수 있었다. 〈표 6.1〉은 여러 프로그램 평가에서 초점집단 인터뷰를 위해 개발한 질문들이다. 1시간의 초점집단 세션 동안에, 6~8개 질문 이상을 다루지 않는다.

초점집단 세션을 위한 연수

영재 프로그램 평가 중 초점집단을 계획할 때 중요한 다른 요소는 팀 구성원을 연수하는 일이다. 영재 프로그램 평가를 실시할 때 맺는 계약에는 초점집단 세션을 위해 전문적인 중재자를 고용하는 예산을 마련해 두지 않는다. 그렇지만 조정자가 중재하는 기술뿐 아니라, 영재교육 및 프로그램에 대해 배경 지식을 갖고 있기를 기대하기 때문에 영재교육 분야에 종사하는 사람이 적임자이다.

전체 과정에서 필요한 합의를 이끌어내고, 초점집단 세션을 촉진하는 방법에 대한 연수를 제공하는 것이 중요하다. 일반적으로, 주 연구자가 원

〈표 6.1〉 초점집단 인터뷰를 위해 개발한 질문

프로그램 차원	질문
일반적인 지각	현재 여러분의 지역에서 실시하고 있는 영재 프로그램에 대해 어떻게 생각하는가?
프로그램 효과	a. 여러분의 영재 프로그램이 효과적임을 보여 주는 지표는 무엇인가? b. 여러분의 영재 프로그램은 얼마나 효과적인가? 무슨 기준을 사용하여 이와 같은 결정을 내렸는가?
판별	a. 프로그램을 받을 학생을 어떻게 판별하는지 알고 있는가? 만약 그렇다면, 기술하시오. b. 학군의 프로그램 판별 절차는 얼마나 효과적인가?
교육과정, 교수지도 및 차별화	a. 프로그램은 어떤 교육과정 영역을 강조하는가? 정규 프로그램에서 제공하는 것과 이 영역에서 제공하는 교수지도는 어떻게 다른가? b. 영재를 위해 교육과정을 어떻게 차별화하는가? c. 교육과정과 교수지도의 질에 대해 여러분은 어떻게 생각하는가?
평가	a. 프로그램은 어떤 평가 과정을 사용하는가? 학생들을 어떻게 평가하는가? b. 학생 수행을 평가할 때 어떤 접근법을 사용하는가? 접근법은 얼마나 효과적인가?
부모 참여	a. 학교 체제는 어떤 종류의 부모 참여 모델을 가지고 있는가? b. 얼마나 효과적으로 부모가 참여하는가? 어떤 기회에 부모가 참여할 수 있는가?
강점, 약점과 개선	프로그램의 주요 강점과 약점은 무엇인가? 우선적으로 개선해야 한다고 생각하는 것은 무엇인가?

칙, 양식, 절차, 분석에 대한 체계적인 조직 내 연수를 실시하고 초점집단의 발견사항을 보고한다. 계속 진행중인 연수를 현지방문 동안 초보자를 위해 실시한다. 초기 방문 동안에 초보자 팀 구성원들이 연습할 기회를 제공한다. 대개 초보자들은 경험이 많은 촉진자가 초점집단 세션을 중재하는 동안 기록하는 역할을 담당하며 그리고 나서 멘토 촉진자의 지도하에

이후 세션을 진행한다.

초점집단 실시

절차

일반적으로 영재 프로그램 평가에서 1시간용 초점집단 세션은 아래와 같은 단계를 따른다.

1. 촉진자는 간단하게 초점집단의 목적 및 세션 진행방식을 설명한다. 촉진자는 참여자의 말에 비밀을 보장한다고 확신을 시켜 주고, 초점집단 세션의 목적이 여러 관점에서 영재 프로그램을 보는 참여자의 전반적인 그림을 얻는 것임을 강조한다. 촉진자는 또한 각 참여자를 격려하여 그들의 경험과 의견을 내어 놓게 하고 전반적인 평가 과정에서 모든 사람의 의견이 중요한 자료임을 강조한다.
2. 평가 팀 구성원은 2개 인덱스카드와 연필을 각 참여자에게 나누어 주어 질문에 대한 생각을 기록할 때 사용할 수 있게 한다(만약 카드를 다 쓰면 참여자에게 더 준다).
3. 촉진자는 한 번에 한 개의 평가 질문을 읽어 줌으로써 세션을 시작하고 참여자들로 하여금 인덱스카드에 질문 번호와 자신의 생각을 적도록 지시한다.
4. 대부분 참여자들이 적는 것을 멈추면, 그 질문에 대한 참여자의 경험과 감정에 대해 말하는 시간이 되었다는 표시이다. 한편, 기록자는 차트에 참여자의 핵심적인 요지를 기록한다.
5. 촉진자는 유사한 방식으로 시간을 점검하면서 다음 질문으로 넘어간다. 1시간 내에 모든 질문을 마치기 위해서는 어느 특정 질문에 대해

서 7분 이상을 소요하면 안 된다. 게다가, 특정 주제에 대해 반복적인 반응이 나타나면, 다음 질문으로 넘어가야 한다는 신호이다.

6. 마지막으로, 촉진자는 모든 질문을 물어본 후에, 세션의 목적을 반복하여 이야기하고 참석해 주신 것에 대해 진심으로 감사를 표명하면서 그 세션에 대해 다시 요약해 주어야 한다.

초점집단 인터뷰 자료의 분석과 보고

초점집단 연구자들은 전형적으로 다른 질적 연구방법에서 사용하는, 축어적으로 전사하기, 한 주제 하에 오리고 붙이기, 내용 분석을 위한 단어 수 세기와 주제 분석하기 등으로 분석한다(Morgan, 1988; Stewart & Shamdasani, 1990).

초점집단에서 녹음하고 비디오로 녹화하는 중에 차트와 인덱스카드를 사용하여, 토론 내용을 전사하고 참여자가 스스로 입력한 것을 차트와 인덱스카드에 사용할 수 있으므로, 자료를 보다 융통적이며 효과적인 방식으로 분석할 수 있다. 초점집단 자료분석은 전형적으로 요약차트에 기록하는데, 요약차트는 3개의 칸으로 이루어져 있다. 즉, 초점집단 질문, 집단과 개인이 말한 핵심적인 요지 및 핵심적인 요지를 반영하는 참여자의 대표적인 말을 예로 인용해 놓는다. 초점집단 세션 동안 자료분석을 실시하는 과정에서, 다음의 지침을 따라야 한다.

1. 범주별 전체 초점집단의 수와 범주별 전체 참여자의 수를 차트에 기록한다. 분석수준에 대한 결정에 따라 범주를 구체화하게 된다.
2. 프로그램을 유형별(예: pull-out, 독립식 등)과 수준별(예: 초등, 중등과 고등학교 수준)로 구분한다.
3. 집단 내 요약차트에, 집단의 최소 50%가 중요하다고(핵심적인 요지) 표현한 자료를 표시해 놓는다. 원자료에서 도출한 주요 아이디어를

반영하는 대표적인 예를 인용으로 열거한다. 규칙을 적용할 때 정확한지 살펴본다.

4. 집단 내 질문별로 반응을 조직한다. 차트에 있는 자료가 설명을 지지하는지 확인한다. 쉽게 처음 단계에서 작성한 것을 추출할 수 있도록 직접 인용하여 주제를 지지한다. 주된 요지에 대한 일반적인 진술로 질문을 요약하고 그러고 나서 정교화하거나 예를 제시한다.
5. 반응자 집단별로 주제를 다루는 구성 차트에 대해 똑같이 주요 규칙을 적용한다(50% 그 이상). 해설 및 합의에 있어 반응수준을 혹은 주제에 대한 합의가 없음을 명시한다. 추출한 주된 주제를 지지하는 예 혹은 인용문을 사용한다.

〈표 6.2〉는 한 지역 학군 영재 프로그램 평가에서 도출한 이해관계자 초점집단 요약차트이다. 인용한 예를 보면 판별 절차 효과에 대한 이해관계자의 지각이 상이함을 볼 수 있다. 학생과 정규교사로부터 얻은 결과는 현지방문 동안 16개 초등학교 표본에서 수집한 인터뷰를 요약해 놓은 것이다.

초점집단 요약 차트에 기초하여, 우리는 주제(판별)에 대한 이해관계자 집단별 두드러진 핵심요지를 도출하고자 내용 분석을 실시하였다. 다수결 규칙(50% 이상)에 따라 세 가지 핵심요지를 파악하였다. 초점집단 세션 동안 관점과 의견을 제시한 집단과 핵심요지를 〈표 6.3〉에 수록하였다. 여러 상이한 이해관계자 집단들이 핵심요지를 제안하였으므로, 우리는 판별 절차와 판별 관련 문제의 효과성에 대한 결론을 보다 확신을 갖고 이끌어내었다.

〈표 6.2〉 지역 학군 영재 프로그램 평가에서 초등학교 초점집단의 반응을 요약한 차트 예

	질문	핵심적인 반응	인용
학생 집단 = 16 참여자 = 148	영재 프로그램에서 판별 절차는 얼마나 효과적인가?	• 효과적이다. • 보다 도입점이 필요하다.	"다른 사람들이 프로그램에 참여해야 한다." "어떤 사람들에게는 참여할 더 많은 기회가 필요하다." "프로그램에 참여할 사람을 선택하였다는 점이 잘했다고 생각한다."
정규교사 집단 = 16 참여자 = 67	영재 프로그램에서 판별 절차는 얼마나 효과적인가?	• 판별 절차에 대해 확신하지 않는다. • 보다 새로운 과정이 향상된 것이다. • 보다 새로운 과정이 너무 포괄적이다. • 마땅히 받아야 하는 학생에게는 해당되지 않는다. • 교사들이 과정에 보다 투입되어야 한다.	"프로그램을 받아야 한다고 생각한 학생을 배제하지 않았기 때문에, 판별 과정은 학생들이 잘 활동할 수 있도록 한다고 생각한다." "보다 많이 포함하기 때문에 새로운 과정이 전보다 낫다." "많은 학생들이 시험을 잘 치르지 못하지만 그들은 영재이다."
행정가 집단 = 1 참여자 = 16	영재 프로그램에서 판별 절차는 얼마나 효과적인가?	• 판별 절차가 보다 개방적이다. • 시험과 배치 사이에 시간 간격이 너무 크다. • 판별 절차가 문화적으로 편향된다. • 판별 절차와 프로그램이 맞지 않는다.	"판별체제가 보다 융통적이지만 학교 인구에 좌우된다." "판별체제가 소수민족 학생 혹은 여러 종류의 영재성을 갖는 학생에게 해당되지 않는다." "영재 프로그램이 심화에 기초하고 프로그램을 제공하는 학생의 유형에 근거하지 않는다."

영재교사 집단 = 1 참여자 = 25	영재 프로그램에서 판별 절차는 얼마나 효과적인가?	• 같은 학생이 너무 여러 번 테스트를 받는다; 집단 편성이 너무 주관적이다. • 5학년에서는 필요하지 않다(특히 GPA의 사용) • 절차와 프로그램 속성이 일치하지 않는다. • 두 개 이상의 기준을 사용해야 한다. • 보다 문화적으로 다양한 학생(소수민족, ESL, 낮은 SES)을 수용하려고 의도하였으나 효과적이지 않다. • 교사 투입, GPA는 수준 C 수행기반 평가 과제를 제대로 대체하지 못한다.	"다양한 영재를 판별할 때 판별 절차가 효과적이지만 한 집단 안에서 이들 모든 학생을 지도하려고 할 때 문제가 생긴다고 생각한다." "보다 넓고 큰 인구를 판별할 때 본 절차는 효과적이다. 다른 언어를 사용하는 학생들을 보다 포함해야 한다고 생각한다. 이렇다고, 서비스를 보다 다양하게 할 필요가 있을지 궁금하다. 판별된 학생과 서비스를 받는 학생이 일치하지 않는다. 어떤 학생들은 매우 균형을 잃었다. ESL 학생을 잘 판별하지 못한다."
부모 집단 = 3 참여자 = 26	영재 프로그램에서 판별 절차는 얼마나 효과적인가?	• 표준화된 검사를 잘 치르지 못한 학생에게 부정적인 영향을 미친다. • 교사는 절차에 대해 보다 잘 알아야 한다. • 지난해보다 향상되었다. • 효과적이다—즉 재검사를 실시한다. • 문화적인 다양성을 고려하지 않는 것 같다. • 이중 예외적인 학생들을 배려하지 않았다. • 교사는 학생이 들어갈지 혹은 아닌지 결정하는 "문지기"이다. • 과정에 대해 잘 몰라 언급할 정도가 안 된다. • 어느 표준화된 검사만큼은 효과적이다.	"학생에게 확신감을 준다." "일부 매우 똑똑한 학생도 판별 절차 때문에 프로그램을 받지 못한다."

〈표 6.3〉 이해관계자 초점집단의 결과에 대한 내용 분석의 예

도출된 핵심요지	집단 대표성*	N(%) **
판별이 개선되었고, 개선된 판별에서 보다 많은 학생들이 영재로서 판별되었다.	S, RT, GT, A, P	5(100%)
판별 절차는 어떤 학생, 즉 시험을 잘 치르지 못하는 학생이지만 매우 똑똑한, ESL 학생, 이중-예외성을 가진 학생 등이 소외된다는 점에서 문제가 있다.	S, RT, A, P	4(80%)
다양한 범위의 학생을 폭넓게 수용함으로써 차별화가 어렵게 되었고, 그 결과 판별된 학생과 제공하는 서비스가 서로 맞지 않게 되었다.	RT, GT, A	3(60%)

주) *S = 학생; RT = 정규학급교사; A = 행정가; GT = 영재교사; P = 부모.

**5개 이해관계자 집단 내 초점집단의 구조에서, 최저 일치도 50%에 의거할 때, 최소한 3개 집단의 의견 일치가 핵심요지를 추출하기 위해서 필요하다.

초점집단에서 발견한 사항을 설문지에서 발견한 사항과 함께 다각도에서 조사하기

한 독립 평가 구성요소로서, 초점집단은 평가자로 하여금 집단에서 조사한 발견사항을 도출하도록 힘을 실어 줄 뿐 아니라, 또한 다각도에서 조사한 설문에서 발견한 사항에 대해 타당성을 증가시켜 준다.

무엇보다도, 초점집단에서 발견한 사항으로 설문에서 발견한 사항을 확인할 때 사용할 수 있다. 같은 평가에서, 교사, 행정가 및 부모용 이해관계자 설문지를 판별 절차에 대한 공정성과 프로그램 서비스의 적합성을 묻는 질문과 병행할 수 있다. 초점집단의 인터뷰에서 도출한 세 가지 핵심요지, 판별 절차가 개선되었는지(공정성), 절차가 특정 집단을 제외하는 문제가 있는지(협의성), 그리고 보다 넓은 판별 절차가 현재 프로그램 서비스와 맞지 않는 결과를 가져 왔는지(포괄성과 적합성)— 같은 논쟁에 대해서 설문지를 배포하고 반응자의 의견을 다양화 할 수 있다(〈표

〈표 6.4〉 판별 질문에 대한 초등학교 이해관계자 설문 결과를 가지고 다각도에서 조사하기

	RT	GT	행정가	부모
판별 기준의 공정성	*N*= 115	*N*= 30	*N*= 40	*N*= 140
공정하다	30.4%	63.3%	47.5%	52.1%
너무 광대하다	49.6%	33.3%	27.5%	18.6%
너무 협소하다	12.2%	3.3%	22.5%	7.1%
기타	7.8%		2.5%	22.1%
서비스와의 적합성	*N*= 124	*N*= 30	*N*= 41	*N*= 140
서비스에 맞는다	33.9%	76.7%	52.4%	57.9%
서비스에 맞지 않는다	15.3%	10.0%	33.3%	11.4%
모른다	46.0%	10.0%	11.9%	30.7%
기타	4.8%	3.3%	2.4%	

주) RT = 정규학급교사; GT = 영재교사

6.4〉 참조).

둘째, 설문지에서는 반응 빈도 수를 보고 두 개의 판별 질문에 대해 이해관계자의 의견이 어떻게 분포하는지 그 크기를 알 수 있다면, 초점집단 분석에서 도출한 핵심요지는 왜 이해관계자가 그 절차를 보다 넓게 혹은 협소하다고 간주하는지 그리고 왜 서비스와 판별 절차가 맞지 않는다고 생각하는지 그 이유를 설명한다. 한 교사는 다음과 같이 언급하였다.

> 보다 넓고 큰 인구를 판별할 때 본 절차는 효과적이다. 보다 다른 언어를 사용하는 학생을 포함해야 한다고 생각한다. … 나는 우리의 서비스를 보다 다양하게 할 필요가 있을지 궁금하다. 판별된 학생과 서비스를 제공받는 학생이 일치하지 않는다.

셋째, 초점집단은 평가자로 하여금 만연한 상황적 요소를 제시하고 상충되는 결과를 설명함으로써 자료를 분별력 있게 해석하도록 돕는다.

예를 들어, 보다 새로운 판별 절차가 부정적이라고 생각하는 부모도 있고, 유익하다고 생각하는 부모도 있다. 부정적이라고 생각하는 부모들은 프로그램을 이미 받고 있는 자녀를 두고 있어, 자녀의 학급에 새롭게 학생이 판별되어 들어 오는 것을 부정적으로 지각하였다. 재검사 혹은 새로운 검사로 프로그램을 받게 되는 자녀의 부모는 보다 넓어진 판별을 환영한다. 그러므로 현지 초점집단의 인터뷰를 통해서 얻은 통찰은 평가자로 하여금 두 개 설문지에서 얻은 결과를 경계하게 하고 초점집단 세션이 두 사람의 경험과 이데올로기의 결과임을 알려 준다. 결과적으로, 행동계획을 제안할 때, 평가자는 근거가 되는 이유와 감정 사이, 결과와 서로 나누어진 관점 사이를 구분할 때 전문적인 판단을 내릴 수 있다.

정책입안자에게 초점집단의 자료를 알려 주는 방법

영재 평가 과정 내 초점집단의 자료를 의사결정자 혹은 정책입안자에게 제공하고, 균형적이며, 궁극적으로 유용한 방식으로 정보를 제시해야 한다. 이것은 이해관계자, 의사결정자와 정책입안자들이 납득할 수 있는 방식으로 수집한 자료에 근거하여 견고하게 제안점을 전달해 주어야 한다는 것을 의미한다. 정책입안자는 여러 자료로부터 종결한 평가에서 드러난 요구사항에 반응해야 한다. 초점집단의 자료를 통해 정책입안자들로 하여금 이해관계자의 인식에 즉각적으로 반응하는 학군 정책(혹은 학교 프로그램)을 만들 수 있도록 이해관계자의 반응경향을 대표하는 방식으로 결과를 종합적으로 기록해야 한다. 우리의 평가 경험에서 볼 때, 지역 수준의 영재 프로그램 평가에서 나온 일부 전형적인 정책은 속진 형태와 집단 편성, 교육과정 융통성과 과정 수강, 전문성 개발 및 기타 자료 결과 및 제안점에 관련된 정책을 입안하는 것 등을 포함하였다(VanTassel-Baska,

2003).

결 론

우리의 평가 경험과 초점집단에 대한 연구문헌에 의하면, 영재 프로그램 평가에서 초점집단 인터뷰를 사용하여 귀중한 자료를 효과적으로 수집할 수 있다. 포괄적인 평가 구조에서 하나의 통합적인 부분일 뿐 아니라, 집단 역동성의 장점에 기초하여, 초점집단의 발견사항은 평가연구자들에게 보다 깊은 수준에서 프로그램의 문제를 이해하는 각도를 제공하고 이해관계자의 인식을 생생한 맥락적 배경에서 제기한다. 실시과정에서의 방법상의 한계와 주의사항에도 불구하고, 초점집단의 자료는 다른 자료와 함께 다각도에서 조사하는 과정을 통해서 결론을 도출하고 영재 프로그램 향상을 위한 책략적인 행동계획을 개발할 때 의존할 수 있는 귀중한 자산이다.

실제적인 조언

영재 프로그램 평가에서 자료를 수집할 때 초점집단을 효과적으로 활용하는 실제적인 조언은 다음과 같다.

1. 포괄적인 평가 구조에서 이해관계자 설문, 학급관찰, 개별 인터뷰와 문서검토를 포함하여, 초점집단 구성요소를 다른 자료 수집 책략의 통합적인 부분으로 만들어서 함께 사용한다.
2. 이해관계자 설문지에 있는 구성요소와 병행하는 초점집단 질문을 개발한다.
3. 초점집단의 실시와 분석에서 최대한의 일관성에 도달하기 위해 평가

팀 구성원에게 연수를 실시한다.

4. 전체 범위의 경험을 대표하는지 확인하기 위해서, 상이한 이해관계자 집단에서(예: 부모, 학생, 교사, 행정가 등) 초점집단 세션을 실시한다.
5. 평가자가 아닌 참여자들이 그 과정을 공유할 수 있도록 반응을 수집하는 과정이 중립적임을 상기시킨다.
6. 말하기를 꺼려하는 사람을 격려하는 한편, 대화를 독점하지 못하게 제한하고 동일하게 모든 참여자들이 공유할 수 있도록 권장하는 책략을 사용한다.
7. 타당한 발견사항을 파악하기 위해서 서로 다른 이해관계자들을 대표하는 초점집단을 구성하고, 그 집단에서 제기한 핵심요지를 분석한다.
8. 특히 설문지 같은 다른 자료와 함께 초점집단의 발견사항을 다각도에서 조사한다.

참고 문헌

Avery, L. D., & VanTassel-Baska, J. (2001). Investigating the impact of gifted education evaluation at state and local levels: Problems with traction. *Journal for the Education of the Gifted, 25*, 153-176.

Berg, B. L. (1998). *Qualitative research methods for the social sciences* (3rd ed.). Boston: Allyn and Bacon.

Clark, B. (2002). *Growing up Gifted* (6th ed.). Columbus, OH: Merrill/Prentice Hall.

Fern, E. F. (2001). *Advanced focus group research*. Thousand Oaks, CA: Sage.

Fullan, M. (2001). *The new meaning of educational change* (3rd ed.). New York: Teachers College Press.

Gallagher, J. J. (1998). Accountability for gifted students. *Phi Delta Kappan, 79*, 739-742.

Greene, J. (2001). Evaluation extrapolations. *American Journal of Evaluation, 22,* 397-402.

Knodel, J. (1993). The design and analysis of focus group studies: A practical approach. In D. L. Morgan (Ed.), *Successful focus groups: Advancing the state of the art* (pp. 35-50). Newbury Park, CA: Sage.

Krueger, R. A. (1988). *Focus groups: A practical guide for applied research.* Newbury Park, CA: Sage.

Morgan, D. L. (1988). *Focus group qualitative research.* Newbury Park, CA: Sage.

Morgan, D. L., & Krueger, R. A. (1993). When to use focus groups and why. In D. L. Morgan (Ed.), *Successful focus groups: Advancing the state of the art* (pp. 3-19). Newbury Park, CA: Sage.

Shula, L. M., & Cousins, J. B. (1997). Evaluation use: Theory, research, and practice since 1986. *Evaluation Practice, 18,* 195-208.

Stake, R. E. (1995). *Program evaluation* (Occasional Paper Series). Kalamazoo: Evaluation Center, Western Michigan University.

Stewart, D. W., & Shamdasani, P. N. (1990). *Focus groups: Theory and practice.* Newbury Park, CA: Sage.

VanTassel-Baska, J. (2003). *Curriculum planning & instructional design for gifted learners.* Denver: Love.

Wolff, B. F., Knodel, J., & Sittitrai, W. (1993). Focus groups and surveys as complementary research methods: A case example. In D. L. Morgan (Ed.), *Successful focus groups: Advancing the state of the art* (pp. 118-136). Newbury Park, CA: Sage.

제 7 장

영재 프로그램에서 학생자료 수집하기: 문제와 과정

Annie Xuemei Feng & Joyce VanTassel-Baska

> 사회적 프로그램의 일차 목적은 인류의 조건을 개선하는 것이다. … [그리고] 평가의 가장 중요한 공헌 중 하나는 사회적 프로그램의 개선안이 실제로 전달되는지 아닌지를 결정할 때 도움을 준다는 데 있다. 다시 말해서 프로그램의 효과를 사정한다.
>
> — Mark W. Lipsey(2001, p. 325)

프로그램의 효과를 검증하는 노력은 초점 대상이 되는 집단에서 긍정적인 변화를 가져 오는 중재방안의 능력에 달려 있다. 우리는 우리 삶의 여러 영역에서 "무엇이 일어나는지" 알고 싶은 것처럼 교육에서도 "무엇이 일어나는지" 알고 싶다. 관절염으로 약을 먹는다면, 우리는 그 조건에서 약이 효과가 있는지 증거를 원한다. 상담에 참여한다면, 상담이 제 기능을 하는지 그 가능성을 알고자 한다. 새로운 컴퓨터를 사면, 핵심적인 작동영역에서 컴퓨터가 효과적인지 어떤 "보증"을 원한다. 소비자 지향적인 사회에서, 세상을 산출물의 효과라는 렌즈를 통해서 생각한다. 분명히, 비록 이와 같이 공개적으로 요구하는 책무성에 좀 느리게 반응할 수 있지만, 교육도 이런 경향에서 예외일 수는 없다.

대부분 교육자들은 기준 및 책무성을 측정하여 교사, 학교 및 학군에 대한 징계로서 사용할까봐 교육에서 이에 대해 강조하는 것을 비난한다. 그러나 개별 학생의 학습에서 매우 현실적인 문제는 '눈 가리고 아웅' 하는 식이다. 특히 여러 문제로 인해 학교에서 우수한 학생의 학습 패턴을 추적하기란 어렵다.

영재학생의 학습을 평가하는 문제

영재의 학습을 평가할 때 이를 어렵게 만드는 문제는 이미 여러 과목영역에서 앞서 있는 학생을 측정할 만한 적절한 표준화된 평가가 없다는 점이다. 4학년 언어평가에서 상위 95 퍼센타일의 점수를 받는 학생이 이 학년으로 진급하였다면, 아무리 유능한 교사나 교육과정이라도 학년 말에 동일한 검사로 측정해서 나온 학습결과를 가지고서는 어떤 성장이 이뤄졌는지 단지 사소한 것만을 알 수 있다. 문제는 학생의 성장 패턴이 아니라, 평가 시험에 있다. 왜냐하면 평가가 실제 성장이 일어났는지 보여 주지 않기 때문이다. 만약 동일한 유형의 평가 도구를 수준(연령 혹은 학년)에 매이지 않고 사용한다면, 최소한 학년 수준의 기대를 넘어서 영재가 얼마나 많이 진보하였는지 평가할 수 있다. 그러므로 영재학생의 학습을 이해할 때, **off-level 평가**를 고려해 보는 것도 주요 방향이 될 수 있다.

영재학생의 학습을 평가할 때 두 번째 문제는 평가 그 자체의 속성이다. 영재를 위한 프로그램은 교육과정에서 수준 높은 사고, 문제해결과 연구를 다룬다는 점을 자랑스럽게 여기기 때문에, 일반적으로 학교 평가에서는 거의 이들 영역을 언급하지 않는다. 따라서 당연히 다른 유형의 평가를 사용하여 성장을 나타내게 된다. 성장을 평가하는 가장 전도유망한 방향은 수준이 높은 학생들이 이상의 기술 영역에서 어떤지 그 **수행에 기초하여 측정**(performance-based measure)하는 것이다. 시간추이에 따른 학생 변화를 보여 주는 사전-사후 혹은 시계열적인 설계는 특별한 영재교육과정의 결과를 평가할 때 사용하는 가장 바람직한 측정 접근법이다.

영재학생의 학습을 평가할 때 인식하고 있어야 할 세 번째 문제는 단기간의 내용-기반 평가에서는 잘 하지만 보다 높은 수준의 기술에서는 거의 눈에 띄는 발전을 보이지 못하는 학생들의 경향성에서 엿볼 수 있다. 그러므로 보다 전이 가능한 기술을 배제하고 내용 학습에 집중하여 실시하는 평가는 또한 영재의 학습특징과 깊이를 나타내는 데는 한계가 있다. 따라서 주어진 시기에서 획득한 지식과 기술이 어느 깊이인지 보여 주려고 할 때, **산출물 평가 도구**를 사용하는 것이 중요하다. 산출물 평가 접근법의 단점은 동일 년도 내에서 좋은 사전 평가자료를 결정하기 어렵다는 데 있다. 사후 분석에만 의존하기보다는 오히려, 연구자들은 의미심장한 성장을 기록하기 위해서 2년 그 이상 동안 산출물 평가자료를 수집하고자 계획해야 한다.

여러 접근법을 통한 학습 평가

학생을 선정하기 위해서 영재 판별에 여러 기준이 필요한 것처럼, 영재의 학습을 판단할 때 여러 가지를 측정해야 한다. 이상적으로, 영재 프로그램은 〈표 7.1〉에 제시한 바와 같이, 해마다 학생에 대한 여러 유형의 평가자료를 수집한다. 연령 혹은 학년 수준에 매이지 않은 검사를 사용하여 최상 혹은 실제 능숙 정도에서, 표준화된 성취검사 자료를 수집하고, 검사의 천

〈표 7.1〉 영재 프로그램에 대한 학생 평가 유형

평가 유형	적용/목적	영재 프로그램에서의 사용
표준화된 성취검사(연령 혹은 학년 수준에 따른)	완전학습 지향적인	현재 완전학습 정도를 평가하고 성장을 확인하기 위해서
표준화된 성취검사(연령 혹은 학년 수준에 매이지 않은)	완전학습 지향적인	어떤 영역에서 "실제" 영재학생의 성취를 평가하기 위해서
AP(Advanced Placement)/국제 학사학위(International Baccalaureate)(고등학교)	주제영역에서 뛰어나게 잘하는	영재의 높은 학습수준을 평가하기 위해서
수행-기반(모든 수준)	사전-사후 혹은 시계열적	기술과 과정에서 단기적인 성장을 평가하기 위해서
산출물-기반(모든 수준)	다년간에 걸친 사전-사후	연구 및 문제해결 기술이 증가하였는지 평가하기 위해서
포트폴리오(모든 수준)	계속 나타난 유능감에 기초	핵심적인 차원에서 유능감을 보였을 때, 그 학습과정을 평가하기 위해서

정효과(ceiling effect)의 범위 내 완전학습 정도를 보여 주어야 한다. 수행-기반 평가를 중재 전과 중재 후에 실시하여, 영재를 위해 설정한 수준 높은 과제에서 단기적인 성장이 있는지 보여 주어야 한다. 문제해결과 연구 등 산출물과 관련된 기술에서 장기적인 성장이 있는지 평가하려면 다년 설계모델을 사용해야 한다. 마지막으로, 핵심 활동영역 내 학습 과정을 평가하기 위해서 포트폴리오 평가를 실시해야 한다. 예를 들어, 포트폴리오를 사용하여 어떻게 그리고 언제 특별한 과학적 연구 과정을 통합하기 시

작하였는지 혹은 어떻게 작문 과정이 오랜 기간에 걸쳐 펼쳐지게 되었는지 보여 줄 수 있다.

한편 학생 결과 자료를 측정해서 영재 프로그램의 효과를 보고한 문헌들은 드물다(2장 참조). 그러므로 영역 내 어떤 특정 강조점을 모든 수준의 영재발달에서 포함하였는지 살펴보아야 한다.

성과 평가에 대한 정의

성과 및 효과 평가가 무엇인지에 대해서는 혼란이 많으므로, 이 용어를 명확히 하는 것이 중요하다. Schalock(2001)은 성과를 "어떤 활동, 중재 및 서비스의 결과 혹은 결말로 인해 수반되는 개인 혹은 조직의 변화 및 이점"이라고 정의하였다(p. 7). 성과는 단기적, 중간의 혹은 장기적일 수 있다.

예를 들어, 수학분야에서 영재로 판별되고 수학에 초점을 두는 영재 프로그램에 배치될 때 수업이 즐겁고, 그 학문에 동기가 부여되면 열심히 활동하게 될 것이다. 한 학기 프로그램을 마칠 때쯤, 영재 프로그램에서 보다 도전적인 수학을 경험하게 될 것이며 학군 및 주 전체에서 실시하는 시험을 잘 수행해낼 것이다. 수학 경진대회에 참가하여 메달을 몇 개 딸 수도 있다. 몇 년 후에, 프로그램에서 자극받은 흥미로 인해 대학에서 수학을 전공하고 유명한 수학자가 될지도 모른다.

이 학생에게는 영재 프로그램을 받은 것이 성과이다. 어떤 성과는 바로 코앞에 있거나 단기적인 것인 한편, 어떤 것은 보다 떨어져 있을지도 모른다. 이상과 같이 영재 프로그램의 잠재적인 성과들을 학군 프로그램을 받는 모든 영재에게 적용할 수 있다. 그러므로 영재 프로그램 평가에서 성과 평정은 근접한, 멀리 떨어진 혹은 이 둘에서 어느 정도 달성되었는지 그 성과 정도를 평가하려는 것이다.

효과 평정은 학습자에 대한 프로그램의 영향을 찾아보는 것이다. 효과 평정은 "프로그램이 기타 프로그램 혹은 다른 어느 프로그램과 비교할 때 효과가 있는지 없는지"를 평가하는 것이다(Schalock, 2001, p. 7). 효과 분석에서 "영재 프로그램 X는 영재 프로그램 Y보다 성과가 좋은가?" 혹은 "영재 프로그램 X는 학생이 그 프로그램을 받지 않을 경우보다 학생 수행에 바람직한 영향을 미치는가?" 등이 좋은 질문이다. 그러므로 효과 평정은 비교할 다른 프로그램 혹은 프로그램이 없으면 이에 상응하는 것으로 추정하여 비교함으로써, 처치 전과 후의 학습 성과를 분석한다.

영재 프로그램 평가에서 시나리오

The Third International Mathematics and Science Study(TIMSS; National Center for Educational Statistics, 1999)에서 미국 학생의 순위가 낮아, 수학과 과학 같은 학문 영역에서 부모, 교사, 행정가 및 정책입안자들은 학생의 수행에 관심을 기울이고 있다. 이상의 관심은 또한 영재 프로그램 이해관계자에까지 확대되었다. 일부 영재 프로그램 평가에서, 지역 교육자들은 자신의 영재 프로그램에 대한 효과를 분석해 달라고 요청해 왔다. 그러나 영재학습자에 대한 체계적인 사전-사후 평가자료가 없어, 분석하기가 어렵다.

성과 및 효과 평가에 대한 이상의 논의가 의미하는 것처럼, 평가 의뢰자는 영재 프로그램의 성과 분석을 실시할 때 도움이 필요하다. 우리는 영재 프로그램 수혜 결과가 어떤지, 인지적, 정서적 및 행동적 결과에 관심을 기울이는 학군을 위해서 성과 분석을 실시하였고, 영재 프로그램에 특정한 성과가 있는지 그 정도를 알려는 학군을 위해서도 효과 분석을 실시하였다. 그러나 분석하는 데 시간이 소요되고 대개는 전형적인 평가 영역에서 예산을 편성하지 않는다.

다음 섹션에서는 실시하였던 평가의 예들을 설명하면서, 성과와 효과평가를 실시하는 과정을 언급하고, 성과와 효과평가 목적을 달성할 때 도움을 주는 계획들을 살펴볼 것이다.

프로그램 성과 파악하기

성과 구인, 변인과 성과 지표

프로그램 성과를 파악하기 전에, 성과 구인, 변인과 성과 지표의 정의를 명확하게 할 필요가 있다.

구인(construct)은 "이론적으로 존재하는 무언가로서 직접적으로 관찰할 수 없다. 즉, 연구 목적 혹은 현상들 간의 관계를 기술하기 위해 개발된 개념이다. 개념은 다른 개념을 통해서 이론적으로 정의된다."(Vogt, 1999, p. 53). 예를 들어, 학업성취 혹은 자아개념이 영재 프로그램의 성과 구인이 될 수 있다.

변인(variable)은 "한 개 값 이상을 취할 수 있는 것으로 단어 혹은 숫자로 이 값을 나타낼 수 있다. 변인은 지표를 통해서 측정하며 지표는 이 값으로 정의된다"(Bernard, 2000, p. 35). 예를 들어, 성, 인종과 평점이 변인이다. 학생의 평점 점수는 학섬을 나타내는 지표이다.

성과 변인은 구인을 나타내는 한편, 성과 지표는 구인을 측정하는 특정 값이다. **성과 지표**(outcome indicator) 변인으로 구인을 조작한다. 예를 들어, 높은 학업 성취는 지적으로 우수한 영재에게 기대하는 성과이다. 즉, 학생의 GPA, 표준화된 검사점수, off-level 시험점수와 사전 및 사후 점수가 학업 성취를 측정하는 성과 지표가 될 수 있다.

성과 투입 자료원

성과 평가를 실시하기 위해서, 무엇보다도 우리는 성과 구인과 변인을 끌어내야 한다. 주로 다음의 세 가지 자료원에서 성과 변인을 파악할 수 있다. 즉, 이해관계자 자료, 평가자의 분석과 문헌검토가 그것이다. 초점집단 세션을 실시하여 프로그램에 대한 이해관계자의 기대를 이끌어낼 수 있다. 또한 영재 프로그램의 특정 모델에서 자주 언급되는 성과에 관한 문헌을 살펴볼 수 있다. 셋째, 평가자는 프로그램 문서자료, 이해관계자의 기대와 단기적 및 장기적인 프로그램의 성과를 보여 주는 문헌을 조사함으로써 성과 추적 분석을 실시할 수 있다.

성과 구인을 파악하는 과정에서, 평가자는 또한 예상하지 못한 성과, 부정적인 성과와 기타 부작용을 인식해야 한다. 예를 들어, pull-out 모델의 경우 대개 학생의 학급활동과 영재 프로그램에서 보내는 시간 사이에서 스케줄 갈등을 빚어낸다는 것은 새로운 것이 아니다. 보다 심화에 주안점을 두는 프로그램(특히 영재교육과정과 정규교육과정 간의 연계성이 부족한)에 학생들이 참여함으로써, 위험 부담이 높은 시험에서 수행이 낮아지는 결과를 가져올 수 있다. 정책상 분명한 탈출구를 마련해 놓지 못한 프로그램은 일부 학생을 억제하고, 수행을 잘 하지 못하는 학생의 사기를 꺾을 수 있다. 이상의 모든 것들이 특정 프로그램 구조와 절차 사용에서 일어나는 예기치 못한 성과의 예들이다.

초기 및 말기의 성과

영재 프로그램 성과를 파악할 때, 단기, 중기 및 장기적인 성과를 구분하여 인식해야 한다. 성과 평가에서, 아직 말기의 성과는 달성하지 못하였어도, 일부 단기 및 중기 성과는 충족되어 평가할 수 있음을 평가 의뢰자에게 알려 주는 것이 중요하다. 한편으로, 보다 초기에 하는 평가는 그 순간의 프로그램 효과에 대해 보다 정확한 모습을 반영할 것이고 또한 바로 실시하였던 프로그램의 성과를 나타냄으로써 이해관계자들이 갖는 책무성의 부담감을 완화할 것이다. [그림 7.1]은 단기적 및 장기적인 성과의 예이다. 이와 같은 그래프는 또한 평가자로 하여금 분석 단위, 요청할 자료의 유형과 여러 분석을 실시할 수 있는지 그 가능성을 결정할 때 도움을 줄 것이다. 초기에서 말기의 연속선에서, 지역 프로그램 교육자들은 초창기 영재 프로그램에 참여한 학생들의 장기적 성과를 평가하기 위해 AP 자료에 대한 경향분석을 실시하면서, 평가자의 제안대로, 중기적인 성과, 즉 사전 평가부터 사후 평가까지 학생의 진척사항을 평가해 달라고 요청한다.

성과를 측정할 때 선택하는 기준

일부 기준들은 성과 측정을 선택할 때 중요한 것으로 널리 알려져 있다 (Harty, 1999; Schalock, 2001).

1. 이해관계자들에게 수용될 수 있는 것
2. 기존의 심리측정적인 기준(매우 신뢰롭고 타당한 측정)에 합치되는 것
3. 자료를 얻을 때 시간과 예산 면에서 비용 효과적인 것
4. 프로그램의 목적과 목표에 관련이 있는 것
5. 평가시기가 적절한 것
6. 프로그램 혹은 중재방안과 논리적인 연계성을 갖는 것
7. 종단적인 자료 요소를 갖는 것
8. 문화적인 사항을 고려하는 것

이해관계자들에게 수용이 가능한 것 외에, 성과 측정은 또한 평가자에게도 수용이 가능해야 한다. 평가자는 분석을 실시하기 전에, 평가 의뢰

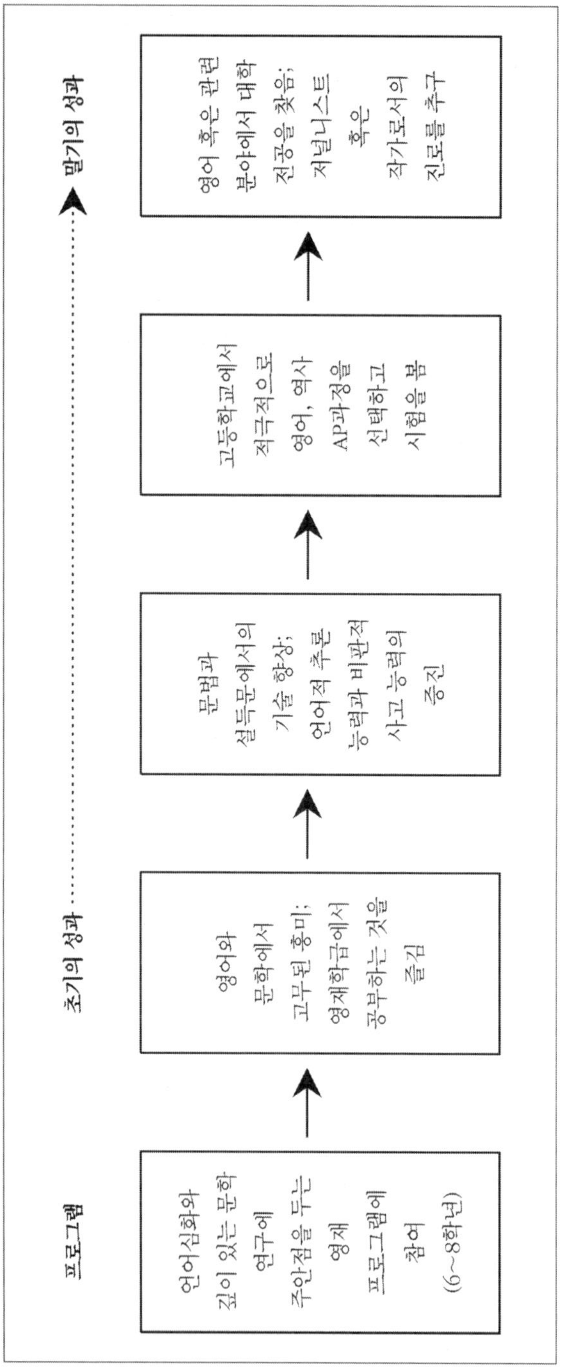

[그림 7.1] 영재 프로그램의 초기 및 말기의 프로그램 성과 모델

자가 요청한 분석을 실시할 수 있는지 그 가능성을 고려해야 한다. 분석을 실시할 수 없다고 평가자가 결정을 내린다면, 분석한 결과를 프로그램으로 인한 것으로 볼 수 없다는 점 그리고 제기한 문제에 답변을 할 수 없다는 점을 평가 의뢰자에게 납득시켜야 한다. 이 경우에, 평가자는 분석하는 것을 거절해야 한다.

프로그램 성과에 대한 여러 차원

여러 차원을 가진 성과 구인과 변인을 파악하는 것이 또한 중요하다. 그렇게 빈번하지는 않으나, 교육 상황에서 프로그램 성과는 매우 어렵고 위험 부담이 높은 시험에서의 학생 수행으로 해석한다. 그러나 교육자로서 우리는 의뢰자에게 프로그램의 성과가 인지적인 성과 외에도 정의적·행동적 성과도 포함해야 한다는 점을 알려야 한다. 성과 평가는 학생의 학업 수행을 통해서 얻은 경성자료(hard data) 분석 외에도, 학습하고자 하는 학생의 동기와 행동적인 변화 같은 학생 및 기타 관계자의 인식에 대한 실질적인 연구를 포함해야 한다. [그림 7.2]는 영제 프로그램 성과를 추적하는 성과 기획 및 학생 학습의 네 가지 차원별 성과 지표에 대한 예이다.

대부분 성과는 프로그램 평가와 관련된다는 것이 사실이다. 의뢰자는 평가자가 주어진 시간과 예산에서 모든 성과를 다룰 수 없다는 점에 관심이 없다. 중요한 것은 평가자와 의뢰자 모두에게 흥미로운 평가문제에 대답을 찾을 수 있도록 "이미 평가된" 성취 차원을 파악하는 것이다. 특히, 지역 학군이 표준화된 검사에서 학생의 수행에 미치는 프로그램 효과(영향)를 분별하는 데 흥미가 있다면, 성과 측정은 주로 검사받는 자료에 제한해야 할 것이다.

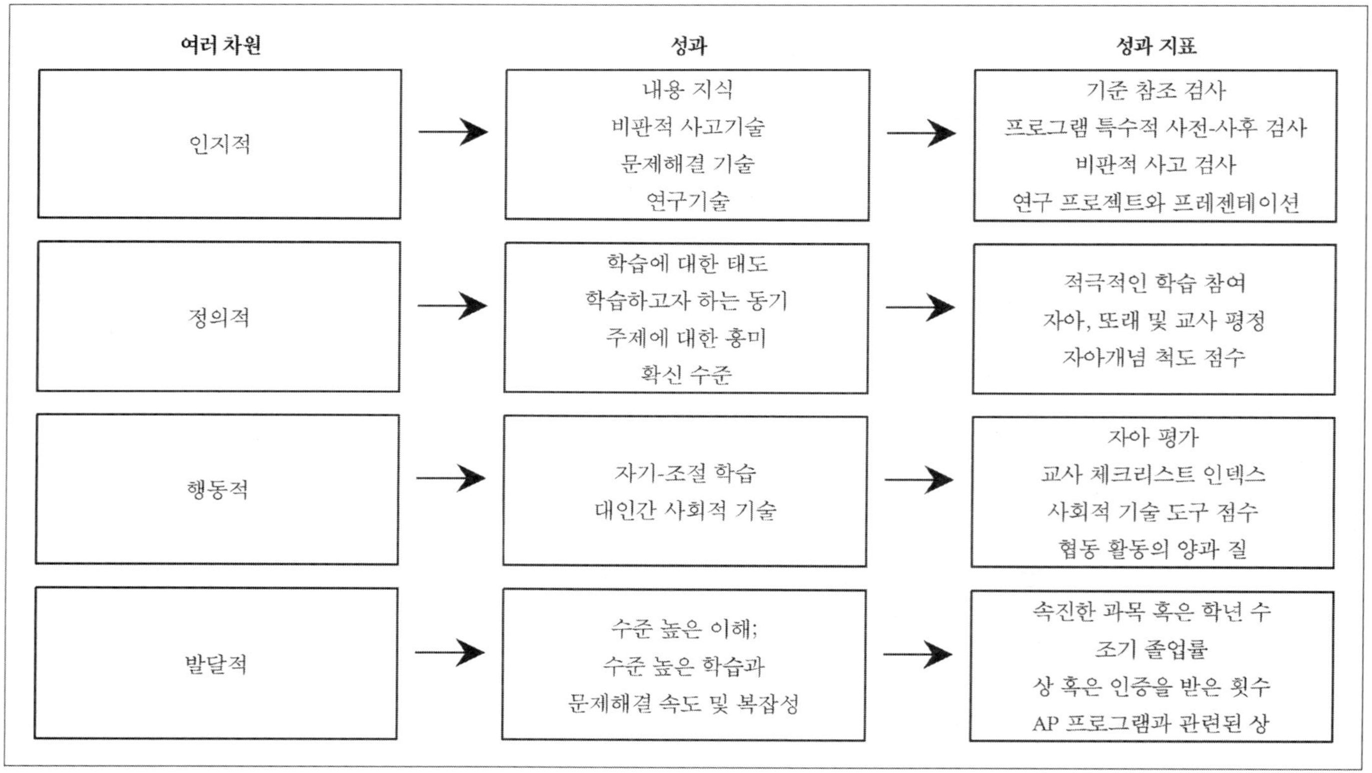

[그림 7.2] 영재 프로그램의 다중차원적인 성과와 성과 지표

성과/효과 분석을 위한 기본적인 평가 설계

"좋은 설계가 10개의 좋은 측정보다 가치가 있다"는 것이 일반적인 생각이다. 양적 영역에서, 연구와 평가 설계를 잘 하는 것은 프로그램 성과와 그 영향의 인과관계를 추적하여 타당한 결론을 낼 때 꼭 필요하다. 대부분 현대 연구방법과 관련 서적들은 Campbell과 Stanley(1966) 그리고 Cook과 Campbell(1979)의 고전적인 연구를 정교화하여 연구와 평가 설계를 구분하였다.

Mohr(1995)의 노력으로 다음의 두 가지 기준, 즉 중재 변인의 조작 가능성과 처치 및 비교집단의 배치방법에 따라 설계를 실험(experimental), 유사실험(quasi-experimental)과 사후(ex post facto) 연구로 구분한다. 실험연구에서, 연구자는 중재 변인을 조작할 수 있고 무선적으로 피험자를 처치하고 통제집단에 배정할 수 있다. 만일 연구자가 중재 변인을 조작할 수 있지만, 무선적으로 처치하거나 프로그램에 배정할 수 없다면, 유사실험설계를 사용하고 있는 것이다. 그러나 만일 처치를 조작할 수 없고 무선으로 추출하는 과정이 없지만, 연구 혹은 평가 목적이 여전히 처치 및 프로그램의 인과적 관계를 추론하는 것이라면, 사후 설계를 사용하는 것으로 볼 수 있다

비교집단의 차이 정도 외에도, 실시 가능성을 구분하기 위해서, 평가 연구자들이 사용하는 네 가지 기본적인 평가 설계에 대해서 논의할 것이다. 즉, 실험설계(experimental design), 유사실험설계(quasi-experimental design), 시계열적설계(time-series design)와 회귀불연속설계(regression discontinuity design)가 있다(〈표 7.2〉에 4개의 기본적인 설계 유형과 상대적인 강점 및 약점을 요약하였다).

〈표 7.2〉 영재 프로그램 평가 내 기본적인 성과/효과 설계

설계	방법과 표집방식	강점	약점
실험적			
• 사후 검사 무선 설계 • 사전-사후 검사 무선 설계	조작적 무선적	동등한 비교집단을 만듦으로써, 선택, 시간에 의한 편향을 제거한다.	실시하기가 어려우므로 실용적이지 못하다.
유사실험적			
• 사후 검사 • 사전 사후 비교 (혹은 비 동등한 집단)	조작적 자율적/통제된	현실적으로 실시하기 용이하며, 외재적 영향을 통제하기 위해 통계적인 기법을 적용한다.	선택으로 인한 편향 오염 가능성
시계열적			
• 간섭 시계열 • 비교 시계열	조작적 비무선적 조작적 비무선적	표집 편중을 상쇄하며; 실시하기에 실용적이고; 종단적으로 변화를 조사한다.	시간 편향 (성숙에 의한 편향; 자료의 유실)
회귀			
• 불연속적 설계 (혹은 절단점 설계)	절단점수에 의한 조작적 유사-무선적	사후 가정적 추정치(counter-factual estimates) 개념; 변화를 분석하기 위해 회귀 구조를 사용	오염에 의한 편향

실험설계(experimental design)

실험설계는, "금본위제(gold standard)"라고 불리는 것으로, 프로그램 중재와 학습 성과 사이에 인과관계를 설정하는 가장 엄격한 설계이다. 실험설계 범주에는 두 가지 주된 유형의 설계, 즉 무선 사후 검사 설계(random post test design)와 무선 사전 및 사후 검사 설계(random pre and post design)가 있다. 무선 배정으로, 동등한 집단을 만들며, 여러 유형의 표집상의 편향을 제거할 수 있다. 비록 실험설계에서 무선화(randomization)를 하였다고, 두 개의 사전 검사 집단을 동등한 조건으로 만드는 것은 아니지만, 무선 사전 및 사후 검사 설계에서는 보다 점검을 함으로써, 두 집단의 동등성에 대한 타당성을 확인할 수 있다.

인과적인 추론을 하는 가장 엄격한 설계임에도 불구하고, 실제 교육 및 사회 상황에서 진정한 실험설계를 실시하기란 어렵다. 그러므로 이론적 및 시험적으로 "금본위제"라는 것이지만 실제 학교에서 실시하기가 매우 어렵다. 현재 국가수준에서 실시하는 교육실험을 위해서 연방정부는 실험설계유형의 적용을 장려하고 있다.

유사실험설계(quasi-experimental design)

유사실험설계를 학교에서 실시하기 쉽기 때문에 연구자 및 평가자들이 선호한다. 이 설계에는 두 가지 주된 유형의 설계가 있다. 사후 검사 설계(post test only design)와 사전 사후 유사실험설계(pre and post test quasi-experimental design)가 그것이다. 전자의 설계에서, 비록 연구자가 무선으로 처치하고 비교집단에 피험자를 배정할 수 없지만, 두 개의 비교 가능한 집단을 찾아서 한 집단에만 처치를 한다. 후자의 경우에 대해서는, 두 개의 유사한 집단을 찾을 수 없지만, 외재적인 효과를 통제하는 통계적 기법을 사용하여 처치와 비교집단에게 사전 검사를 실시한다.

사전 검사를 하거나 주의 깊게 동등한 두 개의 집단을 선정함으로써, 이 설계는 연구자들로 하여금 보다 현실적인 상황에서 인과적인 추론에 도달하게 한다.

그러나 이 설계의 단점은 비교집단을 초기에 선택하는 과정에서 표집상의 편차를 만들 수 있다는 것이다. 무선화 과정이 아니므로, 주관적인 편중의 가능성이 증가한다. 게다가 프로그램 실시 과정에서 생기는 오염은 설계의 내적 타당도를 위협하는 한 요소이기도 하다. 영재교육 분야에서, 학생 유능성에 미치는 교육과정과 교수지도의 효과를 조사할 때 이 설계를 사용한다(VanTassel-Baska, Bass, Ries, Poland, & Avery, 1998; VanTassel-Baska, Zuo, Avery, & Little, 2002).

시계열적설계(time-series design)

시계열적설계는 시간상에서 집단 내 비교를 하는 설계이다. 시계열적설계는 일종의 유사실험설계로 분류되어 왔다(Cook & Campbell, 1979; Mohr, 1995). 두 가지 주된 시계열적설계가 있다. 하나는 간섭 시계열적(interrupted time series)설계이고 다른 하나는 비교 시계열적(comparative time series)설계이다. 전자의 설계에서는, 처치집단의 자료만을 처치 전과 후에 이용할 수 있다. 후자의 설계는 또 다른 유사한 비교집단을 추가하여 동등한 시간 주기에서, 간섭 시계열적설계에서 자주 나타나는 성숙에 의한 편중을 없애기 위해 비교집단의 자료를 사용한다.

시계열적설계는 시간적으로 프로그램 혹은 중재방안에 의해 야기되는 변화를 집중적으로 조사하므로, 영재 프로그램 평가 상황에서 실질적이며 실행 가능하다. 프로그램 평가는 변화를 결정하는 과정이고 시계열적설계가 변화에 민감하기 때문에, 변화를 측정할 때 대개 지속기간이 짧은 두 시점에서 일어나는 성과 차이를 연구하는 유사실험설계보다 시계열적설계를 선호한다. 시계열적설계는 종단적으로 변화를 조사하는 것이 목적이다. 그러나 성숙과 이탈로 인한 사례 수 감소(attrition)와 편중(bias)의 영향을 받는다.

회귀불연속설계(regression discontinuity design)

회귀불연속설계 또한 유사실험 방법의 한 유형으로 분류되어 왔다(Campbell, 1969; Trochim, 1984). 회귀불연속설계는 미리 사전프로그램(예: 사전 검사), 사후프로그램(예: 사후 검사)과 참여자를 프로그램/중재방안 집단 혹은 비교집단에 배정한다는 점에서 사전-사후 유사실험설계와 비슷하다. 한편 사전-사후 유사실험설계에서는, 처치와 비교집단을 동등하게 만들기 위해서, 배정하는 변인이 인구학적 통계 측정의 구성요소라고 한다면, 회귀불연속설계에서 배정은 단지 사전 프로그램 측정에서 얻은 절단점수(cutoff score)에 기초한다. 절단점수 위 혹은 아래의 점수를 받는 사람은 그 프로그램에 배정될 것이다(예: 각각 영재교육 혹은 특별교육). 다시 말해서 집단의 나머지 검사점수를 사용하여 사후가정적(counterfactual) 추정치, 즉 프로그램 혹은 중재를 받지 않는 사람과 받는 사람에 대해서 사후점수 기대값을 도출한다. 그러므로 회귀분석을 사용하여 프로그램에 참여하는 사람의 사후 검사 추정치와 관찰한 사후 검사점수를 비교함으로써, 진짜 점수와 사후가정적 추정치 간의 차이를 프로그램에 의한 효과라고 간주한다.

회귀불연속설계는 요구 혹은 장점에 기초한 프로그램의 효과를 조사하는 연구에서 가장 유용하며(Mohr, 1995; Trochim, 1984), 보상 교육의 효과 연구에서 대개 사용하였다. 그러나 영재 프로그램의 효과를 평가할 때 훨씬 더 많이 적용된다. 엄격한 절단점수 혹은 점수 범위에 따라 프로그램에 영재를 배정하므로, 만일 학군이 평가자에게 영재와 일반 학생의 사후 프로그램 측정값을 제공한다면(예: 기준 참조 검사), 이 설계를 사용하여 초점을 두는 영역에서 프로그램의 효과를 조사할 수 있다.

효과 분석에 대한 질적 분석

피험자 선택 및 처치를 배정하는 방법과 방식 등 설계상의 차이점에도 불구하고, 앞서 살펴본 설계들은 공통적으로 인과적인 추론을 할 때 양적인 것을 지향하고 실증적으로 유추를 한다.

그러나 프로그램 평가에서 질적 접근법을 사용하는 경우가 증가하고 있다(Mohr, 1995; Stake, 1991; Yin, 1989). 질적 방법이 성과 및 효과 분석에서 존중을 받지 못하고 있지만(Stake), 일부 학자들은 과정을 유추할 때 "징조(signature)" 혹은 "물리적인 인과관계"에 대해 질적 방법을 사용하여 성과와 효과 평가를 시도하고 있다. Mohr(1999)는 다음과 같은 방식으로 인과적인 유추를 그려내고 있다.

> Y가 발생하였고 이 과제는 처치 T가 Y를 유발하였다는 것을 보여 준다. 이것은 부분적으로 제거 과정을 통해서 일어난 것이다. 즉, U, V와 W 같은 Y의 기타 여러 가능한 원인이 있는데, T를 유발하는 것이 무엇인지 결정하기 위해서는 이것들을 제거해야 한다. 이 과정은 또한 각 가능한 원인들이 "징조"로 알려져 있다는 생각에 좌우되는데, 만일 U, V와 W의 징조가, T의 징조가 있을 때 없어진다면, T가 원인이라고 결론을 내릴 수 있을 것이다(p. 72).

그는 평가자가 T 그 자체라는 징조가 존재함을 보여 주고 이것이 원인임을 입증해야 한다고 주장하였다. 사후가정적 증거를 제시하는 대신(예: 만일 여자가 심장발작으로 죽지 않았다면을 추정하는 것), 의사가 조직을 조사함으로써(심장발작의 징조) 심장발작으로 죽어가는 여자를 진단하는 것과 같다. Mohr(1999)의 주장에 의하면, 질적 사례연구를 사용함으로써, 어떤 행동의 존재 같은 생리적인 추론의 징조를 조사하여 인과적 추론을 이끌어내는 것이 가능하다.

그러나 한 개의 사례에 대해 질적인 분석을 실시하여 효과를 분석할 때 주의를 기울여야 한다. 왜냐하면 영재 프로그램의 성과와 효과를 분석함에 있어 징조를 파악한다고 해도, 이 징조 역시 대량적으로 실시하였던 평가연구, 즉 초점이 되는 현상에 대한 상위평가(metaevaluation)의 결과에 좌우되기 때문이다. 불행히도, 아직까지 영재 프로그램 평가분야에서는 여전히 징조 패턴을 명시하기 위해 이용할 수 있는 상위평가 결과가 많지 않다. Lipsey(2001)는 "만약 우리가, 한 분야로서 어떻게 프로그램이 실제 변화를 일으키고, 이 변화를 일으키는 프로그램의 역할을 깊이 이해한다면, 또한 프로그램 효과를 평가하는 새로운 도구를 위한 기반을 갖게 될 것이다"라고 언급하였다(p. 328).

말기의 프로그램 성과 조사하기

주 및 지역 학군에서 프로그램 성과와 효과를 조사한 경험으로 볼 때, 대개 프로그램 관련 자료(예: 기준-참조 검사, 사전-사후 검사)를 이용할 수 없다는 것을 알게 되었다. 대부분 영재 프로그램은 처음부터 프로그램을 시작하는 영재에 관한 데이터베이스를 체계적으로 유지하고 관리하지 않는다. 그러나 책무성에서 나온 개혁 운동으로, 학군들은 이상의 정보가 절대적으로 필요하게 되었다.

모든 학군에서 Advanced Placement 자료를 구할 수 있었기 때문에, 다년간의 Advanced Placement 자료를 분석하고 지역 및 주 교육자에게 제시할 수 있었다. AP 자료를 사용할 때 한 가지 장점은 AP 시험이 심리측정적으로 강력하고 여러 이해관계자에게 매우 설명력이 있다는 점이다. 프로그램 평가 수준이 주로 초등학교와 중학교인 반면, AP 결과는 영재 프로그램의 말기적 혹은 장기적인 결과라고 생각하였다. 영재 프로그램에 참여한 연수를 보고, 정규학급 또래보다 영재들이 AP 과정과 시험을 보다 응시할 것이며, 시험에서 높은 수준의 수행을 보일 것이라고 기대하였다. 게다가, 특정 주제 영역에 주안점을 두는 초등학교와 중학교 영재 프로그램(예: 언어)은 영재들이 수강하는 AP 시험의 분포 패턴에 영향을 줄 것이다.

한 대도시 학군에서 영재 프로그램을 평가할 때, 1999년에서 2001년도 1학년과 2학년 학생의 AP 자료에 대한 경향 분석을 실시하였다. 비교분석을 영재와 일반학생 간에 실시하여 AP 학급의 참여 패턴과 AP 시험에서의 수행을 조사하였다. 전반적으로 정규학생보다 영재가 1999년부터 2001년까지 AP 시험을 많이 보았다(681 대 491). 한두 개의 AP 시험에서는 정규학생들이 영재보다 많이 치르는 것으로 나타났지만(75.4% 대 62.8%), 영재가 3개 이상의 AP 시험을 보는 것으로 나타났다(37.2% 대 24.6%).

영재와 정규학생이 치른 AP 시험의 유형이 어떻게 분포하는지 비교하였을 때 많은 영재들이 7개 학문 과목 중에서 5개(역사, 영어, 외국어, 과학과 수학) 과목에서 시험을 보았고, 예술, 음악과 관리, 정치학과 경제학을 배제하였다. 게다가 유의하게 많은 영재들이 또래보다(41%) AP 영어(71%)를 수강하는 것으로 나타났다. 이상의 결과는 이 학군, 특히 중학교 수준의 영재 프로그램의 효과를 지지해 주는 것으로, 중학교 수준의 언어과목이 심화와 깊이 있는 학습의 주요 과목이라고 생각할 수 있다. 우리는 언어과목 프로그램에 학생들이 참여함으로써 AP 영어시험을 보려는 학생의 경향에 씨를 뿌리고 자신감을 갖게 하였을 것이라고 추론하였다. 그러나 9% 이상의 정규학생들은 미술과 음악에서 AP 시험을 보았는데 이것은 이 학군 내 영재 프로그램에서 취약한 차원이 무엇인지 나타내는 것이다.

기대한 바대로, 평균적으로 영재들은 정규학생보다 외국어를 제외하고 모든 학문 과목에서 점수가 높았다. 이상의 결과는 영재들이 대다수의 과목 영역에서 AP 시험을 치를 뿐 아니라 대부분 이들 영역에서 잘 수행하고 있음을 보여 주는 것이다. 따라서 AP 자료 패턴에 대한 조사를 통해서, 우리는 이 학군에서 영재들이 유치원부터 중학교 2학년 수준에 이르는 프로그램에 참여함으로써 AP 과정을 선택하는 가능성과 수강하는 AP 시험의 유형 및 양 그리고 시험에서의 수행을 증진한다고 결론을 내렸다.

우리는 이상의 분석을 통해서 확고하게 인과적 연계를 설정할 수 없다는 점을 인정해야 한다. 그러나 현실 상황에서 프로그램 성과를 유추할 때 이것이 한 방법이라고 생각한다. 또한 영재 프로그램 중재방안을 말기의 성과와 연계할 때 보다 축적된 증거를 사용하여, 효과적인 영재 프로그램의 "징조"를 발견할 수 있어, 이를 통해서 영재 프로그램에서 성과와 효과 분석을 실시할 때 보다 융통적인 대안을 제공할 것이라고 생각한다.

off-level 검사에 대한 참여 조사하기

영재 프로그램 성과를 조사하는 또 다른 방법은 여러 대학에서 지적 및 인지적으로 우수한 영재를 후원하는 여름 프로그램에 참여하는 학생의 패턴을 연구하는 것이다. 이들 프로그램은 대개 연령과 학년 수준에 매이지 않은 검사 결과를 사용하여 학생을 선발한다. 이와 같은 off-level 검사에 참여하는 학생의 경향을 조사하여, 우리는 대부분 표준화된 검사에 내재된 천정효과를 피하면서 실제 성장 패턴을 유추할 수 있었다.

중서부 주에서 영재 프로그램을 평가할 때, 우리는 4년 주기로 중서부 재능발굴에 참여한 중학생의 경향을 분석하였다. 이 주와 7개 다른 중서부 주에서 프로그램에 참여한 학생과 참여수준 및 등록한 프로그램을 비교분석하였다.

중서부 재능발굴 프로그램은 연령과 학년 수준에 매이지 않은 검사를 사용하여, 학업적 능력 혹은 성취를 측정하는데, 이는 이 검사들이 성취에서 탁월함을 보이는 학생을 조기에 그리고 정확하게 평정하고, 학생의 요구에 맞는 보다 적절한 학업적 프로그램을 고안하고 획득할 때 유용하다는 가정에 근거한다. 국가적 수준의 표준화된 검사(California Achievement Test 혹은 Iowa Test of Basic Skill 같은)에서 상위 97 퍼센타일의 점수를 받은 6학년 학생 혹은 수학, 언어 및 작문 점수에서 상위 95 퍼센타일 정도의 높은 점수를 받는 7학년과 8학년 학생은 재능발굴 프로그램에 참여할 수 있다. ACT 혹은 SAT 1을 중학교 학생에게 실시하고, 고등학교 과정을 계획할 때 도움을 주고자 학생 및 부모와 검사 결과를 공유한다. 높은 점수를 받으면 대학의 상장 수여식에 참여하고 각 시험에서 가장 높은 점수를 받은 학생은 현지 여름 프로그램에서 장학금을 받는다.

우리는 1993년부터 1996년까지 평가한 주에서 이들 연령과 학년 수준에 매이지 않은 검사(SAT/ACT)를 받은 중학생의 분포 경향을 조사하였고, 이를 동일한 시기 동안 다른 7개 주의 것과 비교하였다. 이 주의 1996년 참여 수준은 1993년 수준보다 12.9% 높았다. 전반적인 증가는 괄목할 만하다. 즉, 참여만을 봐도 연령과 학년 수준에 매이지 않은 도전적인 검사에서 수행을 잘하는 학생과 이 학생의 동기가 어떻게 분포하는지 알 수 있다. 결과는 몇 년 동안 학업적 도전과 기회를 추구하는 학생의 관심이 증가하였음을 보여 주었으며, 이것은 영재에게 기대한 상황이었다. 게다가 이상의 전반적인 증가는 이 주의 중학생 기준 인구가 감소하였다는 점을 볼 때 그 중요성이 더해진다.

그리고 우리는 특정 기준점수를 통과하여 특별 여름 학업 프로그램에 참여한 학생의 비율을 조사하였고 이것을 다른 7개 주의 것과 비교하였다. 결과에 의하면, 조사한 4년 동안, 검사에서 매우 높게 성취한 중학생은 다른 7개 주에 있는 학생의 수행을 능가하였고, 이 주에 있는 영재들 사이에서 일관적으로 나타났다.

말기의 성과를 보여 주는 지표로서 다년간의 AP 자료를 조사한 것처럼, 연령과 학년 수준에 매이지 않은 검사에 참여한 학생을 분석하는 것도 초기 및 말기의 프로그램 성과를 결정짓는 또 다른 역할을 한다. 게다가 이들 검사는 대개 천정효과를 피할 수 있으므로, 핵심적인 영역, 즉 교육과정의 적합성 면에서 프로그램 효과를 평가할 때 그 주요 요소에서, 학생들이 기능하는 실제 수준을 조사하는 중요한 자료가 된다.

결 론

교육의 책무성에 대한 현행 요구 하에, 영재 프로그램의 행정가들은 새로운 도전에 직면하고 있다. 이들 도전은 학생 학습과 관련하여 영재 프로그램의 효과를 보여 주는 데 있다. 활용할 수 있는 학생 학습 성과 자료가, 특히 심리측정적으로 건전하고 적절한 것이 거의 없어 학생 학습을 평가하여 영재 프로그램을 계획하고 개선할 때 평가자에게 특별한 도전거리를 안겨 주고 있다.

실제적인 조언

1. 매년 프로그램을 받고 있는 영재학생에 대한 평가자료를 수집한다.
2. 학생의 학습을 확인하기 위해 여러 평가 접근법을 혼합하여 사용한

다. 즉, 완전학습-지향적인, 수행-기반 그리고 포트폴리오 등.

3. 분석의 목적을 명확히 한다.
4. 단기 및 장기적인 영재 프로그램 성과를 분석한다.
5. 영재 프로그램 성과와 효과를 여러 차원에서 분석한다.
6. 심리측정적으로 강력한 자료 세트를 요청한다(예: 신뢰롭고, 타당하며, 변화에 민감한).
7. 각 성과와 효과 평가 과정을 상세하게 명시한다.
8. 프로그램의 "징조"를 파악하기 위해서 영재 프로그램 성과에 대한 상위평가 결과를 사용하고 효과 분석을 위해서 질적 접근법을 활용한다.

참고 문헌

Bernard, H. R. (2000). *Social research methods: Qualitative and quantitative approaches*. Thousand Oaks, CA: Sage.

Campbell, D. T. (1969). Reforms as experiments. *American Psychologists, 24*, 409-429.

Campbell, D. T., & Stanley, J. C. (1966). *Experimental and quasi-experimental design for research*. Chicago: Rand McNally.

Cook, T. D., & Campbell, D. T. (1979). *Quasi-experimentation design and analysis issues for field settings*. Skokie, IL: Rand McNally.

Harty, H. P. (1999). *Performance measurement: Getting results*. Washington, DC: Urban Institute.

Lipsey, M. W. (2001). Re: Unsolved problems and unfinished business. *American Journal of Evaluation, 22(3)*, 325-328.

Mohr, L. B. (1995). *Impact analysis for program evaluation* (2nd ed.). Thousand Oaks, CA: Sage.

Mohr, L. B. (1999). The qualitative method of impact analysis. *American Journal of Evaluation, 20(1)*, 69-84.

National Center for Educational Statistics. (1999). *Highlight from TIMSS* (Publication

#1999081). Washington DC: U. S. Government Printing Office.

Schalock, R. L. (2001). *Outcome-based evaluation* (2nd ed.). New York: Kluwer Academic/Plenum.

Stake, R. E. (1991). Retrospective on "The Countenance of Educational Evaluation." In M. W. McLaughlin & D. C. Philips (Eds.), *Evaluation and education: At quarter century* (pp. 67-88). Chicago: University of Chicago Press.

Trochim, W. M. K. (1984). *Research design for program evaluation: The regression-discontinuity approach*. Beverly Hills, CA: Sage.

Vogt, W. P. (1999). *Dictionary of statistics & methodology* (2nd ed.). Thousand Oaks, CA: Sage.

VanTassel-Baska, J., Bass, G. M., Ries, R. R., Poland, D. L., & Avery, L. D. (1998). A national pilot study of science curriculum effectiveness for high ability students. *Gifted Child Quarterly, 42*, 200-211.

VanTassel-Baska, J., Zuo, L., Avery, L. D., & Little, C. A. (2002). A curriculum study of gifted student learning in the language arts. *Gifted Child Quarterly, 46*, 30-44.

Yin, R. (1989). *Case study research: Design and methods*. Newbury Park, CA: Sage.

제 8 장

평가 활용에 대한 상위발견(Metafindings)

Joyce VanTassel-Baska

평가는 일차적으로 평가방법의 저장소였던 것이 지금은 일반적인 프로그램 효과 패턴에 대한 지식의 저장소로 바뀌고 있다.

— Michael Quinn Patton(2001, p. 334)

프로그램 평가를 활용하는 것은 일반교육(Weiss, 1998)과 영재교육(Callahan, 1995; Tomlinson, Bland, & Moon, 1993) 분야에서 중대한 문제이다. 그러나 영재 프로그램 평가에 대해서는 일반적으로 관심이 부족하다.

영재 서비스 규정에 관한 법이 있는 모든 주에서 설문을 실시하였을 때(Council of State Directors of Programs for the Gifted, 1998), 이전 7년 내에 주 전체적으로 영재 프로그램의 평가를 실시한 곳은 단지 8개에 불과하였다. 비록 구두로는 어느 정도의 비율은 된다고 하지만, 지역 학군 영재 프로그램에서 평가를 받는 실제 빈도는 알려져 있지 않으며 그 학군의 범위를 벗어나서 평가 보고서를 배포하는 경우는 매우 드물다. Johnsen (2000)은 지난 10년 동안의 프로그램 발견사항과 결과를 포함하여 영재 문헌에서 단지 15편의 평가 보고서가 있을 뿐이라고 보고하였다. 교육적 책무성을 강조하는 시대에서 연구가 거의 없다는 점은 특히 놀랍다.

목 적

본 상위평가의 목적은 7개 영재 프로그램, 한 개는 주 전체에서 실시한 것이고 6개는 지역 학군에서 실시한 평가에서 얻은 결과를 기술하고, 설문지와 인터뷰 결과를 통해서 얻은 평가자료가 어떻게 행동으로 나타나고 그렇지 않은지 살펴볼 것이다. 자료에 근거하여 의사결정을 도출하는 시대에서, 행정가는 어떻게 영재 프로그램 평가연구에서 얻은 결과와 제안점을 활용하는가 그리고 무슨 요인이 평가를 활용하도록 증진하고 방해하는가? 본 상위평가는 평가와 그 활용과정을 향상하는 방법을 보다 잘 이해하기 위해 정보를 가지고 활용하는 관계를 조사하였다. 주 및 지역 수준에서 실시한 연구는 주 및 지역 수준의 문제와 요구에서 주요 유사점이 발견되어 그만 두었다. 그러므로 살펴본 프로그램의 특징보다는, 전체적으로 주의 영재 프로그램을 나타낼 것이다.

문헌검토

「National Excellence」 보고서에서 설정한 국가적 중대 사항(U.S. Department of Education, 1993)은 지난 10년 동안, 보다 넓게 재능을 정의하고, 판별할 집단을 다양화하고, 학습에 대한 보다 높은 기준과 여러 조직 및 집단 편성 모델에서 적용할 교육과정 차별화 책략을 요구함으로써, 프로그램 개선을 위한 단계를 구체화하였다. **영재교육**에서 **재능개발**로 분야의 명칭을 변경한 것을 또한 문헌에서 볼 수 있는데, 이는 이 분야가 전이단계에 있음을 보여 주는 것이다(VanTassel-Baska, 1998). Treffinger(1998)는 이 상황을 "우리는 치료를 원하지만, 그 약에 대해 모든 것을 확신할 수 없다"는 식으로 묘사하였다(p. 753).

복잡한 기대와 인식론적으로 대화를 나누는 이상의 배경과 상반되게도, 정책입안자와 프로그램 행정가들은 결과를 수반하는 의사결정을 내려야 한다. 어떤 사람들은 외부 평가자에게 의사결정을 내릴 때 정보가 필요하므로, 정보 자료를 수집해 달라고 의뢰하였다. 문헌을 살펴보면, 의사결정을 효과적으로 하는 두 가지 방법이 있다. 첫째 방법은 영재 프로그램 평가를 실시할 때 실제에 집중하는 것이고, 둘째 방법은 영재 및 일반교육 프로그램에서 사용할 수 있도록 평가자료에 대한 통찰을 제공하는 것이다.

영재 프로그램 평가에 대한 문헌

Johnsen(2000)에 의하면, 영재 프로그램 평가에 대한 문헌은 정말 드물다. Tomlinson과 Callahan(1994) 역시 유사한 결론을 내리면서, "교육적 책무성은 정치적 집단에서 인기 있는 주제이지만, 실제 학교 프로그램에 대한 효과적인 평가는 기껏해야 산발적이다"라고 언급하였다(p. 46). 이상의 제한에도 불구하고, 영재 평가 실제에 대한 얼마간의 지식을 발췌할 수 있다. 예를 들어, Hunsaker와 Callahan(1993)은 영재 프로그램 실제를 연구하였고 "전도가 유망한 실제"와 관계가 있는 세 가지 경향을 언급하였다. 1) 프로그램을 개선함에 있어 관련 있는 자료 형성을 강조, 2) 특별한 흥미 혹은 관심 영역에 집중, 3) 특별한 제안점에 대한 명확한 표현이 그것이다.

영재 프로그램을 평가할 때 어려움은 적절한 평가방법의 선택에 있다. 영재를 위한 평가연구를 설계하는 접근법을 Carter(1992)가 기술하였는데, 그는 실험 조건의 부족함을 상쇄하기 위해 사후 설계(ex-post-facto design)를 사용하였다. Farrell(1992)은 미시적 수준의 교육과정 효과를 평가하는 방법으로서 수업 계획을 분석하는 과정을 주장하였다. House와 Lappan(1994)은 소외된 학습자를 위해 프로그램을 평가하는, 진정성 있는 평가(authentic assessment)를 포함하여 여러 접근법을 제시하면서, 유용한 아이디어를 제공하였다.

연구자들이 학생 수행이 중요하며 타협할 수 없는 차원임을 제안하면서, 영재 프로그램 평가의 핵심적인 초점은 얼마간의 관심을 받고 있다(VanTassel-Baska & Avery, 1997). Coleman(1995)은 인지적 성과와 자신이 누구이며 무엇을 할 수 있는가에 대한 학생의 지각 변화 및 지적 또래를 찾을 때의 만족감 같은 "내적인 질(insider quality)"을 연구하도록 주장하였다. Coleman과 Cross(1993)는 프로그램 변화를 학생의 내적 만족감 척도와 연계하였다.

지난 십 년 동안 발간된 영재 평가연구를 최근에 살펴보면서, Johnsen(2000)은 실제자와 평가자를 위한 제안점을 다음과 같이 요약하였다.

1. 연수받은 평가자를 선택한다.
2. 프로그램 성과와 실시 정도를 명확하게 정의한다.
3. 프로그램의 효과를 조사할 뿐 아니라, 그것을 개선하기 위해 평가를 활용한다.
4. 평가를 설계할 때 비교집단을 사용한다.
5. 여러 자료 수집방법, 양식과 기술을 사용한다.
6. 양질의 도구를 선택한다.
7. 다양한 의견이 나오도록 허용한다.
8. 시간을 두고 자료를 수집한다.
9. 행정가와 교직원에게 평가에 필요한 시간을 제공한다.

이상의 제안점들은 효과적인 평가 실제의 목적, 활용하는 책략 및 정치적 차원을 언급하는 것이다.

평가 활용에 대한 문헌

평가를 효과적으로 만드는 부분은 평가 보고서의 발견사항과 제안점을 통해 프로그램의 발전을 지원하는 것이다. 비록 그렇다고 하더라도, 평가 활용에 대한 특별한 문헌이 있다. Tomlinson, Bland와 Moon(1993) 그리고 Callahan(1995)은 설계의 적절성을 포함하여, 영재교육에서의 평가 발견사항을 효과적으로 활용할 수 있도록 실제, 제안점을 지원하는 이용 가능한 기금, 메시지 내용, 메시지 자원, 그리고 자료 수집방법의 다양성과 관련된 것들을 파악하였다. Avery, VanTassel-Baska와 O'Neill(1997)은 코네티컷 주 Greenwich에서 실시한 지역 학군 평가의 성공담에서 부가적인 요인을 만들었다. 이들 요인에는 1) 현실적으로 평가를 실제 프로그램 개발 요구에 연계하기, 2) 다양하고, 심지어 적대적인, 의견과 관점도 다루는 포럼을 만들기, 3) 제안점에 융통성을 제공하기 등이 포함된다. VanTassel-Baska와 Avery(2001)는 6개월 후에, 평가를 통해서 의식이 고양되고, 영재 프로그램을 계획할 때 평가를 도구로서 활용하며, 주와 지역 학군의 변화의 주체로서 생각한다는 것을 발견하였다.

일반교육에서 도출된 연구를 통해서도 평가 활용과정에 대한 부가적인 통찰을 얻을 수 있다. 문헌검토에서, Shulha와 Cousins(1997)은 "평가라는 개념을 일종의 연속적인 정보대화라고 생각하여, 평가 정보를 만들고, 전이하며, 소비하는 평가자와 프로그램 이해관계자의 책임 공유를 보다 자주 낳기 시작하였다"라고 언급하였다(p. 197). 문헌검토에서 언급된 특별한 경향은 1) 활용을 이해하고 설명할 때 주요 맥락을 고려하기, 2) 평가활동의 중요한 결과로서 과정 활용을 파악하기, 3) 개인부터 조직적인 수준까지 활용의 개념을 확대하기, 4) 평가자의 역할을 촉진자, 계획자 및 교육자/연수자 등으로 다양화하기 등을 포함한다. 그들은 평가를 잘못 사용하는 것에 대한 이해 역시 평가영역의 이론과 연구에서 부수적으로 고려해야 하다는 점을 인식하였다.

Preskill과 Caracelli(1997)는 활용 개념에 대한 설문을 실시하여 **발견사항의 활용**(use of finding), 조직적인 학습의 중요성과 구분되는 **과정 활용**(process use)에 대한 견해를 부연하였다. Preskill과 Caracelli는 과정 활용을 "평가에 관여하고 있는 사람들이 평가 과정 그 자체로부터 학습할 때" 발생하는 것이라고 정의하고(p. 217) 과정에 어떤 중요한 특징이 있다고 생각하는 응답자가 90%라고 보고하였다. 평가활용과 조직적인 학습 간의 관계를 탐색하였을 때, 72%는 평가가 평가 경험에서 학습하는 조직의 능력에 기여한다고 응답하였고, 26%만이 평가 발견사항으로 인해 조직의 목표를 달성하는 방식에서 기본적인 변화가 생길 것이라고 기대하였다.

평가자와 프로그램 직원 사이의 협동으로 발견사항에 대한 활용이 증가하는 것으로 나타났다. 평가 발견사항은 발견사항이 (a) 도구적이고, (b) 변화를 지지하고, (c) 개념적이며, (d) 다른 조직 혹은 사건에 영향을 미칠 때 보다 잘 실행되었다(Shadish 1997, Weiss, 1998에서 재인용). 평가는 잠재적인 문제점을 알릴 뿐 아니라, 요지 및 합리성의 전조를 제공한다. 따라서 조직과 프로그램에 있어 평가자는 상담자와 조언자가 담당하는 역할보다 광범위한 역할을 한다고 가정해야 한다. 비록 지엽적인 사고와 행동에 대한 구성주의자의 압력이 있지만, 합리적인 일반화 가능성이 평가 활동을 추구하기 위해 필요하다.

Lipsey(2001)는 평가 프로젝트별로 상위평가와 발견사항을 좀 더 공유하자고 촉구하면서, 평가에서 발견한 사항을 연계하여 활용해야 한다고 하였다. 프로그램별로 일관적인 정보를 가짐으로써 보다 나은 프로그램을 설계하고 평가를 실시하게 된다.

Scriven(2001)은 평가에 대한 관점을 단순히 평하는 것이 아니라, 미래를 창출하는 행동 능력이라고 언급하였다. 그는 우리가 알지 못하는 것에 대해 정치가, 프로그램 관리자 및 대중을 교육하는 평가의 필요성이 증가하고 있다고 생각하였다.

Weiss(1998)는 평가 발견사항을 실행으로 옮길 때 그 장애물로 (a) 문제에 대한 직원의 공감부족, (b) 평가 이후 바뀌는 교직원, (c) 조직 절차의 엄격성, (d) 정치적 분위기의 변화, 그리고 (e) 예산 삭감 등을 들었다. 이상의 장애물로 인해, 학군을 돕는 현 평가자는 다음과 같은 기술을 갖추고 있어야 한다.

- 시기적절하게 분석을 실시하고 보고서를 유용하게 만든다.
- 정치에 이용하기 위한 책략을 개발한다.
- 집단과정, 협동 및 대인간 의사소통 같은 조직적인 학습을 증진한다.
- 코치, 촉진자 및 비판적인 친구로서 이해관계자와 동반자적 관계를 갖는다.
- 문화적 차이를 민감하게 고려하고 갈등을 해결한다.
- 책략적으로 계획하고 목표를 개발한다.

평가는 평가연구를 여러 방식으로 실시할 수 있다는 생각을 수용하면서 방법론적으로 여러 요소를 통합하고 있다(Reinhardt & Rallis, 1994). House와 Howe(1999)는 민주적인 평가활용을 통하여, 모든 이해관계자의 지각, 가치와 흥미를 포함하여 원리를 따르고, 평가자와 이해관계자간의 대화와 타당한 결론에 도달하기 위해 심사숙고할 것을 제안하였다.

평가 과정에서 객관적이며 주관적인 자료를 통합해야 한다. 단순한 공식으로 발생하는 것이 아니다. 평가자의 편견이 자료에서 의미를 추출하는데 영향을 미치며, 평가연구를 실시하는 바로 그 행동이 정치적인 지지를 동원하기도 한다. 어떤 상대의 가치를 평가함으로써 앞으로 도래할 경쟁적인 관점과 흥미에 대한 기회를 창출하게 된다. 어떻게 이 갈등을 처리하는가가 평가 발견사항에 대한 활용을 방해할 수도 증진할 수도 있다. 이런 점에서, 영재교육 프로그램을 평가하는 것이 일반적으로 교육 책무성 문제에 있어 하나의 소우주인 셈이다.

방법론

William and Mary 대학의 절충적 평가 모델에 근거하여 모든 7개 평가에서 결과를 도출하기 위해서, 지각적 및 실험적인 여러 자료를 이끌어내었다. 양적 자료는 교육자 및 부모 설문과 학급관찰을 통해서 수집하였고, 질적 자료는 문서자료 검토, 개별 인터뷰와 선택 지역에 모인 초점집단에서 수집하였다.

제안의뢰서(RFP)의 응답난에 평가 설계를 적어 넣음으로써 평가를 시작하였다. 계약조건하에, 평가자는 설계를 설명하고 피드백에 기초하여 변화를 협의하기 위해 핵심 이해관계자를 만났다. 초기 대화 동안, 평가 맥락을 설정하고 기대를 명확하게 하였다. 주에서 실시한 평가에서 특별한 관심사는 학생 효과자료에 대한 기대를 수정하는 것이었다. 평가자들은 지금도 있는 자료에서 자료를 끌어내려고 하였지만 이는 지역 학군 직원이 활용하는 자료 수집 노력에 달려 있었다. 평가자들은 표준화된 검사를 실시하여 학생 학업 성취 같은 "경성자료(hard data)"를 확보할 것 같지 않다고 강조하였다.

연구별로 비교할 수 있는 방법을 사용하였다. 주에서 실시한 연구에서는 유사한 설문지를 사용하여 영재 프로그램 코디네이터와 교사에게 설문조사를 하였다. 한 주 지역에서, 사회경제적 지위와 크기에 근거하여 12개 학군을 선정하고 여러 지역의 도시와 시골 상황을 대표할 수 있도록 층화 표본 추출을 하여 깊이 있는 사례연구를 실시하였다. 사례연구로서 코디네이터 인터뷰, 문서자료 검토와 학생, 부모, 교사 및 행정가의 초점집단과 학급관찰을 하였다. 동일한 방법을 별도의 지역 학군 평가에서 사용하였다. 초점집단 질문을 만들고, 이전의 영재 프로그램 평가에서 사용한 관찰 양식을 학급관찰에서 사용하여 바람직한 교수지도 실제, 영재를 위한 차별화 및 교수지도의 요소에 초점을 맞추었다. 학생의 수행에 대한 측정은 지역 학군 평가에서 포함하지 않았으나, 3~8학년에서 영재로 판별된 학생 중에서 무선으로 추출하여, 특별한 행동 혹은 특징을 연구하기 위해 영재 프로그램의 효과에 대한 학생의 지각 자료를 수집하였다. 여러 평가 중에 고등학교 학생의 Advanced Placement 시험점수에 대한 경향분석을 포함하였다. 주에서 실시한 평가에서는 또한 재정 분석을 포함하였다. "경성자료"에 대한 기초로서 이 분석을 조직의 리더들이 수행하였다.

7개 평가별 발견사항

7개 평가 설계의 각 구성요소에서 발견한 점을 보고하였다. 주 연구에 대해서는, 설문, 학생 수행자료(AP 경향), 재정비교와 12개의 사례연구에서 발견한 사항을 보고하였다. 지역 평가에서는 설계의 4개 구성요소별 즉, 학급관찰, 초점집단, 교육자 및 부모 설문과 학생효과 설문지에서 발견한 것을 보고하였다. 학생 학습자료 요구와 프로그램 성장의 문제, 교직원 개발과 부모 참여 영역에서 발견한 사항들은 모든 7개 평가에서 비슷하였다.

학생 학습자료 요구

모든 평가에서 발견한 것 중 하나는 특히, 체계적인 관점에서 학생 학습에 대한 자료가 부재하다는 점이다. 초점집단에서 인터뷰한 대부분의 이해관계자들은 프로그램 효과를 높게 평가하였지만, 프로그램 효과는 거의 보편적으로 프로그램에 대한 지각에 기초하여 판단한 것이다.

주에서 실시한 연구에서, 지역 학군들은 지난 3년 동안의 프로그램 평가 보고서 혹은 연구를 복사하여 제출하였다. 또한 주는 지역 학군이 제출한 연차 보고서를 복사하여 보내주었다. 어느 보고서에서도 학생의 학습 성취를 측정하는 데 주안점을 두지 않았다. 또한 주를 방문하였을 때도 마찬가지였다. 초등학교와 중학교 수준에서 독립식 학급이 있는 학군에서조차도, 실제 학생의 성취를 알아보고자 연령과 학년 수준에 매이지 않은 검사를 사용하려고 시도하지 않았다.

프로그램 확장과 깊이 문제

주 전체에서 실시한 평가의 설문 자료와 현장 사례연구들에 의하면 대부분 학교에서 조직하며 제공하는 주제영역과 학년 수준별 서비스에는 일관성이 없는 것으로 나타났다. 초등학교 수준에서는 심화 중심 혹은 간학문적인 pull-out 모델이 가장 일반적이었다. 언어와 수학은 중학교와 고등학교 수준에서 볼 수 있는 주된 학과목이었다. 특별히 관심을 끄는 것으로는 명확성의 부재, 즉 언급해 놓은 목적에 교육과정 영역과 계열을 묶어서 생각하는 체계적인 수준별 서비스가 부족하다는 점을 들 수 있다. 부수적인 관심으로는 여러 지역에서 Advanced Placement 과정이 증가하는 현상을 매우 긍정적으로 생각하고 있지만, 고등학교에서 실시하는 프로그램 선택 방안에는 한계가 있다.

비일관적인 프로그램 실시와 관련하여 속진을 제한적으로 사용한다는 점을 들 수 있다. 이중등록과 Advanced Placement가 가장 만연해 있는 속진 선택안인 반면, 조기 등록과 월반을 사용하는 학군은 거의 없었고 내용-기반 속진도 일반적으로 실시하지 않았다.

지역에서 실시한 평가에서도 동일한 모습을 볼 수 있었다. 초등학교 수준의 pull-out 모델은 심화에 집중되지만 정규학급과 연계되지 않았다. 게다가, 정규학급을 관찰하였을 때도 차별화에 대한 증거를 거의 볼 수 없었다. 중학교 프로그램은 7학년과 8학년에서 제공하는 우등생에게 한정되어 있고 9학년과 10학년 그리고 11학년과 12학년에 제공하는 Advanced Placement에 별 차이가 없었다.

교직원 개발 문제

주 전체에서 실시한 연구를 보면 대부분 학군들은 일 년에 두 번 정도 교직원 개발 활동을 제공하였으며 교직원 개발 일환으로 여름 연구소의 참여가 가장 많았다. 지역 수준의 평가에서, 이 문제를 관련 집단 설문지를 통해서 조사하였다. 집단마다 프로그램의 목적과 철학 그리고 차별화 방법에 대한 혼란이 있었다. 이와 같은 혼란은 대부분의 학군에서 높은 능력을 가진 학생에 대한 교직원 개발을 적절하게 언급하지 않는다는 점을 보여주는 것이다. 게다가, 학급관찰에 의하면, 차별화된 실제를 지도하기 위한 교직원 개발의 필요성이 제기되었다. 설문 자료에서는 전문가와 정규학급 교사를 위한 영재교육의 교직원 개발 세션의 빈도를 보다 증가할 필요가 있음도 나타났다.

부모 참여 문제

교육서비스를 강화하는 데 있어 부모의 역할을 교육 개혁에서 강조하고 있음에도 불구하고, 평가에서 영재 프로그램에 대한 부모 참여를 보여 주는 증거는 거의 없다. 주에서 실시한 연구에서 학군들은 부모회 및 부모집단을 활용하고 있다고 보고하였다. 지역 학군에서 실시한 평가에 의하면 교육자처럼 부모도 영재 프로그램에 대한 철학이 확고하지 않지만 부모는 차별화 정도와 도전 수준면에서 나타나는 프로그램의 한계점에 대해 목소리를 높이고 있다. 영재 프로그램을 적극적으로 지원하는 부모가 있는 학군에서조차도, 부모들은 프로그램에 대한 보다 많은 의사소통과 이해를 촉구하고 있다.

발견사항을 통한 제안점

주 및 지역 보고서에서, 해마다 학생 수행을 추적하여 평가 계획을 수립하고 패턴을 이해하기 위해 경향 분석을 해야 한다는 의견이 제기되었다. 만약 자료를 영재 프로그램에서 발달하는 학생과 연계한다면, 이들 자료는 추적시스템을 기획할 때 시사점을 제공하고, 보다 강력한 힘을 갖게 될 것이다. 유사하게, 지역 학군들은 학군의 중재방안이 빚어낸 학습의 차이를 측정하고 이를 통해 생각하도록 조언을 받았다.

영재 프로그램이 학생에게 미치는 효과에 관한 데이터베이스의 부족을 시스템마다 서비스가 분리되었다는 점으로 설명할 수 있다. 만일 학군이 프로그램을 일관적이고, 전체적으로 통합된 것이 아닌 서비스를 겉핥기 하는 것이라고 생각한다면, 이해관계자의 지각을 넘어서 프로그램의 효과를 측정해야 하는 그 중요성을 인식하지 못하고 있는 것이다. 서비스 격차에서 비롯된 문제는 Marland 보고서(1971)에서 처음으로 언급되었고 계속해서 이 분야에서 퍼지고 있다. 이 문제에 대한 제안들 중 하나는 프로그램을 보다 명확한 수준으로 옮겨놓는 행동계획의 필요성에 초점을 맞추고 있다. 지역 학군에 초점을 맞춘 두 번째 제안점은 학교별로 서비스를 보다 통합하기 위해서 중앙 사무실에서 직원을 증원하고 재편성하는 것을 권장하였다.

교직원 개발과 부모 참여에 대한 관심사는 또한 프로그램의 이상의 측면들과 조화를 이룰 수 있게 조언을 하여 다룰 수 있다. 교사연수의 경우에, 강조점은 교직원 개발 계획을 만드는 데 있다. 교사연수 계획의 초점은 교사 자신이 조직 상황에서 실시할 수 있는 차별화 책략을 갖출 수 있도록 내용과 교수 교육학을 연계하는 것이 필요하다. 이들 제안점들은 지역 학군에서처럼 주 조직에서도 실시가 가능하다. 부모 참여의 경우, 강조점은 정보와 연수를 받는 부모 포럼을 보다 많이 만드는 것이다. 이상의 지지를 구축하기 위해서, 이들의 요구를 충족시키는 데 보다 많은 관심을 기울여야 한다.

평가 보고하기와 추후 방향

주와 지역 평가에는 문서 및 구어적으로 보고하는 과정이 포함된다. 초안 보고서를 최종 보고서보다 먼저 하고 정보를 배포하기 위해 실행관리상의 요약을 준비하였다. 주 평가에서는 주 장학관, 국회의원, 부모와 교육자로 구성된 주 위원회를 위해 반나절의 계획세션을 실시하였다. 지역 평가에 대해서는, 내부 행정 및 어떤 경우에 주 영재위원회와 지역 학교이사회에게 개인적으로 구두식 보고를 하였다.

〈표 8.1〉은 학군 평가를 배포하고 실시하는 절차에서 생각해야 하는 것들이다. 평가 정보와 관련이 있는 집단 혹은 청중을 파악하고, 발견사항에 대한 즉각적인 적용을 평가하며, 향후 적용에서 생각해 봐야 하는 것 등이 고려할 점이다.

활용에 대한 평가

평가자는 각 지역의 두 곳의 핵심 이해관련자에게 평가연구를 종결하고 대중에게 배포한 날로부터 최소한 6개월이 지난 후에 평가 발견사항과 평가 과정의 성과에 대한 활용피드백을 요청하였다. 12 문항의 구조화된 설

〈표 8.1〉 배포 및 활용 지도

집단	즉각적인 활용	향후 활용
대중 집단(지역사회, 참석자, 부모)	언론 방송 모든 대중이 알 수 있도록 발견사항을 요약	계획 일환으로서 프로그램을 향상하는 방법을 제안
정책입안자(학교이사회)	관련 청중에게 주요 발견사항을 보고	변화를 위한 제안점을 행동계획 속에 통합
실무자(교사들)		향후 발견사항에 대한 사례를 설정하기 위해 평가를 활용
프로그램 행정가들(영재 프로그램 코디네이터, 전문가)		
기타 행정가들(교장, 교육과정 코디네이터)		
기타(연구자들)		

문지를 통해서 평가 발견사항에서 나타난 활용의 특징과 정도를 질문하였다. 개방식 질문을 사용하여 평가가 영재 프로그램에 미친 전반적인 영향(긍정적, 부정적 혹은 의도적이지 않은)과 평가에서 나온 제안점을 촉진하거나 방해하는 요인에 대해 질문하였다.

양적 자료는 기술 통계를 사용하여 분석하였다. 질적 자료는 핵심적인 주제를 파악하고, 내용 분석을 통해 분석하였다.

양적 설문에 대한 반응

평가하기로 계약한 모든 학군과 주는 추후 계획을 개발하였다. 한 곳은 평가 단장 및 학군의 부 장학관이 함께 작업을 하였다. 5개의 학교 조직은 평가 제안점을 실행에 옮겼다고 보고하였다. 두 곳은 평가 후 제안한 사항을 실시하는 과정이라고 하였다.

설문은 또한 이해관계자들이 얼마나 잘 평가 보고서를 수렴하였는지 그 정도를 조사하였다. 1(낮음)에서 5(매우 잘)의 척도 중에서, 평균 반응은 4.7로서 영재와 일반교육원 모두 평가 보고서를 잘 수렴하는 것으로 나타났다. 평가 결과로서 영재 프로그램에 나타난 특별한 변화를 〈표 8.2〉에 제시하였다.

응답자들은 또한 평가에서 사용한 자료원이 상대적으로 도움이 되었는지 평가하였다. 모든 학교기관(100%)은 학급관찰 자료가 도움이 되었다고 응답한 반면, 83%는 질문 자료가, 71.4%는 초점집단이 도움이 되었다고 하였다. 두 곳의 학군은 개별 인터뷰가 도움이 되었다고 보고하였다. 단지 한 곳의 학군만 문서자료를 사용하는 것에 대해 비판적이었다.

영재의 Advanced Placement 수강과목과 수행 및 재정 분석 같은, 2차 자료분석을 받은 학교기관에서, 의뢰자의 2/3(67%)는 향후 계획 목적을 볼 때 도움이 되었다고 하였다.

설문 반응의 질적 분석에서 도출한 주제

학군의 의사결정자에게 실시한 개방식 질문 내용을 분석하여 나온 주제는 **프로그램에 대해 갖고 있는 기존의 지각을 확증해 주는지 그렇지 않은지**를 보여 주는 평가기능을 한다. 한 코디네이터는 "(평가는) 학교와 과목별로 실시하는 프로그램에 불균형이 있는지 우리가 관찰한 피드백을 확인해 준다"라고 언급한 반면, 어떤 사람은 "교육과정을 실시하고 전달하는 데 차이가 있음을 알게 되었고, 평가를 통해서 교사들이 교육과정과 서비스를 전달하는 자신의 노력에서 어디에 위치하는지 지적해 주었다"라고 하였다. 또

〈표 8.2〉 영재 프로그램 변화의 특징과 빈도 수

변화	학군 수
학군 내 영재교육의 미래를 계획	7
학생 학습에 대한 평정과 평가	5
일반교육 교직원과의 상호작용	5
프로그램 실시책략	4
영재 교직원과의 상호작용	4
부모와의 상호작용	3

다른 것은 평가를 통해서 어떻게 "프로그램이 올바른 방향으로 나아가고 있는지" 볼 수 있었다고 하였다. 이 주제와 관련된 세 번째 관찰은 "교육과정의 강점과 약점 그리고 부모 지원 수준처럼, 교사들이 전반적으로 우수하다는 것을 확인"하여 주었다.

분석에서 나온 또 다른 주제는 평가가 **학군 내 프로그램의 지위와 중요성에 대해 미치는 긍정적인 효과**였다. 한 코디네이터는 다음과 같이 언급하였다.

> 본 평가의 결과로 우리 영재 프로그램에 대한 인식이 증가하게 되었다. 어떤 일반 교직원들은 지금 다른 시각에서 프로그램을 보고 있다. 처음으로 오랫동안, 많은 긍정적인 관심이 우리 영재 프로그램에 집중되었다. 이와 같이 증진된 긍정적인 인식으로 현재는 가능하지 않았던 … 일반적인 기금을 통해서 얼마간 영재교육의 측면을 지원할 가능성이 열리게 되었다.

또 다른 핵심적인 의사결정자는 "(평가자가) 프로그램 행정가로 하여금, 교육, 사회 및 세계에서 일고 있는 변화와 마찬가지로, 프로그램을 변화시키는 데 보다 미리 대책을 강구하게 해 주었다"라고 하였다. 어떤 코디네이터는 또한 평가 전에는 이용할 수 없었던 기금을 사용할 수 있게 되었고 프로그램과 그 이해관련자에 대한 존경이 증진하였다고 하였다.

자아 평가 및 영재를 위한 가장 좋은 실제에 대한 숙고라는 주제 또한 활용 자료에서 도출되었다. 한 고위 관리자는 "평가로 인해 가장 좋은 실제를 보다 의식하게 되었고 왜 우리가 이 가장 좋은 실제를 채택하려고 하지 않았는지 그리고 의사결정을 되돌아가 연구 증거를 어디서 찾아야 하는지를 생각하게 되었다"라고 하였다. 한 코디네이터는 프로그램에 더 많은 교직원이 참여하게 되었다고 하였다: "평가로 인해, 어떤 교직원은 자신의 행동에 대해 보다 신중하게 되었어요. 따라서 영재교육 내에서 제가 하는 방향을 보다 수용하게 되었지요"라고 하였다. 다른 사람은 "모델의 미션, 목적과 요소에 대해 프로그램 직원과 관계자들 간에 공통적인 대화를 나누고 프로그램을 주도적으로 밀어붙이게 되었다"라고 하였다.

게다가, **영재 프로그램의 개선**에 대한 주제는 추후 활용반응을 반영하였다. 한 관리자는 보고서를 통해서 "정서교육에 대한 접근법을 재개념화하게 되었다"라고 하였다. 여러 학군들은 보고서의 결과로 인해, 특히 정규학급교사를 위한, 교직원 개발 서비스의 증가가 필요하다는 점을 언급하였다. 2곳의 학군은 일관적인 평가자료를 수집하려는 취지에서 영재 종단 데이터베이스를 만드는 데 집중할 계획이다. 주 코디네이터는 영재를 위한 주의 교육과정 영역과 계열을 개발할 필요성이 있다고 언급하였다. 대부분 학군은 또한 현 교육과정을 향상하고 개선할 필요성에 대해 피력하였다.

열거한 주제들은 평가 활용에 대한 긍정적인 면을 반영하는 한편, 기관들은 또한 평가에서 의도하지 않았던 결과—모두 긍정적인 것은 아니지만—를 보고하였다. 한 코디네이터는 평가를 실시한 학군에서 평가의 "시간 소비적이며 노동-집약적인" 면을 언급하였다. 어떤 사람들은 평가로 인해 단기적인 운영으로 충족할 수 없었던 판별에 대한 기대와 부모를 위한 서비스를 고양할 수 있었음을 지적하였다.

그러나 긍정적인 의도하지 않았던 결과들도 나타났다. 한 학군에서는, 대안적인 서비스-전달 모델을 사용함으로써, 3~8학년의 영재를 위한 차별화된 실제 지향적인 모델을 개발하고자, 장학관과 학교이사회가 서로 대화를 나누었다. 평가 과정과 발견사항은 이상의 변화에 영향을 미친 매우 고무적인 방법이었다.

논 의

평가를 한 지 6개월 내 평가를 어떻게 활용하였는지 보여 주는 7개 평가지역의 예들을 통해서, 영재 프로그램 평가가 프로그램의 개선을 촉진하고 영재교육에 대한 대중의 인식과 적합성을 고무하는 데 중요하다는 점을 확인할 수 있었다.

Weiss(1998)는 평가를 활용하는 여러 유형에 대해 기술하였다. 활용은 프로그램 행정가가 발견사항에 기초하여 다음에 어디에서 무엇을 해야 하는지 결정하는 일종의 도구이다. 평가 활용은 프로그램을 확장하고, 교육과정을 수정하며, 교직원 연수에 변화를 가져 올 것이다. 만약 프로그램의 변화가 상대적으로 소규모이고 비용 면에서 효과적이며, 학군의 보다 큰 협의사항을 만족시킨다면, 평가 결과에 대한 도구적인 활용이 가능하다. 이 상황은 분명히 7개의 사후분석에서 나타났다.

또 다른 평가 활용은 프로그램을 운영하는 소장의 합리성과 좋은 관리기술을 보여 주는 것이다. 프로그램의 책무성에 대한 인식에 평가의 존재를 덧붙일 수 있다. 따라서 평가 과정을 통해서 나온 학군의 이해관계자의 인식은 프로그램의 신뢰성을 증진한다. 또한 추후 분석을 통해서 뿐 아니라 평가 동안 평가 활용을 어떻게 하는지 대부분 지역에서 관찰하였다.

마지막으로, 평가자가 기꺼이 프로그램을 연구한다는 점은 프로그램 그 자체에 대한 진중함을 말해 주는 것이다. 프로그램은 이해관계자의 눈에 적합성을 제시해 주기 때문에, 시간과 자원을 할애할 만한 가치가 있다. 다시, 이들 지역에서 프로그램 적합성이 평가 경험의 결과로 인해 증진되었다는 것이 사후 평가자료에서도 나타나고 있다.

계속적인 문제

결과 활용은 영재 프로그램 평가에 대한 긍정적인 면이긴 하지만, 장기적으로 프로그램 향상이 어느 정도 일어날 것인가 의문을 제기하는 징조도 평가 맥락에서 나타나고 있다.

한 가지 주된 문제는 영재 프로그램의 협의사항을 진행시키는 자원이 계속 부족하다는 것이다. 사용하는 집단 편성 모델 혹은 프로그램 서비스 접근법과 무관하게, 학군은 변화에 대한 필요성을 조절하기 위해 인적 수준에서 적절하게 프로그램을 재정적으로 지원하지 않는다. 예를 들어, 어떤 학군들은 pull-out 모델에서 자원(resource) 모델로 옮겨가면서, 심각한 자원 문제가 생겼다. 특수교육 자료실 교사는 전형적으로 75명의 범위 내에서 학생을 담당하는 한편, 영재교사에게는 초점이 되는 영재가 300명까지 들어가는 학급을 기대한다. 게다가 수업을 발표하고, 학급 내 차별화된 센터를 만들고, 학생과 활동하면서도 정규학급교사와 협동하여 활동할 것을 영재교사에게 기대한다. 대부분의 학군에서 영재교사에 대해 갖는 기대는 교사의 합리적인 역량을 넘어서는 것이다. 그러나 영재 프로그램의 발전은 이들 여러 과제를 잘 조절하는 개인의 기술에 좌우된다. 따라서 정규학급교사가 거의 참여하지 않고 직접적인 서비스에서 이상의 손실을 보상하려는 노력의 부족으로, 영재가 받는 프로그램은 흐트러지고 만다. 건물 및 중앙 사무실 수준에서의 보다 많은 인적지원 없이는, 대부분 프로그램은 보다 깊이 있는 발전을 위해 평가 발견사항들이 제안한 것을 효과적으로 실시할 수 없다. 자원은 이미 너무 얇게 잡아 늘여졌다.

두 번째 문제는 학군에서 영재 프로그램을 실시할 때 이용할 수 있는 리더십의 문제이다. 영재교육자들이 대부분 주에서 위임과 자격증 요구사항에서 결격되어 있으므로, 그 분야에서 리더의 위치를 차지하는 교육자들은 교육적 리더십뿐 아니라, 영재교육에 대한 깊은 지식이 부족하다. 이상의 차이가 영재 프로그램의 협의사항을 진행하는데 문제가 된다. 영재교육상에서 확고한 기초가 없이는, 정치적 압력에 맞서고 영재 프로그램 정책을 옹호하는 헌신과 지원이 빠질 수밖에 없다. 행정적 지식과 기술 없이, 프로그램은 교육 협의사항을 실시하는 데 보다 숙련된 다른 행정가의 생각에 휩쓸리게 된다. 게다가, 그 분야에서 리더의 위치에 있는 대부분 교육자들은 그 분야의 한 면을 매우 잘 이해하고 있지만, 자발적으로 여러 면에서 발달이 필요한 전체적인 실체로서 프로그램을 보는 능력을 갖추지 못하고 있다. 따라서 영재 프로그램 리더는 판별, 교육과정, 교수, 교직원 개발, 학생평정과 평가의 상호 연관된 요소들에 매년 초점을 맞추는 협의사항에 대해 미리 대책을 강구할 수 있어야 한다.

대부분 맥락에서 프로그램 발견사항의 효율성을 제한하는 세 번째 문제는 프로그램을 프로그램 개발 과정 그 자체의 기본적인 부분으로 생각하는 정교성의 부족을 들 수 있다. 프로그램 발전을 위해 중요한 것을 생각하는 대신, 사람들이 평가 결과에 어떻게 반응하는가에 따라, 발견사항들을 활용할 수도 그렇지 못할 수도 있다고 생각한다. 전보다 정치적인 과정이 교육적 실제에 보다 많이 침투해 있고 사후 평가 국면에 부가적인 짐을 지우는 것으로 나타나고 있다. 보다 우수한 수준으로 프로그램을 옮겨놓는데 평가 발견사항을 활용하지 못할 때, 우선적으로 평가를 실시하는 가정이 깨지게 된다. 모든 이해관계자 및 평가자의 예산과 시간 프로그램 평가 비용은 프로그램 향상을 촉진하는 힘이 되어야 한다. 맥락에서 일어나지 않을 때, 긍정적인 프로그램의 변화를 위한 핵심적인 지지대는 낭비되는 것이다.

활용 과정

발견사항을 활용하기 위해서는 평가를 4 단계 과정으로 보아야 한다. 과정은 목적, 청중과 평가의 활용에 대한 철저한 분석으로 시작하여(단계 1), 설계 과정으로 옮아간다(단계 2). 그 다음은 자료 수집과 분석과정이며(단계 3), 마지막은 배포 및 행동계획과정이다(단계 4). 〈표 8.3〉은 각 단계의 특징이다.

결 론

영재 프로그램 개발의 미래는 프로그램 내 역동성에 대한 필요성의 인식에 달려 있다. 마치 프로그램을 계획하고 실시하는 것처럼, 또한 과정의 일부분으로서 진행추이 속에서 프로그램을 연구하고 수정해야 한다. 그리고 나면 프로그램 개발을 위해 평가에서 발견한 것을 활용하는 것이 자연스런 한 부분이 되고 긍정적인 변화를 의미하게 된다. 이와 같은 역동성이 없다면, 프로그램은 단지 정체되고 결국 사장될 것이다. 교육자들은 영재 프로그램의 계속적인 삶 속에서 평가의 중요성을 인식하고 성장과 개선을 증진하기 위해 가능한 모든 것을 해야 한다.

실제적인 조언

1. 6주 내에 의사결정자에게 보고한 평가 발견사항에 기초하여 3년의 행동계획을 세운다.
2. 계획을 세울 때 모든 이해관계자를 참여시킨다.
3. 핵심적인 인사에게 책임을 지워줌으로써 계획 실행을 위한 책무성을

〈표 8.3〉 활용-지향적 영재 프로그램 평가를 위한 단계 모델

단계 1 **목적 및 평가 활용에 대한 분석**	**단계 2** **목적/핵심 질문에 기초한 평가 설계**	**단계 3** **코디네이터 등의 협조 하에 자료 수집, 자료분석 및 발견사항을 해석**	**단계 4** **발견사항의 배포 및 개발한 행동계획의 촉진**
일차적으로 의도한 활용자를 결정하기	설계방법과 측정을 결정하기	자료 수집	결과를 활용자에게 배포하기
일차적으로 의도한 활용자를 평가 결정에 포함하기 위해 협의하기		자료분석	제안점에 기초하여 3~5년 계획을 수립하기
일차적인 목적과 의도한 평가의 활용을 결정하기		활용자가 이해할 수 있도록 자료를 조직하기	평가에서 제시한 제안점들이 잘 실시되고 있는지 평가하기
		적극적으로 발견사항을 해석할 때 활용자를 참여시키기	

포함시킨다.

4. 6개월 간격으로 실시한 계획을 관리한다.

5. 첫 번째로 가장 실행 가능한 발견사항을 언급한다. 2차와 3차 년도를 위해 가장 어려운 것을 남겨놓는다.

6. 체계 구축을 위해 제안점을 적절하게 다룬다. 이것을 바로 하는 데는 시간이 걸린다.

7. 평가 동안에 교직원의 지원에 대해 칭찬한다.
8. 처음부터 끝까지, 모든 평가 과정에서 활용에 대한 관심을 언급해야 함을 기억한다.

참고 문헌

Avery, L. D., VanTassel-Baska, J., & O'Neill, B. (1997). Making evaluation work: One school district's experience. *Gifted Child Quarterly, 41*, 124-132.

Callahan, C. M. (1995). Using evaluation to improve programs for the gifted. *The School Administrator, 52*, 22-24.

Carter, K. R. (1992). A model for evaluating programs for the gifted under non-experimental conditions. *Journal for the Education of the Gifted, 15*, 266-283.

Coleman, L. (1995). The power of specialized educational environments in the development of giftedness: The need for research on social context. *Gifted Child Quarterly, 39*, 171-176.

Coleman, L. J., & Cross, T. L. (1993). Relationships between programming practices and outcomes in a summer residential school for gifted adolescents. *Journal for the Education of the Gifted, 16*, 420-441.

Council of State Directors of Programs for the Gifted. (1998). *The 1998 state of the states gifted and talented education report.* Denver: Author.

Farrell, B. G. (1992). Lesson plan analysis as a program evaluation tool. *Gifted Child Quarterly, 36*, 23-26.

House, E. R., & Howe, K. R. (1999). *Values in evaluation and social research.* Thousand Oaks, CA: Sage.

House, E. R., & Lappan, S. (1994). Evaluation of programs for disadvantaged gifted students. *Journal for the Education of the Gifted, 17*, 441-466.

Hunsaker, S. L., & Callahan, C. M. (1993). Evaluation of gifted programs: Current practices. *Journal for the Education of the Gifted, 16*, 190-200.

Johnsen, S. K. (2000, Fall). What the research says about accountability and program evaluation. *Tempo*, 23-30.

Lipsey, M. W. (2001). Re: Unsolved problems and unfinished business. *American Journal of Evaluation, 22*, 325-328.

Marland, S. P., Jr. (1971). *Education of the gifted and talented: Report to the Congress of the United States by the U. S. Commissioner of Education*, 2 vols. Washington, DC: U. S. Government Printing Office (Government Documents, Y4. L 11/2: G36).

Patton, M. Q. (1997). *Utilization-focused evaluation: The new century text.* Thousand Oaks, CA: Sage.

Preskill, H., & Caracelli, V. (1997). Current and developing conceptions of evaluation use: Results from a study of evaluation use TIG members. *Evaluation Practice, 18*, 209-225.

Reinhardt, C. S., & Rallis, S. F. (Eds.). (1994). *The qualitative-quantitative debate: New perspectives.* San Francisco: Jossey-Bass.

Scriven, M. (2001). Evaluation: Future tense. *American Journal of Evaluation, 22*, 301-307.

Shulha, L. M., & Cousins, J. B. (1997). Evaluation use: Theory, research, and practice since 1986. *Evaluation Practice, 18*, 195-208.

Tomlinson, C. A., & Callahan, C. M. (1994). Planning effective evaluations for programs for the gifted. *Roeper Review, 17*, 45-54.

Tomlinson, C., Bland, L., & Moon, T. (1993). Evaluation utilization: A review of the literature with implications for gifted education. *Journal for the Education of the Gifted, 16*, 171-189.

Treffinger, D. J. (1998). From gifted education to programming for talent development. *Phi Delta Kappan, 79*, 752-755.

U. S. Department of Education, Office of Educational Research and Improvement. (1993). *National excellence: A case for developing America's talent.* Washington, DC: U. S. Government Printing Office.

VanTassel-Baska, J. (1998). The development of academic talent: A mandate for educational best practice. *Phi Delta Kappan, 79*, 760-763.

VanTassel-Baska, J. (Ed.). (1998). *Excellence in educating gifted and talented learners* (3rd ed.). Denver: Love.

VanTassel-Baska, J., & Avery, L. D. (1997). Perspectives on evaluation: Local considerations. *Research Briefs, 11*, 118-128.

VanTassel-Baska, J., & Avery, L. D. (2001). Investigating the impact of gifted education evaluation at state and local levels: Problems with traction. *Journal for the Education of the Gifted, 25*, 153-176.

Weiss, C. (1998). Have we learned anything new about the use of evaluation? *American Journal of Evaluation, 19*, 21-33.

제 9 장

지식 활용: 학군의 경험

Julie Long

> 평가에서 시민, 기부가, 프로그램 직원, 참여자 및 평가자가 협동을 할 것이다. 평가의 미션은 사회적 상황을 개선하고 평가를 통해서 좋아지는 것이다.
>
> — David Fetterman(2001, p. 384)

본 장의 목적은 전체 영재 프로그램 평가를 실시하였던 한 학군의 경험을 기술하는 것이다. 이 학군은 수월성과 선택안을 실시할 수 있도록 개발한 여러 특별 프로그램의 숫자에 매우 높은 가치를 부여하였다. 매년, 학교이사회는 학군에게 여러 특별 프로그램을 평가해 줄 것을 요청하였다. 2000~2001년에, 선택한 것이 영재 프로그램이었다.

학군에 대한 기술

고려중인 학군은 중간 정도 크기의 남동쪽 외곽에 위치한 학군으로 대략 학생 수는 17,500명이다. 물론, 약 1/4의 학생이 영재 서비스를 받고 있다. 학군은 소수민족과 그렇지 않은 학생이 반반 정도이며, 세계 여러 곳에서 온 학생들이 있다. 11개 초등학교와 4개 중학교가 있고, 이 학교 모두에서 영재 프로그램을 실시한다. 고등학교 영재 프로그램의 구성요소는 영재 서비스의 후원 아래 있지 않아, 평가할 수 없었다.

대략 학군의 20% 학생이 무료 급식(free lunch) 혹은 할인 급식(reduced lunch)을 받고 있다. 11개 초등학교 중 5곳과 중학교 2곳을 제목 1 학교로 지정하였다. 빈곤 지역 외에도, 또한 부유한 이웃 및 새롭게 성장하는 중산층이 인접해 있다.

학군은 변화하는 인구학적 문제에 재빠르게 반응하였고 수월성의 전통이 강하였다. 이곳은 그 주에서 두 번째로 빨리 성장하는 학군으로 빠른 성장으로 인한 변화에 직면하고 있다. 그 학군은 영재 프로그램을 초등학교와 중학교 모두에서 실시하고 있다. 영재교사는 교직원이며 영재 프로그램 활동뿐 아니라 일반학교 활동에도 광범위하게 참여하였다.

학군의 영재 프로그램은 그 주에서 가장 오래된 것 중 하나이며, 27년 되었다. 15년 전부터 프로그램을 평가하고 있지만 그 시간 이후, 형식적인 외부 평가를 받지 못하였다. 프로그램 코디네이터는 비형식적으로 중재하는 시기 동안 프로그램의 여러 면을 평가하였다. 그러나 이러한 노력으로 프로그램의 강점과 관심이 필요한 영역에 대한 전체적인 모습을 그려 주지는 못하였다.

이 프로그램의 특징은 여러 활동을 지원하는 자신만의 재단을 갖고 있다는 점이다. 재단은 매년 부모들에게 우편을 보내서 여러 수준에서 기부를 요청하고 기부금을 매년 모집한다. 평가를 실시하기 전 해에, 재단은 프로그램 기금으로 20,000 달러를 모금하였다. 부모들로 구성된 소장 이사회가 재단을 관리한다. 코디네이터는 특별위원회(ad hoc) 회원이다. 기금은 도움이 필요한 학생들에게 장학금을 수여할 때 사용된다. 또한 교사가 회의에 참여하거나 기타 교직원 개발 기회와 컴퓨터, 프린터, 디지털 카메라와 캠코더를 포함하여, 영재학급에서 필요한 장비를 구매하는 데 사용된다. 초창기 재단에서, 기타 기금이 부족할 때 사전 및 자료책 등의 것을 학급에 제공하였다.

프로그램에 대한 일반적인 정보

프로그램 목적과 목표가 프로그램의 초점과 방향을 설정하는 것처럼 평가에서도 절대적으로 필요한 요소이다. 이 특정 프로그램에는 목적 달성을 위한 목표와 행동계획을 수반한 일곱 가지 목표가 있다. 이들 목표들을 최근 들어 책략적인 계획 과정 중에 업데이트하고 있다.

2~5학년에서 전일제 pull-out을 영재 서비스로 사용하고 있고, 6~8학년에서는 사회과목 내용-기반 모델을 사용하고 있다. 중학교 프로그램 모델은 11년 전에 pull-out 모델에서 변화하고 있다. 2~8학년을 담당하는 29명의 영재교사가 있다. 초등학교 교직원은 전일제 교사인 반면, 중학교 교사는 자신의 시간 중 20~40%를 영재 프로그램에서 활동한다.

모든 학년 수준에서, 학생들은 매년 3개 단원을 심도 있게 학습한다. 일부 William and Mary 대학의 과학 및 언어 단원을 초등학교에서 사용하는 반면 중학교 학생들은 교사가 개발한 사회과목 단원을 활용한다. 초등학교 교육과정은 2년 주기로, 2학년과 3학년 학생들은 미리 결정해 놓은 단원을 공부하고 4학년과 5학년 학생들은 똑같이 한다. 이를 통해서 융통적으로 주에서 위임한 학생과 교사 비율, 15:1을 충족시킬 수 있었다. 모든 학년 수준에서, 강조해야 할 5개 기술은, 창의적인 사고, 비판적 사고, 연구, 사회/정서 개발과 테크놀로지이다.

외부 평가의 중요성

비록 비형식적인 평가를 실시하였지만, 영재 프로그램에 대한 보다 나은 모습을 얻기 위해서는 외부 관점을 수용하는 것이 중요하다. 코디네이터가 갖는 편견 없이, 외부 평가자가 학군에 올 수 있다. 외부 평가자는 신선한 시각에서 프로그램을 볼 수 있다.

게다가, 대부분 중간 크기 및 작은 학군에서는 자신의 프로그램을 전면적으로 평가할 자원을 갖고 있지 못하다. 큰 연구기관은 사실상 존재하지 않는다. 비록 학군 연구인력을 이용할 수 있다고 하지만, 시간과 전문성에서 경쟁이 많고 대개 이 자원을 활용할 때 영재 프로그램에 우선권을 주지 않는다. 그러므로 영재교육에 배경을 가진 외부 평가자는 학군이 그렇지 않으면 제공할 수 없는 과제를 완전해지도록 도움을 줄 수 있다. 외부 평가자는 학군이 정한 시간에 처리하기 어려운 많은 정보를 수집하고, 분석하고 해석할 수 있다.

또 다른 문제는 프로그램 코디네이터의 전문성이 그것이다. 대부분 영재 프로그램 코디네이터는 영재교육에 배경을 가지고 있지 않다. 특수교육을 전공하였거나 교육과정 및 교수지도의 여러 다른 사람들과 함께 병행하면서 영재 프로그램에 책임을 지고 있다. 영재 프로그램 개발과 어떻게 프로그램의 여러 면이 서로 맞는지에 대한 이해가 부족하다. 이와 같은 경우에, 특히 영재교육과 연구방법론에 전문성을 갖춘 외부 평가자가 프로그램의 질을 평가하는 것이 중요하다.

또한 평가의 목적이 프로그램을 위협하고 없애는 것이 아니라, 프로그램의 개선을 돕는 것임을 명확히 하는 것이 중요하다. 심지어 매우 탁월한 것도, 모든 영재 프로그램에서는 개선될 수 있다. 만일 학군이 프로그램에 전념하고 평가자가 그 개선에 전념한다면, 평가는 변화를 위한 긍정적인 방법이 된다. 평가에 대한 코디네이터의 태도 또한 교사가 자신으로부터 단서를 취할 때처럼 중요하다.

학군의 평가에서, 프로그램을 평가한 적이 있으면 코디네이터는 영재 프로그램 평가를, 그렇지 않았으면 이용할 수 없었던 자료와 정보를 얻는 기회로 삼을 수 있다. 이들 자료는 프로그램의 강점을 격려해 줄 뿐 아니라 프로그램을 개선할 때 사용할 수 있다.

평가자 선택하기

대규모 평가를 실시하려면, 재정 정책에 따라 제안의뢰서의 절차를 명시하고 사용하게 된다. 제안의뢰서를 작성할 때, 학군은 평가 질문을 만들고 평가 내용을 설정할 수 있다. 제안의뢰서 절차를 통해서 학군은 어느 평가자가 실제 그들의 요구를 충족시켜 줄지 알 수 있다.

영재 프로그램의 특수한 면에 대해 지식을 갖춘 평가자를 선택하는 것이 중요하다. 이것을 제안의뢰서에 명시하고 평가자의 자격요건을 주의 깊게 조사한다.

외부 평가자의 자격을 평가하는 또 다른 방법으로 그들의 이전 평가 보고서를 요청한다. 이전 평가 보고서에서 평가를 완전하게 하였는지, 영역과 평가자의 활동 분위기에 대한 정보를 얻을 수 있다. 이전 평가 보고서를 통해서 학군은 평가자가 학군이 추구하는 정보를 제공할 수 있는지 그 여부를 확인할 때 도움을 받을 수 있다.

자료 수집 과정 조정하기

학군 코디네이터는 각 단계에서 필요한 지원을 제공하고 조절을 해 주어, 전체 자료 수집과 수집 과정이 부드럽게 진행되도록 하는 것이 그 역할이다(〈표 9.1〉 참조).

본 평가는 많은 자료원에서 자료를 수집하였다. 설문지를 사용하여 여러 이해관계자 집단의 정보를 수집하였다. 평가자는 학군의 요구를 충족시키기 위해 설문지를 조절하여 마련하였다. 학군에서 이전에 실시하였던 비형식적인 평가에 기초하여, 정규학급에서 볼 수 있는 도전적인 수준, 여러 학년 수준에서 숙제에 들이는 시간과 필요한 교직원 개발 활동 및 관련된 질문을 첨가하였다.

2~8학년 프로그램에 참여하는 모든 학생들이 학생 설문지를 작성하였다. 대략 2,700명의 학생이 참여하였으며, 학군의 인구학적 특징을 대표할 수 있도록 무선적으로 학생 설문지를 실시하였다.

우편으로 부모 모두에게도 설문지를 보냈다. 한 자녀 이상이 프로그램에 참여하는 경우 여러 설문지를 받는 부모들도 있었다. 반송 봉투를 사용하여 응답률을 높이고자 하였다. 부모 설문지의 응답률은 35%였다.

교직원회의에서, 모든 학급교사, 영재교사와 학교 행정가들에게 교육자용 설문지를 작성하도록 요청하였다. 어떤 학교의 회수율은 설문지를 작성한 후 나중에 보내달라고 하여, 낮게 나타났다. 이 과정을 반복하도록 학군에 요청하였다. 98개의 부가적인 설문지가 교육자들로부터 회수되었다. 설문지 자료가 편향되었는지 확인하기 위해, 나중에 수거한 부가적인 자료를 포함해서 그리고 포함하지 않고서 분석을 실시해 보았다.

문서자료를 살펴봄으로써 또한 평가자료를 얻었다. 각 학년 혹은 계획 수준에서 얻은 교육과정 단원을 평가하였다. 기술적인 계획, 책략적인 계획, 교직원 매뉴얼, 정책 매뉴얼 및 평가/배정 팀 정책 등을 포함하여 또한 프로그램 문서자료를 살펴보았다. 문서자료를 살펴보는 과정으로 교육과정의 복잡성 수준에 대한 정보를 얻었다. 정책 매뉴얼을 통해서 여러 정책과 절차에 있어 제도 수준에 대한 통찰을 얻었다. 책략적 계획에는 프로그램의 목적과 목표를 운용하는 것이 포함되어 있으므로, 책략적 계획을

〈표 9.1〉 외부 평가에서의 학군 코디네이터의 역할

단계	과제	절차/기준
평가 전	• 학군의 요구를 파악한다.	프로그램 요구, 재정적인 능력
	• 제안의뢰서(RFP)를 보낸다.	평가를 위해 평가를 할 입찰자, 시간 구조에 대한 질문과 요구사항을 명확히 한다.
	• 외부 평가자를 선택한다.	자격요건을 조사하고, 장차 평가를 담당할 사람이 작성한 이전 보고서를 살펴보고, 평가자를 인터뷰한다.
평가 동안	• 학군을 대신하여 자료 수집을 조정한다.	여러 자료 수집 구성요소마다 제시한 표본 추출 계획에 따라 이해관계자 피험자를 파악할 때 학교와 협력한다; 현지 방문 스케줄
	• 외부 평가자를 지원한다.	현지 방문 동안 필요한 도움을 제공한다(예: 학교에 오는 교통편, 필수품).
	• 평가에서 선정한 구성요소에 직접 관여한다.	외부 평가자와 팀을 이뤄 필요한 평가 구성요소에 대한 자료를 수집한다; 필요할 때 연수를 받는다; 외부 평가자와 함께 전체 평가과정을 경험한다(내부 평가자를 위해 자기 보고 기술을 증진한다).

〈표 9.1〉 외부 평가에서의 학군 코디네이터의 역할 (계속)

단계	과제	절차/기준
	• 학교 행정가 및 교사들과 자주 접촉하여 프로그램에 대한 시야를 넓힌다.	효과적이며 효율적인 조직, 조정 및 의사소통(행정가, 교사 및 외부 평가자와의)을 통해서 프로그램 코디네이터로서의 리더십을 발휘하여, 프로그램에 대한 이해관계자의 인식과 관심을 높인다.
평가 후	• 3~5년 행동계획을 세운다. • 스케줄에 따라 선택한 제안점을 실시한다.	각 제안점의 실시 가능성에 대해 관련 인사와 논의한다; 단기 및 장기적인 행동계획을 세운다; 단기 계획을 즉시 실시한다.
	• 프로그램을 위한 기금을 찾는다.	평가 제안에 기초하여 잘 개발한 계획을 사용할 수 있도록 학군에서 보다 많은 기금을 확보하려고 애쓴다.
	• 외부 평가자와 장기간의 컨설팅 관계를 맺는다.	외부 관계자와 장기적인 컨설팅 관계를 맺고 프로그램에 대한 지속적인 조언을 구한다.

통해서 평가를 안내하는 정보를 얻었다. 기술적인 계획은 이 영역에서 개별화한 교직원 개발에 관한 증거를 제공하였다. 그 외, 프로그램 코디네이터는 해마다 교사를 평가하였으므로, 이 평가 샘플을 또한 제출하였다.

현지방문 동안, 프로그램의 여러 이해관계자와 함께 초점집단을 실시하였다. 처음에 책임 평가자가 재단의 소장 이사회의 부모집단, 영재교사집단, 장학관과 교무처장, 프로그램 코디네이터 등 여러 학군 수준의 행정가를 만났다. 초기 현지방문으로 평가자는 학군, 학군의 조직 및 분위기에 대한 모습을 얻을 수 있었다. 나중에 현지를 방문할 때, 평가 팀은 각 학교에서 선정한 학급교사집단, 초등학교와 중학교 교장 혹은 지명자, 영재교사, 영재, 그리고 학교를 대표하는 부모집단과 만났다. 이 방문을 통해서 평가자들은 여러 이해관계자의 관점에서 프로그램의 다양한 면에 대한 부수적인 정보를 얻었다.

학급관찰을 모든 초등학교와 선정한 중학교 영재학급에서 실시하였다. 이 과정에서 평가자는 지역 인사들을 연수시켰다. 평가자와 연수를 받은 지역 인사들이 팀으로 함께 활동하면서 평가자가 개발한 구조화된 관찰 양식을 사용하여 40~50분 동안 영재학급을 관찰하였다(학급관찰 양식에 대해서는 5장 참조). 학급관찰 과정으로 교직원의 교수지도 경험 수준과 프로그램 목표가 학급에서 실행되고 있는 정도를 볼 수 있었다.

전체 평가 과정을 2학기로 묶어 진행하였다. 첫 해 봄 학기에 시작하여 다음 해 가을에 끝냈다. 영재교사에게 평가 과정의 각 단계에 대해 알려 주는 것이 중요하다. 학군 성장으로 전년도에 신입 교사를 채용하는 결과를 가져왔고, 교사 수가 적을 때처럼 교직원의 친밀함이 강하지 않았다. 심지어 우수하고 경험 많은 교사들도 불안해하였다. 코디네이터가 학군 내 특별 프로그램의 평가 전통을 이해하고 있으므로, 많은 염려를 완화할 수 있었지만, 보다 자주 더 많이 의사소통함으로써 수월하게 활용을 할 수 있었다.

결과 제시하기

자료 수집과 분석 다음에, 광범위한 평가 보고서를 준비하였다. 보고서를 학군 이사회에 제시하기 전에, 그 사실 내용을 입증해 주도록 교무처장에게 보냈다. 코디네이터 또한 보고서 내용과 오류가 없는지 검토하였다.

여러 방식으로, 보고서는 학군 내 영재 프로그램에 대해 알게 된 바를 확인해 주었다. 교사의 뛰어난 능력을 언급하였다. 뛰어나며, 헌신적인 교사의 노력에 대한 칭찬을 설문지, 학급관찰과 초점집단을 통해 얻었다. 어느 프로그램이든 핵심적인 구성요소는 그 프로그램의 교사의 질로서, 교사의 질이 높다는 것이 모든 자료에서 명백하였다. 이로 인해 교사의 사기를 북돋웠다.

초기와 계속 진행하였던 판별 과정 특징도 또한 언급하였다. 비록 판별 과정이 시간을 소비하는 과정이지만, 학군은 가능한 한 곧 프로그램에 학생을 배정하는 것이 중요하다고 생각하였다. 학군에 군사기지가 있어, 학생들이 자격이 있으면 곧 배정하는 것이 보다 중요한 것으로 보였다.

자료에 의하면, 학군은 pull-out 모델을 잘 실시하였고 지역사회 모든 부분에서 pull-out 프로그램을 지지하였다. 비록 새로운 사실은 아니지만, 외부 평가자들이 이점을 확인해 주었다는 점이 좋은 것이다. 또한 이것은 프로그램 내 교사의 공로로서, 교사들은 계속적으로 지역사회와 학교와의 공개적인 관계에 참여하였다.

평가에서 또한 프로그램과 정규학급에 다니는 영재를 위한 차별화 및 교육과정의 개선과 향상의 필요성을 확인하였다. 비록 차별화가 영재 프로그램에서 일어나고 있다고 생각하지만, 자료에 의하면, 교육자가 생각하는 것보다 더 제한적인 것으로 나타났다. 반성을 통해서, 차별화 영역에서 보다 집중적인 작업이 필요하다고 결정하였다.

또 다른 탁월한 제안점은 영재 프로그램에 들어와서부터 고등학교 그 이상까지 학생을 추적하는 데이터베이스를 구축하는 것이었다. 전에는 학군이 이것을 실시하지 않았다. 그러나 평가 결과, 연구인력의 부족으로 과거에 데이터베이스를 구축하고 관리할 수 없었으나, 학군은 데이터베이스 구축에 열의를 보였다. 뛰어난 능력을 가진 학생이 적절한 경험과 기회를 받고 있는지 확인하기 위해 추적하는 것이 중요하다는 점을 인식하였다. 데이터베이스의 정보를 통해 2~8학년 영재 프로그램의 새로운 방향을 형성하는 데 도움을 줄 수 있었다. 또한 고등학교 그 이상에서 학생들의 성공을 보장하기 위한 명확한 지도 서비스 및 교육과정 수정의 필요성을 반영할 수 있었다. 데이터베이스에는 시험점수, 학년, 수강한 고등학교 과정의 수준, 수강한 Advanced Placement 과정과 AP 시험에서의 수행, 대학입학 및 수여받은 장학금 같은 변인을 포함하였다. 이 데이터베이스를 통해서 영재 프로그램은 영재와 부모들에게 시기별로 보다 나은 지도 서비스를 제공할 수 있었다.

평가에서 본 직접적이며 긍정적인 결과

본 평가의 결과로서, 학군은 영재 프로그램과 프로그램의 인력들을 새로운 견지에서 생각하게 되었다. 비록 각 교장들은 자신의 학교 내 교직원의 자질을 인식하고 있지만, 다른 학교에 있는 우수한 교사의 특징에 대해서는 알고 있지 않았다. 평가는 교장에게 이 정보를 주었다. 교장은 또한 일반적으로 프로그램의 질에 대해 보다 깊은 인식을 얻게 되었고 제안사항에 의견을 같이 하였다.

제안점에 대한 학군의 반응

되돌아보니, 프로그램 평가를 통해 얻는 주된 이점은 프로그램의 강점과 요구에 대한 정보를 얻은 것이다. 두 번째 이점은 제안점을 추가 지원하기 위한 부수적인 학군 자원에 접근할 수 있다는 점이다.

평가 보고서를 학교이사회에 제시하자마자, 프로그램 코디네이터는 제안점 실시에 관해 개요를 제시하는 행동계획을 작성하라는 요청을 받았다. 각 제안점에 대해, 일련의 행동단계를 기술하였다. 예를 들어, 영재 및 정규학급에서 영재를 위한 교육과정의 차별화와 교수지도 과정을 계속하는 것이 제안점 중 하나였다. 행동단계 중에 학급교사를 위한 교직원 개발을 제공하는 것도 있었다. 매년 주 교육청에서 요구하는 학군의 교직원 개발 계획도 행동단계에 포함되었다. 여러 영재성 수준과 학습 스타일(언어적, 시/공간적 등)에 맞게 조절하기 위해 영재 프로그램 내 교육과정을 지속적으로 개정할 필요성이 평가를 통해서 분명하게 나타났다. 결과로서, 영재교사를 학군의 여름 교직원 개발계획에 포함하였고 여름 동안 이상의 프로그램 측면에서 작업한 영재교사에게 보수를 지급하였다.

평가 보고서와 프로그램의 책략적 계획에서 파악한 요구들에 새롭게 비판적 사고력 모델에서 연수받는 것을 포함하였다. 결과적으로, 모든 영재교사는 여름 동안 2번의 연수 세션을 받았다. 평가 전에는, 여름 교직원 개발을 위해 영재 프로그램에 있는 모든 교사에게 지불할 돈이 없었다. 지금은 이것이 가능하게 되었고, 이상의 경향이 지속될 것을 희망한다.

영재 프로그램 내 교육과정을 개선하는 것 외에, William and Mary 대학 혼합평가 양식(Composite Evaluation Form for Curriculum Units for Gifted Learners)과 책략적인 프로그램 계획 과정 동안 개발한 단원평가 양식을 사용하여 해마다 각 계획 단계에서 나온 단원을 평가할 것이다. 단원평가는 코디네이터, 부장교사와 영재교육과정을 알고 있는 전문가가 함께 실시할 것이다. 3년 후에, 모든 단원을 이 엄격한 과정으로 평가할 것이며 검토하기를 다시 시작할 것이다. 따라서 양질의 교육과정의 발전에 지속적인 관심을 기울이게 된다.

평가의 세 번째 제안점은 정규학급 내에서 영재 프로그램을 유기적으로 통합하는 것이다. 이것이 바로 pull-out 프로그램의 끊이지 않는 문제이다. 정규학급교사와 교장과의 의사소통을 증진하기 위해 여러 단계를 계획중이다. 영재교사는 주마다 학급교사에게 확장 활동을 제공한다. 또한 영재교사는 주의 교육과정 기준면에서 어떻게 영재 프로그램이 효율적인 도움을 줄지 정규학급교사에게 알려 주는 메커니즘을 구축한다. 또한 프로그램 웹 사이트를 의사소통 도구로서 광범위하게 사용할 것이다.

코디네이터는 영재 프로그램에 대한 정보 세션을 개발하고 학군과 학교 행정가에게 제시하였다. 역사적으로, 이 시기가 새로운 주의 위임사항과 정책에 대한 정보를 배포하고 처음으로 영재 프로그램을 포함한 때였다. 또한 기타 의사소통 도구의 효율성도 조사할 것이다. 평가 보고서는 빠른 학군의 성장으로 복잡하게 되었던 의사소통 문제에 관심을 집중하도록 도움을 주었다.

유치원에서 초등학교 1학년인 영재학생들이 체계적으로 서비스를 받고, 중학교와 고등학교 학생들은 학군 영재 프로그램의 보호 아래 여러 선택안과 기회를 가질 수 있도록 학군에서 보다 포괄적인 프로그램을 개발해야 한다는 점을 제안하였다. 비록 여러 선택안들이 보다 나이든 학생에게 적합하다고 하지만, 선택안들을 영재라는 테두리에 통합한 적은 없다. 코디네이터의 활동설명서를 개선하려는 계획도 개발하고 있으며, 영재를 위한 다양한 서비스의 구성요소를 통합하여 보다 모든 연령의 학생에게 영재 서비스를 포괄적이며 합리적으로 제공하고자 하였다.

학군이 다양하여, 제목 1 학교에 다니는 일부 학생들은 보다 환경적으로 풍부한 학교의 학생만큼 잘 수행하지 못하였다. 이런 상황을 개선하기 위해서, 특별 사사 프로그램을 계획하고 있다. 잠재력을 개발하기 위해 필요한 가정적 지원과 초기 경험을 충분히 하지 못한 4학년과 5학년 학생들에게 영재 프로그램의 한 부분인 고등학교 학생들이 멘토가 될 것이다. 보다 어린 학생들은 고등학교 학생을 존경하기 때문에 멘토로서 선정되어 높은 학업 성취에 이를 수 있도록 어린 학생의 역할모델을 하게 된다.

여름 교육과정 개발 외에도, 유아, 초등 및 중학교 교사위원들이 교사를 위한 교직원 개발 계획을 작성하기 위해 여름 동안 코디네이터와 만났다. 학생 다양성, 여름 동안 실시하는 비판적 사고 모델에 대한 사후 점검, 테크놀로지, 영역과 계열 업데이트, 그리고 평가 결과의 통합 등이 토론하는 주제들이었다. 부수적인 교직원 개발 요구를 결정하기 위해 교사에게 설문조사를 실시할 것이다. 이상의 계획을 수립함으로써, 학군 교직원 개발을 위해서 기금을 보다 많이 활용할 것으로 기대한다.

평가를 통해서 파악하게 되는 부수적인 것이 바로 부모교육이다. 교사와 부모집단이 부모교육에 대한 계획을 세우기 위해서 다음 여름 동안 코디네이터와 만났다. 주 판별 규정, 학생 다양성, 미성취, 동기, 가정에서 영재와 활동하기, 교사와 협동하기 등을 부모교육에 포함해야 한다고 생각한 주제들이다. 기타 주제에 대한 제안사항을 요청하는 간단한 부모 설문을 또한 실시할 것이다.

학군에서 사용한 교사 평가 도구는 수정을 하거나 William and Mary 대학 학급관찰 양식으로 대체할 것이다. 자아 평가 구성요소도 첨가하고 추후 관찰도 계획할 것이다. 프로그램의 교직원 개발 계획과 교육과정을 개발하고 개선하기 위해, 보다 정확한 평가에서 얻은 정보를 단원평가에서 얻은 정보와 통합할 것이다.

개발하려는 마지막 계획은 보다 정규적으로 여러 프로그램 구성요소를 평가하는 스케줄에 대한 것이다. 비록 여기서 살펴본 평가에서처럼 학군이 같은 노력을 해마다 할 수는 없지만, 매년 프로그램의 여러 구성요소를 살펴보는 계획을 고안해 볼 수는 있다. 이 계획은 전반적인 프로그램 개선뿐 아니라 매 5년마다 실시하는 후속 주요 평가에 도움을 주어야 한다.

결 론

외부 평가자가 실시하는 프로그램 평가는 학군의 영재 프로그램에 커다란 이득이 될 수 있다. 잘 된다면, 프로그램의 강점과 약점을 파악할 수 있다. 외부 평가자는 프로그램을 편견 없이 볼 수 있으며 도움이 되는 개선점을 제공할 수 있다. 국가적으로 영재 프로그램의 상태에 대한 정보 또한 공유할 수 있다. 제안점을 통해서 프로그램들은 또한 인적 및 재정적으로 학군의 자원을 보다 활용할 수 있다.

외부 평가를 고려하는 학군에 대한 실제적인 조언

1. 프로그램 코디네이터는 학군 영재 프로그램의 문제 및 논쟁거리에서 활동을 전개하고, 핵심인사를 참여시키고, 프로그램과 학군에 관한 기본적인 인구학적 자료를 수집함으로써 평가에 도움을 줄 수 있다.
2. 외부 평가를 프로그램 개선과 성장을 위한 기회로 생각한다.
3. 평가를 어떻게 운영할 것이며 염려를 어떻게 완화할 것인지 설명할 때 교직원과 함께 작업한다.
4. 모든 제안점의 실행 가능성을 생각한다. 모든 발견사항과 할 수 없는 것에서 할 수 있는 것을 추려낸다.

참고 문헌

Fetterman, D. (2001). Evaluation, knowledge management, best practices, and high quality lessons learned. *American Journal of Evaluation*, *22*, 329-336.

제 10 장

Hunter School에서의 평가 경험: 특별한 학교의 여행

Rena F. Subotnik, Janet F. Soller, & Sarah K. Hood

보이는 것과 제출한 것이 갖는 교육적 중요성에 대해 가치 판단은, 교육 비평주의의 중요한 특징들 중 하나로서, 인습적인 교육 연구의 행동에서도 이루어져야 한다.

— Elliot W. Eisner(1991, p. 176).

본 장의 목적은 국제적으로 인지도가 높은 Hunter College Campus Schools에서 실시한 평가 과정을 처음부터 마지막 보고서까지 기술하고 평정하는 것이다. 평가 팀이 배운 바를 영재를 공식적으로 후원하는 프로그램에 적용함으로써, 수월성 교육의 실제를 보여 주는 기회를 제공한다.

Manhattan 중심부에 위치한, Hunter College Campus Schools (HCCS)은 유치원부터 12학년까지 지적으로 우수한 영재를 공식적으로 후원하는 학교이다. Hunter College High School(HCHS)은 현재 7~12학년

을 망라하는 학교로서, 1869년 Female Normal and High School로서 설립되었다. 1902년 정규학교가 Hunter College로 발전하였고 1955년, HCHS가 지적으로 우수한 영재 여학생을 위한 실험적인 고등학교가 되었다. 1974년, 법적인 문제로 인해, Hunter College High School에 남자도 입학할 수 있게 되었다.

Hunter College Elementary School(HCES)은 1870년에 Hunter College 교사 교육 프로그램 모델을 보여 주는 학교로서 설립되었다. 1940년에는, Hunter College 유치원부터 6학년까지 지적으로 우수한 영재를 위한 실험센터로서 학교를 재조직하였다.

> HCES의 목표는 〔1940년부터 현재까지〕 비판적 및 창의적으로 사고하도록 학생들을 가르치고, 교육적 환경의 다양성을 통찰하며, 학생들을 미래의 지도자, 사고자 및 행동가로 준비시키고, 개인적으로 흥미 있는 영역에서 지식 기반에 필요한 기술을 개발하는 데 있다 (Hunter College Elementary School, 2001, p.2).

선발 기준

고등학교 선발 기준

Hunter College High School에 입학하기 위해서는, 뉴욕시에 거주해야 한다. 입학과정은 매년 9월에 시작하며, 5개 자치구의 교장에게 Hunter College High School(HCHS) 입학시험을, 5학년 표준화된 검사의 수행으로 결정되는데, 치를 자격이 있는 6학년 학생을 파악해 달라고 요청한다. 읽기와 수학 표준화된 검사의 퍼센타일 절단점수는 매년 3,000 내지 4,000명의 시험 응시생의 점수로 결정한다. 학교 내 수학과 영어부에서 개발하는, HCHS 입학시험을 매년 1월에 실시한다. Hunter College High School에 입학하기 위해서, 시험 섹션에서 결정한 절단점수 이상을 받아야 하며 에세이를 작성해야 한다. 대략, 에세이 작성에서 통과하고 입학시험에서 좋은 성적을 받은 170명 정도가 입학하게 된다. 경제적으로 소외된 학생 중에서 에세이 작성을 통과하고 성적이 좋은 30명 학생 또한 입학한다. 초등학교부터 다닌 학생은 고등학교에 자동적으로 입학한다.

초등학교 선발 기준

초등학교 입학 절차는 고등학교와 다르다. 서류 작성에 대해서, 보호자 및 법적 후견인의 거주지로 지원자 양식을 우편으로 발송한다. 입학 지원자는 Manhattan에 거주해야 하며 나이는 3~5세 사이여야 한다. 시험의 첫 관문에서, 입학처로부터 약속카드를 받은 후에, 부모는 인증을 받은 사립 심리학자와 약속을 잡고, 자녀에게 가장 최근 판의 Stanford-Binet 개별 IQ 검사를 실시하게 한다. 절단점수(대개 97퍼센타일 그 이상) 이상을 받은 아동은 "2차 관문"에 들어간다. 다음 입학과정 동안, 또래 및 교사들과 상호작용하면서, 개별 및 집단 과제를 처리하는 아동을 관찰한다. 학교 교직원위원회는 지원자의 이름을 알 수 없게 한 채로, 지원서, 검사점수와 2차 관문 자료를 검토한다. 교직원 검토에 기초하여, 입학 소장은 매년 정원을 50명으로 하고 대기자 목록을 관리한다.

평가 초청

2000년에 Jennifer Raab가 Hunter College의 교장이 되었을 때, 집으로 돌아가고 있었다. Hunter College High School의 졸업생인 Raab 교장은 영재교육의 전문가들로 구성된 평가 팀을 초청하여 HCCS에 대한 검토를 실시해 달라고 하였다. 평가의 목적은 영재교육 및 재능개발 모델로서 HCCS의 역할을 촉진하기 위한 구체적인 제안점을 제공하는 것이었다.

평가 팀을 다음 기준에 의거하여 선정하였다. 구성원 중 한 명은 Hunter College 교육학과에서 15년간 재직하여 학교를 매우 잘 알고 있었다. 이 사람의 학문 영역은 영재교육과 재능개발이며 학교에서 교육과정과 연구자문으로서 일한 경력이 있다. 팀의 두 번째 구성원은 매우 이름높은 고등학교의 소장으로 일하였던 경험과 영재의 사회 및 정서적 요구에 대해서 공부한 경험으로 선정되었다. 팀의 세 번째 구성원은 영재교육을 여러 상황에 적용하는 폭넓은 이해뿐 아니라, 영재를 위한 교육과정 영역에서 전문성을 갖추고 있었다. 3명의 팀 구성원 모두 경험이 있는 평가자들이었다.

평가 팀은 평가 과정 및 보고서 작성을 위해 다음의 목적을 설계하였다.

- 교사, 부모, 행정가, 학생, Hunter College의 교육부 대표자 및 교장실을 포함하여 모든 관계자로부터 정보를 수집한다.
- HCCS 지역사회에 도움이 되는 책략 계획을 만들 때 정책을 입안하기 위해, 제안점을 포함하여 자료에 기반을 두고서 보고서를 작성한다.
- 매년 검토할 수 있는 바람직한 성과 양식으로 제안점을 설계한다.

자료 수집

우편으로 설문지를 발송하고 현장방문 동안 여러 활동으로 자료를 수집하였다. 설문지를 한 달 간격으로 학생, 부모 및 교사에게 2번 발송하였다. 두 번째 발송은 부가적인 반응을 유도해내려고 실시하였다.

설 문

입학, 교육과정과 교수지도, 학습 평가, 특별한 학생 서비스(재능개발을 포함하여), 상담과 기타 지원 서비스 및 Hunter College 교육학과와의 협력에 대해 묻는 14 문항으로 설문지를 구성하였다. 응답자들에게 Likert 척도를 사용하여 12 문항에 답변하도록 지시하였다(1 = 매우 동의하지 않음, 5 = 매우 동의함). 각 질문에 대하여, 응답자가 의견을 적을 수 있도록 공간을 마련해 놓았다. 질문 13과 14는 개방식 문항이다(부록 C 참조). 질문 13은 HCCS와 Hunter College 교육학과 간의 협력에 대한 생각을 묻는 질문이다. 질문 14는 응답자에게 Hunter Campus Schools의 여러 시기마다 학생이 갖춰야 하는 기술, 지식, 태도는 무엇인지 그리고 이들이 열망하는 성과들이 영재교육에 적절한지 아닌지를 목록으로 작성하도록 요청하였다. 전체 1,200개 중에서 499(42%)개가 회수되었다: 세부적으로 HCES 학생으로부터 23개, HCES 부모로부터 118개, HCES 교사로부터 8개, HCHS 학생으로부터 153개, HCHS 부모로부터 168개, 그리고 HCHS 교사로부터 29개이다(설문지에 대해서는 부록 C 참조).

현장방문

교장실에서 교장, 학장, HCCS 측 교장의 연락계, 교육학과 단과장, 교육학과 교수 및 평가 팀이 함께 3일 간의 현장방문을 시작하였다. 이 회의에서, Raab 교장은 평가 팀에게 3일 간의 권한을 부여하였고, 팀은 현지를 돌아다니고 학급에 참여하며, 개별적 및 초점집단에서 HCCS의 후원자와 만났다.

초점집단은 학생, 부모, 교수 및 HCES, HCHS와 Hunter College 교육학과의 행정가로 구성되었다. HCES에서, 팀은 60명의 부모, 20명의 교사와 교직원, 16명으로 선정한 5학년과 6학년 학생, 그리고 교장을 만났다. 고등학교에서, 팀은 4명의 행정가와 행정소장, 모든 HCHS 7학년과 8학년 학생, 8명으로 선정한 2, 3학년 학생, 30명의 부모, 3명의 진로지도 교사와 학과 부장을 모두 만났다. Hunter College 교육학과 소속 4명의 행정가는 물론 팀과 함께 협의하였다. 모든 초점집단의 상호작용에서 나온 말들을 녹음하였고 인덱스카드 반응을 84명의 HCES 부모, 16명의 HCES 학생, 64명의 HCHS 부모와 8명의 HCHS 학생으로부터 수집하였다. 설문과 초점집단 반응 외에, 팀은 HCES 부모로부터 18개의 매우 상세한 의견을 얻었다.

초점집단 회의 동안, 팀은 참여자의 반응을 요청하고 강화하였다. 초점집단 참여자는 또한 자신의 의견과 반응을 인덱스카드에 기록하였다. 각 집단에게 특정 청중에게 맞춘 다음의 질문을 제기하였다.

1. HCCS에 대해 가장 좋은 것은 무엇인가? 바꾸고 싶지 않은 것은 무엇인가?
2. 도움이 필요한 학생은 어떤 지원을 이용할 수 있는가? 이미 학급에서 요구하는 사항을 완전학습 한 학생은 무슨 지원을 이용할 수 있는가?
3. 영재 아동을 돕는 가장 좋은 학급/교수책략은 무엇인가?
4. 만약 여러분이 HCCS에 대해서 단 한 가지만 바꿀 수 있다면, 그것은 무엇인가?

문서자료 검토

평가 팀은 외부 교육자 및 일반 대중도 이용할 수 있는 보존 파일 및 공식적인 문서자료에 접속할 수 있도록 요청하였다. 부록 D는 평가 팀이 검토를 위해 HCHS에게 제출을 요청한 문서자료와 기타 자료 목록이다.

자료 수집 경험

교장실과 HCCS 행정가의 노력으로 현장방문을 조직하고 실시하였다. 학생들이 건물을 돌아다닐 때 팀을 안내해 주었다. 평가자들은 7학년 음악 학급, 불어 6 AP 학급, 8학년 사회연구 학급, 고등학교 물리 학급, 유아원과 유치원/1학년 학급, 5학년 수학과 언어 학급, 4학년 수학 학급과 초등학교 과학 학급을 관찰하였다. 대부분 방문을 낮 동안 하였고, 저녁에는 행정가, 교수, 교직원, 학생 및 부모를 포함하여, HCCS 지역사회와 회의를 가졌다.

분석에서 특별한 제안점으로 전환하기

가장 유용한 형태로 자료를 제시하기 위하여, 다음 세 부분으로 이뤄진 양식으로 보고서를 작성하였다. 평가 보고서의 첫 번째 부분에서는 현장방문과 여러 자료를 검토해서 얻은 바를 요약하였다. 두 번째 부분은 다음 영역에서 분석한 자료를 제시하였다. 1) 입학, 2) 의사소통, 3) 교육과정과 교수지도, 4) 학습 평가, 5) 특별한 학생 서비스, 6) 상담과 기타 지원 서비스, 그리고 7) Hunter College 교육학과[1]와의 협력이 그것이다. 보고서의 마지막 섹션에서는 모든 자료 수집방법을 통해서 얻은 결과를 특별한 제안점으로 전환하여 제시하였다. 팀의 제안점들은 학교의 강점 위에서 전제된 것으로, Raab 교장이 향후 책략적 계획 과정을 도출할 수 있도록 제안점을 구상하였다.

1) 본 장은 학과 조직과 구조 범주 하에 자료를 논의하지 않았다. 다른 범주 하에서도 학교의 사생활을 보호하고 의뢰자와 평가 팀 관계를 존중하기 위해서 제안점을 보고하지 않았다.

보고서 작성과 제출하기

마지막 현장방문에서, 자문위원들을 몇 시간 동안 소집하고 자료를 종합하였다. 자문위원들은 현지의 여러 영역에서 수집한 모든 자료들에서 일관된 결과를 발견하였다. 모든 이해관계자들도 학생들이 뛰어나다는 점에 동의하였다. 게다가, 부모, 교사와 HCCS 행정가들은 분명히 HCCS를 영재를 위한 가장 모범적인 학교로 만들고자 하였다. 모든 사람들은 Hunter College와 강한 동반자적 관계를 원하였다.

평가 팀은 교장, 학장, 교육 단과장과 HCCS 행정가를 위해서 각 분석 범주를 설명하는 발표자료를 만들었다. 논의를 통해서 과제를 명확하게 하고, 보고서를 섹션으로 조직하여 공개하고, 교장과 자문위원회를 위한 참고자료로서 활용할 수 있도록 해 놓았다.

현장방문 후에, 팀은 설문 자료와 초점집단 카드를 수거 및 분석하고, 보고서를 작성하는 과제를 시작하였다. 평가자들은 지리적으로 서로 떨어져 있었다. 따라서 추후 보고서 작성은 컴퓨터를 이용하여 하였다. 모든 자료를 한 곳에 집결하였기 때문에, 특별한 문서자료를 다시 참조하기란 다른 지역에 있는 평가자에게 경우에 따라서 어려웠다. 그럼에도 불구하고, 팀은 3개월 내에 Hunter College 학교를 위해 최종 문서를 산출해내었다.

평가 팀으로부터 나온 Campus School에 대한 제안점

평가 팀이 제출한 다음의 제안점을 어느 영재 프로그램에서도 적용할 수 있다. 영재학생을 위해서 최적으로 그 기능을 하는 학교는 입학기준, 교육과정, 지원 서비스, 지속적인 평가 및 졸업 시 바람직한 성과를 통합한다. 기관의 진정한 미션은 그 기관이 선정한 집단에 반영된다. 이와 같은 이유로, 평가 팀은 "Hunter Campus School이 누구에게 도움을 주는 것인가?" 하는 문제에 대해 HCCS 지역사회가 명확하게 답변할 것을 요청함으로써 시작하였다. 누구에게 도움을 주는가를 결정하는 과정에서, 학교는 다음과 같은 학생을 선택할 수 있다.

- 지원자 중에서 가장 명석한 학생. 이것이 가장 밀접하게 현재의 입학 과정을 기술하는 것이다.
- 뉴욕시에서 가장 명석한 학생. 학교교육의 질과 도시 주변에서 이용할 수 있는 교육과정 외 활동이 서로 차이가 있어, 이 미션을 수행하기 위해서, outreach를 활성화해야 하며 학교는 보다 경세적·인종적으로 동질적인 학생 집단을 수용할 준비를 갖추어야 한다.
- 가정이 너무 빈곤하거나 사립학교 혹은 기타 명문학교에 대한 "의사결정 과정"을 잘 몰라 교육적 대안이 별로 없는 명석한 학생. 이와 같은 미션을 채택함으로써 특정 학교 지역사회에서 통합적이며 이상적인 독특한 분야를 제공할 수 있다. 그러나 세금을 지불하는 사람들의 자녀가 입학과정에서 제외될 수 있어 박탈되었다고 느끼거나 학교에 대한 지원을 궁극적으로 줄일 수 있다.
- 최소한 한 학문 영역에서 가장 성취가 좋거나 명석한 학생. 학교는 모두에게 대학 수준의 엄격한 과정을 제공하는 한편, 학생의 특별한 재능 영역을 개발하는 데 주안점을 두고 있다. 이와 같은 해결방안을 통해서 보다 다양한 집단을 제공하고 우리 사회를 변화시키는 사람의 사춘기 때의 프로파일을 보다 친근하게 정렬해 볼 수 있다.

위에서 열거한 각 미션들은 흥미를 돋우는 특징과 제약을 갖고 있다. 평가 팀은 미션(서비스를 제공할 집단)을 선택하거나 고안하도록 HCCS 지역사회에 강력하게 촉구하였다. 분명한 미션을 통해서 학교는 영재들에게 응집적인 교육과정과 일련의 지원 서비스를 제공할 수 있으며, 심지어 영재를 위한 명망 있는 학교에서 기대하는 특별한 교육을 받을 수 있게 해 준다.

일단 HCCS에서 서비스를 제공할 학생을 결정하고 나면, 평가 팀은 HCCS 진로의 마지막에 이들 학생을 위한 바람직한 성과를 서술하도록 지역사회에 제안하였다. 비록 부모와 학생에게 가장 일반적으로 보고하는 바람직한 성과는 명문 교육기관에 입학하는 것이지만, 팀은 단기적인 목표가 너무 제한적이라고 생각하였다. 재능개발 관점에서, 학교는 또한 장학금, 직업, 사업 및 공공부분에서 변화를 주도하는 지도자를 양성하는 데 또한 목적을 두어야 한다.

평가 팀은 HCCS가 입학기준, 교육과정, 지원 서비스, 계속적인 평가, 그리고 졸업하였을 때 바람직한 성과 등 이 모두를 통합하는 장기적인 목표를 수용할 것이라는 희망으로 제안점을 제시하였다. 가능한 곳이 어디든지, 평가 팀은 향후에 책략 계획을 세우는 과정에 도움을 주고자 이전에 학교에서 실시하였던 평가 보고서가 제기하였던 제안점을 수용하였다.

입학허가

일반적으로, 평가 팀은 입학 과정의 질을 향상하려는 노력에 대해 HCCS 교수위원회와 입학처장을 칭찬하였다. 그 외, 평가 팀은 다음과 같은 것을 제안하였다.

- 전달하는 프로그램과 선발한 학생들의 적합성 및 여러 기준을 선발에 포함하여, 영재교육상의 최선의 실제들이 과정을 지속적으로 이끌어야 한다.
- 가능한 한 자세하게 12학년 말에 바람직한 성과를 제기할 수 있도록, HCES와 HCHS의 입학 기준을 조정해야 한다.
- 입학 결정에 관한 자료를 남겨두어야 한다.

- 모든 뉴욕시 초등학교-공립, 사립과 교구에서 설립한 학교가 동일하게 입학 정보를 얻도록 보장한다.
- 입학처장은 매 입학점수 이전에 소외된 집단을 위해 적극적으로 준비 프로그램을 개발하고 실시해야 한다.
- 학교의 미션을 수행하는 입학의 중요 역할 때문에, 입학처장은 또한 학교 미션의 주요 문제에서도 조언자의 역할을 해야 한다(조직, 교육과정 및 교수지도 등).

교육과정과 교수지도

HCCS에는 뛰어난 교사들이 많아, 전문적인 기술을 교육과정 개발에 쏟아내고 있다. 각 학급과 연결된 독특성 때문에, 교육과정이 학년별로 배정되지 않는다. 그러나 영재 프로그램이 여러 영역에서 수월성 보급자의 역할을 하려면, 교육과정 구조가 필요하다. 각 학년의 학생에게 기대하는 목표와 성과를, 프로그램 문서자료는 계열적으로 언급해야 한다. 진술한 목표와 성과에 따라서, 프로그램 문서자료는 어떻게 뉴욕 주에서 학생들에게 기대하는 것을 충족시키고 그 한도를 뛰어넘는지 서술해야 한다.

- 초등학교의 각 과목영역에는 교육과정 개발, 조정 및 사사와 관리를 책임지는 교수 구성원이 있어야 한다.
- 학생들에게 가르치는 주제와 기술의 계열을 통합하기 위해, 각 학과 부장은 다른 부장과 협동적으로 활동하여 교육과정이 전체적으로 이치에 맞게 한다. Hunter College 교육학과와 교양학과 교수는 교육과정 개발 과정에서 협동적으로 활동한다.

이상의 제안사항을 수행하기 위해서, 평가 팀은 Hunter College 총장에게 다음을 제안하였다.

- 교수가 교육과정을 작성하고 학문간 단원/프로젝트를 계획하는 자유 시간
- 영재 지도에 특별한 초점을 맞추어, 교사 전문성과 경험을 차별화하는 지속적인 교직원 개발
- 외부인을 위해 학교 교육과정과 프로젝트를 기술하고 명시하는 자료를 개발
- 국가적 및 지역 협의회에서 교사 프레젠테이션을 지원하기 위한, 부모가 만든 기금 모금
- 흥미, 특별한 재능 혹은 이 둘 모두에 기초한 모든 학년 수준의 학생을 위한 절충적인 프로그램
- 유아부터 초등 6학년 교육과정의 영역과 계열
- 예외적으로 뛰어난 재능을 가진 유아부터 초등 6학년 학생을 위해 기본적인 언어 및 수리 기술에서 교육과정을 압축하는 메커니즘의 개발

학습 평가

영재교육은 특수교육의 한 형식이다. 그러므로 각 학생의 학업적 프로파일을 쉽게 얻을 수 있고 정규적으로 살펴보는 체계가 필요하다. 평가 팀은 아래와 같은 것을 제안하였다.

- 장기(3년) 및 단기적인 (다음 년도) 교직원 개발
- 중·고등 수준의 프로그램에 대해서, 해마다 (a) 학생 수상 및 수훈, Advanced Placement 시험 수행, PSAT/SAT 점수 및 대학 입학자료, (b) 프로그램 효과에 대한 학생 및 부모의 인식자료, 그리고 (c) 교수 및 교직원의 자아 평가에 주안점을 두는 평가 설계
- 초등 수준의 프로그램에 대해서, 해마다 (a) 표준화된 시험점수, (b) 학생 수훈, (c) 중·고등학교 입학자료, (d) 프로그램 효과에 대한 학생

및 부모의 인식자료, 그리고 (e) 교수 및 교직원의 자아 평가에 주안점을 두는 평가 설계

재능개발

영재집단 중에서도 특정 과목 영역 혹은 범위에서 예외적인 능력을 가진 학생들이 있다. 특별한 학문적 재능을 개발하기 위해서 의도적으로 고안한 프로그램을 학습 서비스에 포함해야 한다. 다음의 세 가지 양식으로 서비스를 제공할 수 있다: 속진형, 절충형과 교육과정 외 활동. 이에 제안점을 살펴보면 다음과 같다.

- 높은 수준의 학급으로 속진할 수 있게 한다.
- 포트폴리오 및 연구 경험을 요구하는 경진대회와 기타 교육과정 외 경험을 준비할 수 있도록 특별한 흥미를 가진 모든 학년의 학생에게 절충형 서비스를 제공한다.
- 활동 디렉터의 위치를 만든다. 디렉디 위치에 있는 사람은 특별히 재능이 있는 학생들이 3학년이 되기 전에 교육과정 외 학급, 멘토십, 인턴십 및 경험과 부모를 위한 연락계의 역할을 하도록 지도한다.
- 재능 있는 학생들이 깊은 관심 영역에서 문을 열어 필요한 사회 및 실용적 지능을 개발할 수 있도록 상담자 및 활동 디렉터와 협동하여 프로그램을 만든다.

상담/진로지도 프로그램

양질의 상담은 영재 프로그램 성공에서 중요한 요소이다. 상담 교직원이 제공하는 자료를 통해서, 어떤 서비스를 제공하며 얼마나 서비스가 영재에게 적합한 것인지 학생, 가족, 방문자, 그리고 앞으로 기금을 후원할 기

관에게 확인시켜 주어야 한다. 이러한 견지에서, 학교 상담부서에 다음과 같은 것을 제안하였다.

- 초등학교 및 고등학교에서 상담 프로그램의 목적을 파악하고, 학교 지역사회가 잘 알 수 있도록 목적을 명확하게 한다.
- 어떻게 사회, 정서 및 대학과 진로지도에서 각 영재학생의 요구를 언급하는지 서술하고 공개한다.
- 7, 8, 그리고 9학년 학생의 특별한 요구가 7~12학년 학교환경에서 어떻게 언급되고 있는지 HCCS 지역사회에 보여 준다.
- 학급 교수들과 함께 계획하고 문제를 해결하는 방법을 체계화한다.
- 어떻게 상담자가 특별 서비스 부서(예: 초등학교 학습 전문가와 특별 프로젝트를 실시하는 고등학교 3학년 조언자) 및 도시 전역과 협동하는지 서술하고 공개한다.

이들 제안점들을 브로슈어 혹은 가이드북으로 개발하여 HCCS 지역사회, Hunter College와 학교 방문자가 이용할 수 있게 한다. 브로슈어는 주기적으로 수정하고 Campus School에서 프로그램 혹은 목표의 변화 견지에 따라 다시 평가를 해야 한다.

Hunter College 교육학과와의 관계

대학 및 교육학과와의 연계는 매우 결실을 거두었다. 평가 팀은 협력관계를 통해서 Hunter 지역사회에 가져 온 이점을 다음과 같이 제시하였다.

- 학급 및 행정 인턴십을 포함하여, 관련 HCCS 맥락에서 학부와 대학원 학생이 임상 경험을 할 수 있도록 배정하였다.
- 관찰과 평가로 시작하여 중재 처방까지, 특별한 요구를 갖는 학생에 대해 교육학과 교수는 자문을 하였다.

- 교육학과에 영재교육 프로그램을 개설하였다.
- 영재, 영재의 가족 및 효과적인 학교 중재에 대한 연구를 실시하였다.
  한편 향후 연구엔는 다음과 같은 것을 포함할 수 있다.

1. 이중-예외적인 아동에 대한 사례연구
2. 다른 발달 수준과 상이한 내용영역에서 영재와 함께 활동하는 학급활동에 대한 협동적인 행동연구 및 연구물 발행

의사소통

Campus Schools과 영재교육에 대한 학교의 역할에 대해 외부 세계와의 의사소통을 증진해야 한다. 팀은 Hunter College 총장에게 학교의 특별한 특징과 업적을 알리는 자원을 제공해 달라고 촉구하였다. 영재를 위해 모든 공식적으로 후원을 받는 학교들은 교육과정, 서비스, 교직원과 성과/효과 자료를 방문자가 이용할 수 있도록 이를 자료로 갖추고 있어야 한다(〈표 10.1〉 참조).

실제적인 조언

Hunter College Campus Schools에서 실시한 평가 경험은 평가자와 영재교육 관련자에게 다음의 교훈을 제공하였다.

평가자를 위한 조언

1. **평가자로서의 자신의 생활을 보다 쉽게 만든다.** 잘 설계한 평가 계획으로 평가 의뢰자를 만족시킬 수 있다. 다음은 주요 규칙이다.

〈표 10.1〉 영재 프로그램 평가 조사에서 필요한 자료

유형	조사할 자료
교육과정	• 각 과목 내 학년 수준별 교육과정의 구조와 영역 및 계열
서비스	• 특별한 학습 요구를 가진 학생과 주어진 과목에서 예외적인 능력을 보이는 학생이 이용할 수 있는 서비스 • 입학 기준
교직원	• 연구 실적을 포함한 교수 업적 • 교사 선발 기준
성과/효과 자료	• 학교에 대한 종단적 및 기타 연구자료 • 동문회 업적자료 • 수강한 Advanced Placement 과정의 수와 AP 시험의 년도별 수행 자료 • 대학 수준의 과정을 수강한 학생의 수(AP 이상) • 학생이 받은 상과 표창 • 학업적성시험(SAT)와 PSAT 평균 점수

- 목표를 평가 목적의 중앙에 포함한다. 평가 보고서에서 언급해 놓은 제안 사항들이 비록 직접적으로 학교를 개선하는 것은 아니지만 의뢰자가 원하는 것을 찾아내기 위해 공개 및 개인 양식으로 보고서를 제시할 수 있도록 협의를 할 수 있다.
- 각 집단의 이해관계자에게 유사하게 작성한 초점집단 질문을 요청함으로써 자료를 다각도에서 조사한다.
- 초점집단 참여자로부터 긍정적이며, 해결 지향적인 반응을 유도해내는 질문을 만든다. 이를 통해서 이해관계자들이 늘어놓는 비생산적인 불만과 방어를 줄일 수 있다.

2. **실수로부터 배운다.** 자료 수집에 있어 평가 팀은 어떻게 자료를 수집하는 것이 보다 효과적인지에 대해 많은 것을 경험하였다. 때로는, 초점

집단 세션이 너무 크거나 작아서, 조절이 필요할 때도 있었다. 참여자에게 2차 설문을 우편으로 발송하는 것이 번거롭고 비실용적이어서, 보다 낮은 회수율을 다루어야 할 때도 있었다. 따라서 현지에서 초안 보고서를 완성하는 것이 실제 도움이 된다고 할 수 있다.

특수학교에 대한 조언

1. **공개적으로 기금을 후원받는 학교는 책임감을 가져야 한다.** 영재교육으로 공식적인 기금을 후원받는 학교는 정규 상황에서는 잘 충족할 수 없는 요구를 충족시키고 있다는 점을 대중에게 보여 주어야 하는 특별한 책임이 있다. 이런 경우를 분명하게 밝히지 않고서는, 영재교육이 엘리트주의라는 비판과 만약 그렇지 않더라도, 학교와 학급의 시험점수와 질을 올려 주는 "금싸라기" 학생에게 대중의 돈을 고갈시키고 있다는 비난을 받을 수 있다. 이것은 천정효과를 받지 않고, 학생의 성장과 업적을 관리하는 메커니즘을 사용해야 한다는 것을 의미한다.
2. **학교는 성공에 대한 정의를 반영해야 한다.** 졸업한 후에 다음 수준의 우수한 학교에 진학을 보내는 성공적인 학교는 변화를 꺼려할 수 있다. 영재교육 프로그램은 확실히 영재에게 가장 가능한 기회를 제공해야 하지만, 학교 지역사회는 대중의 기금을 합리적으로 사용하기 위해서 이것으로 충분한지 아닌지 논의해야 한다.
3. **영재 프로그램의 효과를 평가하기 위해 사용하는 성과 지표에 명확성과 일관성이 필요하다.** 학교가 개별 학생의 성장에 기여하였는지 결정하는 가장 좋은 방법은, 어디에서 시작하든지 간에, 가치가 부여된 모델을 사용하는 것이다(Sanders & Rivers, 1996; Wright, Horn, & Sanders, 1997). 이와 같은 모델에서는 교수지도를 통해서 매년 얼마나 많이 각 학생의 학업적 발달에 기여하였는지 보여 준다. 그러나 이상의 계획

을 실시하기 위해서, 일관적이며 잘 조직한 수준이 정해진 검사뿐 아니라 연령과 학년 수준에 매이지 않은 검사와 기록도 필요하다.

4. **영재학교는 미션, 입학, 교육과정 목표와 성과 및 평가에 대한 계열을 보여 주어야 한다.** 영재학생에게 서비스를 제공하는 기관을 괴롭히는 두 가지 종류의 문제가 있다. 하나는 이해관계자의 인성, 배경, 그리고 재정적인 지위에 관련된 것이다. 또 다른 문제, 즉 잘못된 배정이 대부분 영재 프로그램에서 일반적이라는 것이다. 만약 미션, 입학, 교육과정, 평가와 성과의 핵심적인 요소를 배열하지 않는다면, 불균등한 프로그램의 질, 불평등하다는 비난과 이해관계자로부터 받는 스트레스가 팽배할 것이다.

참고 문헌

Eisner, E. W. (1991). Taking a second look: Educational connoisseurship revisited. In M. W. McLaughlin & D. C. Philips (Eds.), *Evaluation and education: At quarter century* (pp. 169-187). Chicago: University of Chicago Press.

Hunter College Elementary School. (2001) *HCES: An introduction, 2001-2002* [Brochure]. New York: Author.

Sanders, W. L., & Rivers, J. C. (1996). *Cumulative and residual effects of teachers on future academic achievement*. Knoxville: University of Tennessee Value-Added Research and Assessment Center.

Wright, S. P., Horn, S. P., & Sanders, W. L. (1997). Teacher and classroom context effects on student achievement: Implications for teacher evaluation. *Journal of Personnel Evaluation in Education*, *11*, 57-67.

제 11 장

싱가포르에서 실시한 평가 경험: 영재 프로그램 개발의 국가적인 발달

Chwee Quek

> 사회 내 모든 개인과 집단의 흥미에 대해 지역 및 국가적으로 서비스를 보장해 주는 것이 평가자의 중요한 역할이다.
>
> — Rodney Hopson(2002, p. 384)

본 장의 목적은 싱가포르에서 실시한 영재 프로그램을 관리하고 평가하였던 경험을 공유하는 것이다. 2002년에 결성된 가장 최근의 평가 팀을 사용하여, 프로그램 개발에 대한 의사결정을 내릴 때 도움을 주는 자료를 평가하는 접근법을 기술하였다.

1984년 지적으로 우수한 영재를 위해 영재교육 프로그램(Gifted Education Program, GEP)을 싱가포르에 소개하여, 능력-기반, 즉 능력별 집단 편성의 철학과 조화를 이루며, 각 학생들이 자신의 속도대로 학습하도록 하였다. 언어, 수학 및 일반 능력에서 2단계 선발/판별 과정에서 시험을 실시하여 학생을 판별하였다. 초등학교 4학년에서 고등학교 1학년 학생에게 프로그램을 제공하였다. 학생의 전반적인 지적 및 창의적인 발달을 풍부하게 하고 과목을 빨리 학습하도록 몰아대지 않는다는 목적으로 월반의 속진 모델을 채택하지 않기로 결정하였다. 학생들이 연령 또래와 함께 사회적 및 정서적으로 발달하도록 보장해 주는 것이 중요하므로, 심화 교육과정을 정규교육과정에 입각하여 폭과 깊이에서 확장하였다. 이상의 모델은 GEP 학생들이 두 개 핵심적인 시점에서, 초등학교 졸업시험(Primary School Leaving Examination, PSLE)과 정규수준의 일반 자격시험(General Certificate Examination at "Ordinary" Level, GCE "O")의 국가수준에서 시험을 치르기 때문에 필요하였다. 또한 위축되는 학생들이 주류 프로그램을 받도록 이동하는 것도 촉진하였다.

프로그램 평가의 역사

모든 새로운 프로그램과 마찬가지로, 프로그램이 수행하도록 한 것을 이행하고 있는지 확인하기 위해 평가를 한다(Rossi & Freeman, 1993). GEP가 초기 단계에 있을 때, 외부 평가를 실시하여 GEP가 강력한 기초 위에 세워졌는지 그리고 올바른 방향과 미리 결정해 놓은 영역에서 발달하고 있는지 평가하였다. 이 평가에서 제기된 주요 제안점으로는 미국에서 영재 프로그램 전문가를 초빙하여 교육부의 영재교육국(GEB), 후에 GEP 교사를 연수시키는, 인력을 연수시키는 교직원 개발 노력부터 시작하자는 것이었다. 그러고 나서 연수받은 GEB 인력은 모든 심화과목의 영역과 계열을 파악하였다. 교육과정 내용면에서, 프로그램이 여전히 새롭지만 이해할 수 있는 미국의 자료에 의지하여, 싱가포르식의 풍미를 주는 지역적으로 연계된 심화자료를 개발하기 위해 장기적인 노력을 기울이라는 조언을 받았다. 국가적인 시험문제에 대해서는(시험은 심화 교육과정에 기초하지 않는데), GEB가 프로그램에서 가르쳐야 하는 "무엇인가 중요한" 것을 살펴보도록 제안해 주었다. 영재를 일반적인 지적능력으로 정의하는 것은 강점과 약점에서 학생 능력이 분화되고 패턴이 보다 분명하게 되는 중, 고등 수준에서는 어려움이 있는 것으로 나타났다. 학급을 동질적으로 유지하기 위해서, 중학교 수준에서 영재의 정의를 수정할 필요성이 있었다. 비록 프로그램이 두 번째 년도에 접어들었지만, 프로그램의 발전을 관리하고 그 효과를 결정하는 일종의 방법으로, 프로그램과 학생을 평가하는 계획을 세우게 되었다.

1989년, 두 번째 외부 자문을 초청하여 GEP 효과를 평가하는 포괄적인 계획을 수립하는 데 도움을 받았다. 주된 제안점은 영재교육에서 대학원 수준의 연구를 추구할 기회를 핵심인사에게 부여하고, 영재교육에서 전문가-교육자의 간부 타이틀을 수여하며, 우수한 자질을 갖춘 영재교사의 인원을 확장하는 것이었다. 또한 고등학교 혹은 대학 입학을 위해 GEP 학생의 우수한 활동을 고려하도록 제안해 주었다. 서비스를 보다 어린 학생에게까지 확대하자고 생가하였지만, 보다 높은 수순에 대한 규정은 GEB 교직원들이 고등학교용 교육과정을 설계하고 개발하였을 때 이뤄질 수밖에 없었다. 중학교 수준에서 영재 개념에 대한 수정이 이 보고서에서도 또한 나타났다.

외부 평가자료 사용

평가자료를 통해서 GEB는 자문이 강조한 영역을 지칭하기 위해 의안을 채택하였다. 해외 전문가를 초빙하여 GEB 관계자는 집중적인 연수를 받았고 나중에 GEP 교사와 행정가도 연수를 받았다. GEB 관리자와 영재교육 교사들을 해외 컨퍼런스, 여러 연구소에 파견하여 다른 나라의 영재 프로그램을 방문하였다. 영재교육에서 대학원 학위과정을 밟는 교직원에게는 장학금을 주었다. 영재교사를 위해 영재교육, 내용과 교수지도에 대한 정규 현직 과정을 마련하였다. 적절하게 연수받은 교직원들이 교육과정 및 교수지도 자료를 개발하고 다른 제안사항을 고려하기 전에 프로그램을 실시하고 관리하는 것에 주된 우선순위를 부여하였다. 교육부가 초등학교 4학년 전까지는 특수화를 강조하지 말아야 한다고 생각하였기 때문에, 영재성에 대한 개념에는 변화가 없었다. 그러나 즉시 수용하지 않았지만 기타 제안점들도 Rossi와 Freeman(1993)이 "평가자료에 대한 개념적 활용"이라고 말한 것처럼, 프로그램의 향후 발전에 대한 생각을 이끌어 주었다.

내부 프로그램 관리와 평가

위에서 살펴본 2개의 외부 평가 외에, 교육부의 영재교육국은 평가의 기본적인 형태인, 프로그램의 관리를 통해서 프로그램의 내부 평가를 실시하였다(Royse, Tyler, Padgett, & Logan, 2001). 관심영역의 정도와 분포를 설정하기 위해 교사의 요구 평가를 실시하였다. 주요 수준에서(초등학교 6학년과 중등 4학년, 초등 및 중등 GEP의 마지막에 각기) 영재 프로그램을 받는 자녀를 둔 부모에게 설문을 실시하여 프로그램이 목적[1]을 충족하였는지 프로그램이 자녀의 발달에 기여하였다고 지각하는지 그 정도에 대한 피드백을 받았다. 교육과정 평가에서, 교육부 영재교육국의 과목 전문

---

1) GEP는 지적 깊이를 개발하고, 창의적인 생산성을 증진하며 자기 주도적인 학습 태도를 개발함으로써 영재의 인지적 요구를 충족시켰다. 학생의 정서적 요구는 개인의 수월성에 대한 포부수준을 증진하고 충족시켜 주고, 사회적 의식과 사회 및 국가에 대한 헌신을 고양하고 책임감 있는 리더십을 위한 도덕적 가치와 자질을 개발함으로써 충족되었다.

가들은 해마다 1주일 동안뿐 아니라, 2년에 한 번 하는 교육과정 회의 동안 만나서 심화 교육과정에 대해 논의하였다. 교육과정을 실시한 교사가 주는 피드백과 토론을 하여 정규적으로 교육과정을 수정하였다. 현직 과정에 대한 피드백으로 교직원 개발 프로그램의 개념과 수정을 이끌어내었다. 예를 들어, 새로운 강의계획서를 소개하거나 새로운 책략을 시도할 때, 학생의 요구를 설문조사하였다.

영재 프로그램의 성과를 확인하는 총괄평가에서는 초등학교 6학년, 중학교 4학년과 12학년 때 국가적인 시험을 치러서 GEP 프로그램을 받지 않는 우수한 학생과 GEP 학생을 비교하였다. 유명한 장학금을 받거나, 수학, 과학 및 테크놀로지 국제 올림피아드 같은 수준 높은 경시대회에서 입상하거나 참여한 자료 또한 GEP 학생의 학문적 성취를 추적하기 위해 수집하였다. 정서적인 성과에서는, 협동 교육과정과 지역사회 봉사 활동, 리더십 역할, 남자의 경우 국민병역 순위 또한 측정하였다. GEP 졸업생에 대한 종단연구 또한 실시하여 이들의 학업 진로를 추적하고 프로그램이 삶에 미친 영향을 살펴보았다. 동일한 비교집단이 없어, GEP가 이상의 성과를 유발하였다고 입증하기 어려웠다. Rossi와 Freeman(1993)의 말을 인용하면, "프로그램에 등록한 사람과 등록하지 않았지만 자격이 있는 사람 사이에 사전에 존재하는 차이가 있을 때, 프로그램 성과는 표본 추출로 설명되는 것이며 중재로 인한 것으로 볼 수 없다"(p. 223).

또 다른 포괄적인 평가의 필요성

교육체계에서 나타난 변화로, 영재교육 프로그램에서 실시하였던 것을 주류 학급에서 실행하려는 새로운 많은 시도들이 도입되고 있다. 싱가포르의 현 능력별 교육에서, 교육과정은 사고와 독립학습 기술을 강조하는 것으로 바뀌고 있다. 비판적 및 창의적인 사고를 신장하기 위한 학습활동에 할애할 자유시간을 위하여 내용을 줄이고 있다. 프로젝트 활동과 간학문적 교육과정을 학교에 도입하고 있다. 평가 양식은 문제해결 행동을 유도하고 팀 활동과 효과적인 의사소통을 증진하기 위해 확대하고 있다. 이상의 배경과 상치되게도, 피할 수 없는 질문이 제기되고 있다. 즉, 프로그램에서 필요한 것이 아직도 있는가? 만약 그렇다면 그것의 주된 특징은 무엇인가? 어느 정도 영재 프로그램은 그 목적을 달성하였고 목적을 수정하여야 하는가? 새로운 경제발전을 위해 필요한 신기술, 유능성과 재능에서도, 여전히 영재성 개념은 타당한가? 그리고 영재성 개념이 초점을 맞추고 있는 집단은 동일한 것인가? 몇 년 동안 프로그램을 확대하였는데, 현재의 구조를 유지해야 하는가? 혹은 영재학교를 시작할 시기가 도래하였는가? 프로그램의 현재 크기로, 20년 전에 시작하였던 현 구조가 지금도 프로그램에서 최선인가? 프로그램은 새로운 지식-기반 그리고 기술-지향적인 경제사회에 학생을 준비시키고 있는가? 만약 그렇지 않다면, 어떻게 이를 재배치해야 하는가? 이상의 질문에 대해 대답을 찾기 위해서, 프로그램에 대한 또 다른 포괄적인 평가를 계획해야 한다고 생각한다.

개관 구조

개관위원회를 구성하였다. 그 구성요소를 결정하기 위하여, Nielson과 Buchanan(1991, pp. 281~282)이 언급한 바와 같이 내부 평가의 치우침을 막기 위하여(기준과 교육평가에 대한 연합위원회), GEP와 비GEP 행정가 및 교육심리학자(심리측정가)를 포함하여, 다양한 배경과 교과목에서 구성원을 선정하고, 또한 여러 관점에서 문제를 심사숙고하였다. 최선의 평가 실제(Landrum, Callahan, & Shaklee, 2001)대로, 여러 영재교육 측면의 전문가들이 개관위원에게 도움과 조언을 해 주었다. 2명의 미국과 대만 학자로 국제자문회의(international advisory panel, IAP)를 구성하였다. 싱가포르 사람이 아닌 영재교육 전문가뿐 아니라 GEP와 관련 없는 사람들을 참여시킴으로써 발견사항에 대해 의문을 제기하는 가능성을 최소화하였다(Nielson & Buchanan, 1991).

평가 설계를 촉진하기 위해서, 개관위원회는 정보 및 지표/성과 측정 외에도 참조 용어를 상세하게 기술해 주는 구조를 제안해 주었다. 개관위원회는 Wholey(Rossi & Freeman, 1993 재인용)가 "평가할 수 있는 평정(evaluatability assessment)"이라고 명명한 것을 수행하였다. 프로그램, 공지 사료, 행정 규정과 이전 평가 보고서에 대한 개념 정리까지 문서자료에 기초하여 프로그램 설명서를 준비하여, 위원회 구성원들이 GEP의 내용과 실행 및 관리를 구성하는 것이 무엇인지 이해하도록 하였다. 교육부 인사 및 관계자에게 물어볼 질문을 몇 차로 나눠 자료로 수집하였다. 수집한 정보에 기초하여 위원회는 평가 과제를 결정하고, 목적을 설명하고 참고 용어를 수정하였다.

평가자로서의 국제자문회의(IAP)의 역할

IAP의 역할을 동의서에 설명해 놓았다. 설명한 내용 중에는, 평가의 목적과 초점, 자문위임의 시작과 종결일, 그리고 자문시기의 자격 등이 있다. 교육체계와 프로그램에 대한 자료를 미리 구성원에게 보냈다. 자료를 미리 송부한 이유는 다음과 같다. 싱가포르 교육환경에 익숙해지고, 영재 프로그램의 시각과 그 이후의 발달을 이해하고, 자문위원의 책임을 규정하는 맥락을 제시하는 것이다. 방문 첫 주 첫날 아침에, 자문 팀은 일반교육체계와 영재 프로그램의 특별한 구성요소를 설명하는 프레젠테이션에 참석하였다. 이를 통해서 보다 자료를 요청하고 이전에 받은 문서자료에서 어렴풋하게 얻은 정보와 통찰을 명백하게 하였다. 모든 심화과목 영역에서 3개 초등, 3개 중학교에서 수업관찰을 기획하였다. 부가적으로, 자문팀은 이전 영재 프로그램을 받은 학생들로 구성된 Junior College 반(11학년)을 관찰하였다. 학교 방문 동안, 점심시간과 차 마시는 시간을 배정하여 GEP와 비 GEP 교사 및 학교 행정가와도 상호작용하는 기회를 마련하였다. 자문 팀은 교장과 영재 프로그램 부서의 장과 2번의 저녁시간 회의를 가졌다. 또한 자문 팀은 방문 마지막 날 교육부에 초안 보고를 구두로 발표하게 되는데, 이때를 위해 발견한 사항을 정리할 시간을 주었다. 자문팀 발표로 교육부 관리들에게 발견사항을 명백하게 보는 기회를 줄 뿐 아니라, IAP에게는 마지막 문서 보고서를 정리하고 자료를 해석하는 새로운 관점을 제공하였다(Royse et al., 2001).

IAP는 자문의 업무를 알려 주는 지침 주제를 개념화하기 위해, 참고 용어를 사용하고 문서를 분석하였다. 평가 과정 중에 새로운 통찰이 생기면, 새로운 주제를 첨가하였다. 참고 용어와 지침 질문들은 〈표 11.1〉에 제시하였다.

개관 과정

자원의 한계 내에서 가능한 평가방법론과 과정을 추천받은 절차에 따라 평가를 설계하였다. 즉, 평가 팀의 역할을 명확히 설명하고, 자료 수집을 할 때 평가 목적에 준하였고, 모든 주요 이해관계자를 설문조사하였으며, 여러 도구를 여러 접근법에서 자료 수집을 할 때 사용하였다. 프로그램 목적 및 프로그램 실시와의 일관성을 점검하고, 어느 정도 프로그램 목표를 달성하였는지 점검하기 위해 문서자료를 분석하였다. GEP 학생, 부모 및 교사 같은 핵심 이해관계자들을 설문조사하여 프로그램의 효율성과 성과

〈표 11.1〉 개관위원과 IAP의 주제 일관성

위원회의 참고 용어 개관	IAP의 지침 질문
GEP는 지적 성취, 가치 전환 및 GEP 졸업생의 사회기여도 측면에서 어느 정도 달성하였는지 평가한다.	프로그램의 인지 및 정서적 목표를 어느 정도 진술하고 달성하는가?
GEP 원리, GEP의 독특한 특징, 영재에 대한 정의, GEP가 주안점을 두는 집단, 선발 기준 및 방법을 진술하면서, 능력별 교육 맥락 내에서 GEP의 기본적인 목적을 재고한다.	프로그램의 판별 과정이 얼마나 효과적인가?
교육과정과 특별한 프로그램을 살펴보고, 핵심적인 가치를 강화하고 학생의 정서지수(EQ)를 개발하기 위해 어떤 내용과 서비스를 전달할 수 있는지 언급한다.	교육과정 설계, 발전 및 차별화를 증진하는 과정은 얼마나 효과적인가?
교직원 개발과 자원 요구를 살펴보고, 교사 모집, 연수 및 배치 문제를 조사한다.	교사 선발, 연수 및 프로그램상의 발전 메커니즘이 얼마나 효과적인가?
입학점수, 발달경로, 고등교육으로의 전이, GEP를 받지 않은 학생과의 차이 정도, 프로그램 실시상의 교육부와 학교의 역할을 살펴보고, GEP의 목적을 가장 잘 충족시킬 수 있는 구조를 조사한다.	어떤 프로그램의 조직적 구조가 영재에게 가장 이득이 되는가? 어느 정도 프로그램의 목적, 논쟁거리 및 관심사를 언급하기 위해 보다 큰 지역사회와 동반자적 관계 및 협동관계를 이용하는가?(대학, 기업 및 부모)

를 결정하였다. 이전 GEP 학생, GEP 학교 행정가와 GEB 교직원으로부터 또한 피드백을 받았다. 독립 연구기관이 설문과 초점집단 토론을 실시하였다. 전체적으로, 3개 설문지를 9개 초등학교 7개 GEP 센터에 실시하였다. 설문지는 초등 6학년과 중학교 3학년 및 부모에게 배포하였다. 모든 GEP 교사와 개관위원이 아닌 GEB 교직원을 또한 설문에 포함하였다. 천 개의 설문지를 이전 GEP 학생에게 우편으로 발송하였고, 또한 GEP 웹사

이트에 설문을 올렸다.

GEP 센터 교장, GEP 부서장과 교사, 비 GEP 교사와 이전 GEP 학생과 함께 참고 용어에 수록된 논쟁거리에 대해 초점집단 토론을 개최하였다. 독립 연구기관이 이들 초점집단 토론을 진행하여, 평가하는 프로그램 관계가 있는 촉진자가 진행하는 세션에서 나타나는 편견 가능성을 줄였다(Rossi & Freeman, 1993). 또한 추천받은 실제대로 초점집단 참여자들을 친한 사람들과 편성하여 자신의 의견을 보다 잘 표출하게 하였다(Royse et al., 2001). 설문과 평가 초점집단의 결과를 다음 설명에 병합해 놓았다.

IAP 발견사항과 제안점

IAP의 발견사항과 제안점을 다음 6개 질문에 따라 조직하였다.

프로그램의 인지 및 정서적 목표를 어느 정도 진술하고 달성하는가?

발견사항과 제안점. IAP는 이 문제를 GEP의 두 가지 미션에 대해서 평가하였다. 즉, 미리 기술해 놓은 교육과정의 기준을 넘어설 수 있는 학생의 요구를 충족시키는 것과 싱가포르의 미래 지도자와 사고자의 개발을 촉진하는 것이 그것이다. 학생 연령 집단에서 상위 1%(학생의 학업적 잠재력을 예측하기 위해 사용한 검사에 근거하여)로 구성한 GEP 학생에게 GEP는 도전을 제공하기는 하지만, 다른 한편으로는 영재 프로그램 교육과정을 통해서 충분히 펼쳐지지 않는 GEP 학생이 또한 있음을 관찰하였다. 수학, 전통적으로 신동의 전통을 가진 학업 영역에서 특히 이런 점이 나타났다(Feldman, 1985). 국가시험 점수, 교사 일화와 설문에서 수집한 자료에 기초하여, IAP는 또한 GEP 프로그램을 받지 않는 학생들도 그들의 학급에서 받는 것보다 보다 도전적인 것을 필요로 한다는 점을 발견하였다. 자문위원들은 전인발달에 있어 GEP가 일반적인 능력과 철학적인 압력을 강조함으로 인해, 고르지 못한 능력을 가진 학생들이 자신의 강점을 발전시키기 어렵게 만들고 있다고 생각하였다. 자문위원들은 선택적인 속진 프로그램에서부터 폭넓게 심화 활동까지 연속적인 서비스를 제공하도록 제안하였다. 예를 들어, 우수한 교수지도를 제공하는 어떤 학교의 특별 적성 선택안을(예: 수학) 특별한 적성을 가진 GEP 판별 학생과 판별 받지 못한 학생 모두에게 제공할 수 있다는 것이다.

발견사항에 의하면, 프로그램은 효과적으로 학생의 지적 성취를 높였다. 대부분 이진 GEP를 받은 학생들은 지적 및 개인적인 발달이 GEP의 영향 때문이라고 하였다. 그러나 발견사항은 또한 학생의 정신적 측면의 발달보다는 지적 발달에 보다 기여하였다는 것을 보여 주었다. 사실, 교사와의 상호작용으로, IAP는 영재 프로그램을 받은 학생들이 공감적, 동기 혹은 지구력이 강하지 못하다고 추측하였다. 이상의 발견사항은 GEP 학생을 대상으로 실시한 설문지에서 숙제, 프로젝트를 보다 덜 하고 교사가 학생에게 거는 기대가 더 낮다는 결과를 통해서도 나타나고 있다. 또한 GEP에 참여하지 않는 교사 또한 영재 프로그램을 받는 학생들이 판별 받지 않은 학생들과 사회적인 관계를 갖는데 꺼려한다고 하였다.

IAP는 여러 시각을 통해서 이상에서 언급한 문제에 대해 제안을 하였다. 프로그램에 들어오면 보다 높은 기대, 경쟁 및 숙제를 갖게 될 것이며, 어려운 학업 과정을 수강하려고 하지 않거나 지지적인 도움에도 불구하고 낮은 수행을 보이면 프로그램에 참여할 수 없게 될 것임을 알려 주고 이해시켜야 한다는 것이다. 동시에, 바람직한 행동을 보이는 GEP 학생에게는 장려금을 수여한다. 정서적 차원에서의 학생 성장은 행동 및 태도 척도 외에도 작문과 기타 산출물을 통해서 평가할 수 있다. 진척사항을 결정할 때 이와 같은 평가를 사용하여 국가시험에 대한 수행을 보충할 수 있다. GEP

에 참여하는 학생과 그렇지 못한 학생간의 사회적 관계를 증진하기 위해서, 보다 통합적이고, 비학문적인 이벤트와 활동을 학교에서 계획하도록 제안하였다.

위원회 반응에 대한 개관. 초등 수준에서, 개관위원회는 GEP 서비스를 현재의 자원과 전문성 수준에서, GEP 학생의 상위 1%에 계속 한정해야 한다고 생각하였다. 그러나 수학에서 예외적인 재능을 보여 주는 GEP 학생을 위해서는 높은 수준의 학습기회를 만들기 위해 내부 프로그램을 수정할 수 있다고 하였다. 중학교 수준에서, GEP 서비스를 보다 넓은 학습자에게 확대하는 것을 고등학교/대학교 수준의 변화 맥락에서 조정할 수 있다. 예를 들어, 통합적인 프로그램을 실시하고 중학교 3학년에서 고등학교 2학년까지 통합적인 교육과정을 제공하는 중학교가 GEP 학교이다. 수학에서 속진 안들을 그 때 그 때 사례에 따라서 GEP와 GEP를 받지 않는 학생 모두에게 제공할 수 있다. 위원회는 또한 이들 학교들이 지역 대학과 협조하여 대학 수준의 수업에 등록하고 입학 학점을 얻도록 제안하였다. 이를 통해서 우수한 학생들이 지역 대학에 지원하도록 권장할 수 있다고 볼 것이다.

자녀의 발전을 돕는 교사와 함께 활동하고 그 목표를 위해 조력하도록 부모의 약속을 요청하였다. 프로그램에 남을 수 있는 자격은 동기와 바람직한 학습태도 외에 수행에 좌우된다는 점을 또한 학생에게 알린다.

개관위원들은 GEP 학생과 GEP를 받지 않는 학생의 사회관계를 학교에서 적극적으로 권장해야 한다는 IAP의 의견에 전적으로 동의하였다. 협동 교육과정 프로그램이 가장 좋은 길처럼 보였다. 최소한 GEP 학생들은 특징 형성과 국가적인 정체감을 증진하기 위해 고안한 활동에 GEP를 받지 않은 학생들과 함께 참여해야 한다. 학교는 또한 협동 교육과정 활동에 대한 GEP 학생의 참여를 관리하여 GEP를 받지 않는 학생과 상호작용할 기회를 증진하고 있음을 확인해야 한다.

프로그램의 판별 과정이 얼마나 효과적인가?

발견사항과 제안점. 학생의 요구에 부합하는 특별한 교육적 접근법을 마련하기 위해, IAP는 GEP가 평균 이상의 2 표준편차[2)]에 있는 모든 학생에 대한 조항을 만들어야 한다고 생각하였다. 그러므로 국가시험에서 97 퍼센타일과 평균 이상의 2 표준편차에 있는 GEP를 받지 않는 학생들도 특히, 자신의 특별 적성 영역에서 GEP 서비스의 혜택을 받을 것이다. 연구에 기초한 최선의 실제를 언급하면서, 자문 팀은 여러 측정에 기초하여 의사결정을 내리라고 제안하였다(American Educational Research Association, American Psychological Association, & National Council on Measurement in Education, 1999; Landrum, Callahan, & Shaklee, 2001). 최소한 세 가지 측정을 포함하고 프로그램 강조점과 관련이 있으며, 선발과 배치상 공정한 과정임을 보장해야 한다. 이상적으로 프로그램의 각 수준마다 다른 판별 절차가 있어야 하며, 판별 절차를 계속적으로 진행해야 한다. 그러므로 GEP 선발 기준을 교사 추천에 기초하고 재능발달 접근법에 따라 성취를 보여 주는 특별한 적성을 판별할 수 있도록 확장해야 한다. 이를 통해서 특별한 적성을 가진 학생을 위해 과목 특수적인 학급에만 참여하는 방식으로, GEP 학생 집단을 확대할 것을 제안하였다.

위원회 반응에 대한 개관. 개관위원회는 평균 이상의 2 표준편차에 있는 모든 학생을 포함하여 인원수를 증가하는 것에 동의하지 않았다. 초등 및 중학교 교사들은 초기 GEP 학생집단에 비해서 현재 GEP 학생집단의 능력이 보다 다양하다는 점을 관찰해 왔다. 교사는 또한 이질성이 클수록 심화 교육과정을 실시하는 것이 어렵다고 의견을 표현하였다.

---

2) 장애 영역에서, 평균 이하의 2 표준편차에 있는 학생들은 그 예외적인 특징으로 인해 특별 서비스를 받는다.

GEP를 받을 학생을 판별하기 위해 여러 측정을 사용하는 것에 대해서, 개관위원들은 2단계 선발/판별 과정을 사용하고 있으며 교육 체계 내 모든 초등학교 3학년 학생에게 선발시험을 보는 기회를 제공하는, 싱가포르 상황에서 여러 측정의 사용을 비판하지 않았다. 부수적으로, 전인적인 학생을 육성하자는 교육철학에 따라, 일반 지적능력으로서 영재성을 조작적으로 정의하는 것을 존속하기로 결정하였다. 그러나 사사 프로그램과 높은 수준의 수학을 받을 학생을 선택할 때, 여러 측정을 실시하자는 IAP의 제안을 채택하였다. 초등 수준에서, 교사 추천과 학생이 보여 주는 높은 능력을 기준으로 사용해서 수준 높은 학급에 참여하게 하였다. 통합 프로그램을 제공하는 중학교에서, 교사는 특정 영역에서 뛰어난 학생들이 높은 수준의 교수지도 및 연구 활동을 할 수 있도록 지명하고, 이 목적을 위한 판별을 지속적으로 실시할 것이다.

교육과정 설계, 발전 및 차별화를 증진하는 과정은 얼마나 효과적인가?

발견사항과 제안점. 문서자료분석에 기초하여, IAP는 핵심 변인에서 강한 일관성을 발견하였다. 연구 프로그램은 특히 인지 영역에서 교육적인 목적을 달성한 것으로 나타났다. 프로그램 목적을 실용적인 영역에서 언급하고 있는 반면, 학급 방문 동안 주어진 수업 계획은 분명히 교육부에서 준비한 내용지침에 따라 배열된 것이었다. 교수법은 수학과 과학 학급에서 강력하였지만, 인문과 영어 학급에서는 고르지 않았다. 인지와 정서적 목표 이행이 동일하지 않았는데, 수학과 과학 학급은 전적으로 인지적 목표에 집중되었고, 영어와 인문 학급에서는 인지와 정서를 혼합하여 강조하였으며, 윤리(Civics and Moral Education, CME) 학급에서는 정서를 과도하게 강조하였다. IAP는 교육부가 학생 학습을 평가하지 않고 내용에도 연결되지 않은 정서 발달을 위한 별도의 학급 원리에 대해 재고할 것을 제안하였다. IAP는 모든 내용 영역에서 인지와 정서적 목표를 통합하는 것이 보다 바람직하다고 생각하였다. 평가적인 사고를 보다 강조하는 학급-기반 실제를 증진할 수 있다고 제안하였다. 주장을 지지할 때 기준을 사용하도록 가르침으로써 상대주의적 사고의 양을 줄일 수 있다는 것이다. 윤리교육을 통해서 복잡한 방식으로 학생들을 지적활동에 참여하게 하며 국가의 미래에 기여하고자 하는 소망을 자극할 것도 제안하였다. 예를 들어, 역사적 분석을 깊게 하고 여러 관점을 격려하고 국가의 과거와 미래의 복잡성에 대한 이해를 증진하기 위해 여러 자료와 문서를 사용한다. 학생들로 하여금 국제적인 문제와 지역 관심사에 대한 문제해결에 참여하고, 학생의 해결책을 평가하도록 전문가를 초청하여 보다 진중하게 문제를 다루게 해준다. 국가 발전에 공헌한 사람의 전기 또한 모델의 역할을 하며 학생의 흥미를 증진시킨다.

인지적인 영역에서, 학생이 보여 주는 유능성이 다양하므로, 이에 따라 과제와 자료를 차별화해야 한다. 개별화 연구 활동, 사사 프로그램 및 경진대회 같은 기존의 프로그램을 통해 제공할 수 있는 것보다 개인적인 선택안을 중학교 수준에서 확대해야 한다. GEB로 하여금 개별 학교의 차이점과 요구를 인식하여 프로그램의 실행에서 융통성을 갖도록 권장한다. 속진의 실제를 보다 사용할 것을 또한 고려해야 한다.

평가 영역에서, 국가시험의 천정효과 때문에 학생에 대한 프로그램의 효과를 판단할 때 불충분한 자료를 제공하므로, 프로그램과 교육과정 성과에 잘 맞는 도구를 개발하도록 제안하였다. 연구에 기반을 둔 최선의 실제에서는 다중적인 차원에서 평가를 실시하여 학생의 수준 높은 학습을 보여 줄 것을 제안하였다. IAP는 이에 덧붙여, 연령과 학년 수준에 매이지 않은 내용에 기반을 둔 수행평가를 주요 학년 수준에서 사용할 수 있도록 개발하고, 학생 성과에 대한 체계적인 분석을 매 3년마다 실시할 것을 제안하였다. IAP는 자료 수집이 향후 계획과 의사결정에 밀접하게 관련이 있으며, 영재학습자를 위한 확고한 규정을 위해서는, 프로그램의 모든 면에 대해 주의 깊게 정보를 수집해야 한다고 언급하면서 평가 구조를 형성하도록 조언하였다.

위원회 반응에 대한 개관. 개관위원회는 인지와 정서적 목표를 완전히 통합하는 것이 GEP 교육과정 설계에서 주도적인 원리가 되어야 하며 학업적 교육과정 내에서도, 인지와 정서적 영역이 과목별로 서로 맞물려 있어야 한다는 데 동의하였다. 위원회는 시민의식과 서비스를 교육과정의 요소로서 통합하여 GEP 학생의 정서적 발달을 강화하자고 하였다. 교육과정 발달과 교수지도를 알려 주기 위해 영재에게 윤리교육을 시키는 효과적인 방법에 대해 연구를 진행할 것이다. 교육과정 기회를 보다 개별화함으로써, 특수 과목에서 예외적인 능력을 가진 학생을 위해, 통합 프로그램의 맥락 내에서 개별화를 실시할 것이다. 대안적인 평가를 국가시험을 보충(PSLE)하기 위해 개발할 것이며 여기에는 학업수행, 독립연구(개별화된 연구 활동), 포트폴리오 및 지역사회 의무 이행 등이 포함될 수 있다. GEB는 또한 체계적으로 시간추이에 따른 학생의 성장을 측정하는 평가 구조를 연구할 것이다.

교사 선발, 연수 및 프로그램상의 발전 메커니즘이 얼마나 효과적인가?

발견사항과 제안점. 자문회의는 교사 선발 및 준비를 할 때 학교에 도움을 주는 교육부 지원 구조가 교사 개발에서 매우 바람직한 면이라고 언급하였다. 교사 선발에서, 여러 유형의 교사가 영재학생 발달 과정을 위해 필요하다는 점을 기억해야 한다. 첫 번째 유형은 학생들로 하여금 학업 혹은 수행 영역과 사랑에 빠지게 돕는 것이다. 두 번째 유형은 전문성을 개발하기 위해 기술, 지식을 제공하고 학생 요구를 관리하는 것이다(Bloom, 1985). 세 번째 유형은 학생을 성공적으로 사회화시킬 때 필요한 지침과 책략적 지식을 제공하는 것이다(Sternberg, Grigorenko, & Bundy, 2001).

IAP는 전반적인 교사의 질이 높다고 하였지만, 교사 개발에서 보다 관심을 기울여야 하는 영역도 지적하였다. 교사를 위한 서비스 과정에서, 계획의 기초로서 강점과 약점을 활용한, 내용 관련 교수법에 주안점을 두어야 한다. 또한 교사의 요구에 기초하여 연수를 차별화해야 한다. 보다 많은 자원을 제공하여 프로그램의 보다 어려운 영역을 차별화하도록 도움을 준다(예: 도덕교육). 신입 교사를 사사하는 지속적인 실제 외에, 교육부는 신입 교사에게 프로그램에 남아 있도록 장려금을 제공해야 한다. 또한 영재교육 책략에서 연수를 받은 교사 집단의 확대를 조언하였다. 즉, 교사 교육은 싱가포르의 전반적인 교육 프로그램을 업그레이드할 뿐 아니라 향후 GEP 교사를 선발하기 위한 기초로서 활용할 수 있음을 제안하였다.

위원회 반응에 대한 개관. 이 제안들은 교사 선발, 교사 배정과 미래 교직원 개발 노력을 안내할 것이다. 학급 실제를 업그레이드하고 보다 통합적인 교육과정을 전달하기 위해서는 우선 교사연수가 있어야 한다. GEB는 교사들을 현재의 문제에 노출시키는 회의와 세션을 조직하여 학생의 사회 및 도덕적 문제를 포함하여, 폭넓게 문제에 참여하고 토론하도록 하였다. 자신의 경험, 도전과 영재학생 지도에서 성공담을 공유하기 위해 교사학습 집단을 조직할 수 있다. GEB는 GEP 학교가 아닌 곳을 포함하여 학교에 자문과 연수 서비스를 제공할 때 요청을 받아, GEP에 참여하지 않는 교사에게 연수를 실시한다.

어떤 프로그램 조직적 구조가 싱가포르 영재에게 가장 이득이 되는가?

발견사항과 제안점. 초등학교 4학년에서 중학교 4학년까지 7년 동안 GEP 프로그램을 실시하였다. 자문 구성원들은 다른 나라의 대부분 프로그램보다 짧은 것이라고 하였다. 프로그램이 보다 낮은 수준으로 확대되지 말아야 한다는 설문 결과를 인정하지만, 그럼에도 불구하고 IAP는 조기 판별과 조기 심화원리에 기초하여, 교육부에게 최소한 1년 일찍 프로그램을 시작하는 것을 고려하라고 촉구하였다. 초등학교와 중학교 수준에서, IAP 구성원들은 우수한 학생들이 다음 학년 수준의 학습에 참여하는 계획적인 학급[3]을 추천하였다. 이것은 중학교 4학년 이상으로 그 프로그램을 확장해야 한다는 설문 결과와 일치하는 것이다. 이전에 프로그램[4]을 받지 않은 학생을 포함하여, 자격을 갖춘 학생에게 보다 차별화된 교육과정을 체계적으로 제공할 수 있도록 Junior College의 기존 프로그램을 제안하였다. 만약 특별학교를 고려하고 있다면, 두 가지 고려사항을 염두에 둘 것을 제안하였다. 한 가지 제안점은 만약 전체가 상위 3% 내에 있다면, GEP를 후원하는 중학교를 영재학교로 지명해야 한다는 것이다. 두 번째는 새로운 영재학교가 중학교 및 Junior College 학년 수준을 결합해야 하며 예술, 수학, 과학 및 테크놀로지에 집중해야 한다는 것이다. 모델과 무관하게 행정가는 프로그램과 프로그램 참여자의 특징에 대한 원리를 여러 청중에게 명확하게 해주는 선결 지식기반과 특별한 유능감을 갖추고 있어야 함도 지적하였다.

---

3) Joplin 계획이 한 예로서 언급되었다. 대부분의 시간 동안 이질적인 학급에 있는 학생들을 읽기 혹은 수학 학습에서 다시 집단 편성을 한다.

4) 문서자료분석에 의거하여, 국제 올림피아드에서 싱가포르의 대표자이며 국제 과학 프로그램에 참여한 Junior College 학생의 50%가 GEP 프로그램을 받지 않은 학생이라고 IAP는 언급하였다.

위원회 반응에 대한 개관. 개관위원회는 8살[5] 이상 되는 아동에게서 시험점수가 보다 신뢰롭고 안정적이기 때문에, 초등학교 4학년에서 프로그램을 시작해야 한다고 결론을 내렸다. 초등학교 3학년 때의 선발을 통해서 또한 학교교육은 가정환경에 따른 아동의 경험적 격차를 연결하는 효과를 마련할 수 있을 것으로 생각하였다(Phua, 1983). Junior College 수준의 학생에게 서비스를 확대하자는 제안은 보다 높은 중학교 및 Junior College 교육체계를 재구조화하려는 개혁 노력 차원에서 고려하고 있다. GEP 학교는 뛰어난 능력을 가진 학생에게 중학교와 Junior College를 통합한 교육과정을 제공하고 심화 프로그램에서 충분히 언급해 주지 못하는 요구를 가진 아주 뛰어난 학생에게 주제-특정적인 속진 선택안을 확대할 것이다. 사사에게 지나치게 세금을 부여하지 않고 사사 제도를 학교/대학에서 제공하는 것 그 이상으로 나아갈 준비가 된 학생에게만 열어 주자는 IAP의 조언에 주의를 기울이는 것이 바람직하다는 점에 동의하였다.

개관위원회는 영재학교를 찬성할 것인지 반대할 것인지 심사숙고 하고 있다. 초등학교 수준에서, GEP를 받는 학생과 GEP를 받지 않는 학생을 혼합하자는 지침이 두 집단의 학생을 사회화하는 기회를 많이 보장한다고 하였듯이, 정규학교에서는 독립식 학습의 현재 실제를 유지하자고 결정을 내렸다. 중·고등학교 수준에서는 통합 프로그램을 실시하여 프로그램을 받는 학생들과 일반학생을 비교적 구분하지 않을 것이다. 위원회는 중학교 이상/Junior College 교육을 살펴보고서, 이것이 또 다른 선택안을 도입할 기회라고 생각하였다. 수학과 과학 특수학교는, 지역 대학과의 동반자적 협동관계를 설정하여, 수학과 과학에서 상급 과정을 공부할 적성과 흥미를 가진 학생에게 교수지도를 제공할 수 있다고 보았다.

5) Sternberg, Grigorenko, Bundy(2001)는 IQ의 예견력이 아동의 연령과 함께 해마다 증가한다고 언급하였다.

어느 정도 프로그램의 목적, 논쟁거리 및 관심사를 언급하기 위해 보다 큰 지역사회와 동반자적 관계 및 협동관계를 이용하는가?(대학, 기업 및 부모)

발견사항과 제안점. GEB는 창의성과 수학, 과학, 인문, 정보 테크놀로지와 리더십의 혁신에 관심 있는 학생을 육성하고자 13개 특별 프로그램을 제공한다. GEB는 이들 프로그램을 운영하기 위해 높은 수준의 학습기관의 자원과 전문적인 대행기관을 선정한다. IAP는 학생의 산출물이 질적으로 수준이 높아 깊은 인상을 받았다. 서비스를 Junior College 수준까지 확장하는 부분으로서, 자문 구성원들은 대학 수준에서의 사사 프로그램을 특수한 프로젝트에 집중하여 실시할 수 있다고 제안하였다. 이것은 대학과의 연계성을 강화하자는 의미이다. 또한 GEB가 National Institute of Education(NIE)[6]와의 협조를 증진하는 기회를 찾으라고 제안하였다. NIE 교수는 특수 프로그램을 위한 사사인력을 확대할 뿐 아니라 또한 GEP에게 교사연수와 부모교육 프로그램을 제공하고 GEP 관련 연구, 자료분석과 프로그램 평가를 실시할 수 있다고 생각하였기 때문이다. 교육 및 심리학의 기타 전문집단과의 협조관계 또한 권장하고 있다.

위원회 반응에 대한 개관. 개관위원회는 영재 프로그램을 기존의 수준 높은 학습기관과의 협동관계를 강화하여, 보다 동반자적인 유대를 시작하고 다른 지역사회 자원을 선정할 수 있다는 데 동의하였다. GEB가 수행하였던 연구 및 평가 노력 외에도, 이들 동반자적인 기관들은 휴일 심화 캠프 같이 새롭게 시작하는 프로그램의 규정뿐 아니라, 교사연수와 부모교육 등 여러 방면에서 도움을 줄 수 있다.

---

6) 이것은 싱가포르에 있는 유일의 교육학과이며, Nanyang Technological University에 소속되어 있다.

논 의

균형적으로, 개관위원회는 판별 과정과 관련 있는 것을 제외하고는 국제 자문회의의 대부분을 수용하였고 이것은 주로 지역 맥락의 독특한 환경 때문이었다. 교육 체계 내 모든 아동들이 프로그램에 선발되어 배정되는 가능성이 동일하므로, 판별상의 여러 도구는 중요하지 않았다. 모든 아동들이 영어를 말하는 가정 출신이 아니므로, 이런 수준의 차이를 없애기 위해서는 시간이 필요하며, 선발을 너무 일찍 하지 말아야 한다고 생각되었다. 마지막으로, 시험으로 특별한 재능을 가진 학생을 판별해야 한다는 제안은 일반교육에 대한 교육부 철학과 일치하지 않았다.

자문의 제안은 중학교 이상/Junior College 분야에서 발생할 변화 맥락에 대비하여 생각할 때 시기적으로 적절하였다. 재능 있는 GEP 학생과 GEP를 받지 않는 학생들이 통합 프로그램에서 서비스를 받을 수 있도록 속진을 확대할 수 있다. 수학과 과학에 특수한 적성을 가진 학생을 위해, 중학교와 Junior College를 결합하는 방안을 선택안에 첨가하였다. 이들 새로운 프로그램을 받을 학생을 선발할 때, 여러 기준을 사용할 것이다. GEB는 이미 교육과정, 교수지도, 평정, 평가 및 교직원 개발과 관련된 제안점을 실행에 옮기고 있다. 이상의 것 중에서 일부는 즉각적인 효과를 보여 줄 수 있지만 다른 것들은 보다 시간이 걸리고 효과를 거두기 위해서는 계획을 해야 할 것이다.

외부(외국) 평가자 참여의 특징

평가의 목적은 실제 관여한 모든 사람에게 분명해야 하며, 간접적으로 평가 과정에 관여하는 사람들뿐 아니라, 이해관계자들에게 평가 목적을 명백하게 전달해야 한다. 평가가 왜 필요하고, 프로그램 구조를 향상하며,

보다 높은 수준에서 프로그램을 실시하고 발전시키도록 도움을 주는 의사결정과 정책 형성을 제안할 때, 평가에서 발견한 사항을 활용하도록 모든 관련자들을 이해시키고 보장함으로써, 프로그램에 대한 책임을 사람에게 부가하는 잠재적 위협을 완화하게 된다.

외국 자문이 참여할 때, 자신의 책임을 적절한 맥락에서 실시하기 위해서, 지역 교육(그리고 사회/문화적) 환경에 익숙해지려고 노력하였다. 평가 활동은 가능한 한 포괄적이고 활동 목적 지향적임을 보장하기 위해, 자문은 프로그램 정보를 접할 수 있어야 한다(Patton, 1987). 자문이 정보, 자료 및 기존 문서자료를 얻을 수 있어야 한다. 시간을 만들어 자문은 GEP 사람 혹은 가장 최근 활동 내, 지역 개관위원과 초기에 받은 인상에 대해 논의한다. 대화를 통해 자문은 부가적인 정보를 얻기 때문에 이런 시간은 매우 중요하다. 반대로, 이 시간을 통해 자문들은 질문을 재구조화하거나 접근법을 정련한다. 식사시간 또한 지역과 외부 팀 사이에 라포를 형성할 때 도움이 되며 평가를 수행하는 환경을 비위협적이고 즐겁게 해 준다. 외부(외국) 평가 팀과 함께 지역 개관위원이 활동하는 이런 모델은 최소한 두 가지 이유에서 효과적이다. 첫째, 지역 위원회가 실시한 초기 활동(관련 자료 수집, 문서자료 준비, 문제에 대한 토론)을 통해서 외부 평가자에게 풍부한 정보를 효율적이며 효과적으로 제공할 수 있다. 둘째, 외부 팀의 다른 관점과 전문성은 지역 팀으로 하여금 새로운 견지에서 문제를 다시 계산하게 하고, 최선의 실제란 연구 결과로 지지받는 것임을 염두에 두고서, 해결 및 새로운 시도를 탐색하도록 돕는다.

또 다른 탁월한 특징은 지역 개관위원회가 과거의 정책, 현재의 실제 맥락, 지역 교육상황의 임박한 변화를 비교하여, 외부 팀의 제안점을 심사숙고하고, 어떤 제안점을 즉시 실시하기 위해 수용해야 하는지, 어떤 것이 가까운 미래에 실시 가능한지, 그리고 향후 발전에 필요한 사고를 이끌어 내는데 유용한 것이 무엇인지 결정하게 한다. 이 평가에서 세 개의 보고서가 나왔다. 외부 팀이 최종 작성한 보고서를 지역 위원회에 제출하면, 지역 위원회는 외부 팀 보고서에 대한 위원회의 반응을 교육부에 제출하고, 주요 문제를 보다 논의한 후에, 지역 위원회가 외부 팀의 보고서를 또한 통합하여, 최종 발견사항과 제안점을 보고서로 작성하여 제출하였다.

결 론

평가 과정의 가치는 대개 평가가 끝나면 간과된다. 일반적으로 대부분 평가들은 마지막 단계에서 짧게 끝나버리는 것을 발견하게 된다. 즉, 프로그램 발전과 개선을 위해 과정과 발견사항을 활용해야 한다. 평가 발견사항은 프로그램에 밀접하게 관련되어 있는 사람들에게 "맹점"을 경고할 수 있다. 프로그램의 장점을 타당화하는 한편, 직원이 인식하지 못하는 개선해야 할 프로그램의 영역에 또한 초점을 맞춘다.

본 장에서 기술한 평가에서는, 철저하게 조사하고 평가하는 동안 드러난 풍부한 증거에 기초하여, 행정가들로 하여금 보다 즉각적으로 관심이 필요한 프로그램의 주요한 면을 결정하고 향후 조치를 위해 시간을 계획하도록 돕는다. 팀의 독립성, 외국 전문가의 발견사항에 대한 신뢰성 부여 및 이들의 상이한 관점을 통해서 지역 관계자들이 갖고 있던 기존 실제와 가정에 도전을 주었다. 평가 과정은 또한 효과적인 실제가 무엇인지 새로운 지식을 얻도록 기여하였고 평가에 참여한 모든 사람들 사이에 공동의 이해를 형성하도록 도움을 주었다. 마지막으로, 프로그램 관련자는 평가 과정 그 자체에서 얻은 지식과 경험을 활용하려고 조화로운 노력을 기울였다. Goethe가 예전에 말했듯이, "지식은 충분하지 않다. 즉, 우리가 적용해야 한다."

프로그램 행정가를 위한 실제적인 조언

1. 평가 노력에 대해 진지해진다. 무엇인가 하려고 보다 나은 길을 찾기 위한 관점을 가지고 평가 노력을 한다. 평가 성과는 평가 목적으로 결정된다는 것을 기억한다.
2. 정보수집에 일관성이 있어야 한다. 일관성을 통해서 어느 정도 철저하게 평가를 할 것인가를 결정하며 현장 평가를 보다 효율적으로 실시하게 된다.
3. 외부 평가자가 참여할 때, 평가받는 프로그램에 책임이 있는 기관은 평가자가 외부인이고, 나라에 대해서도 외부인이므로, 시간과 참여를 최대화 할 수 있도록 이들에게 모든 조력을 제공해야 한다.
4. 최선의 실제에 개방적인 태도를 가져야 하지만 마찬가지로 지역 맥락에 민감해야 한다. 일반적으로 최선의 실제라고 하는 것이 지역 환경에서는 잘 적용되지 않을 수 있다.
5. 제안점을 수용하고, 보관하고, 거부하는 이유 및 이에 대해 논의한 바를 문서로 작성해 놓는다. 모든 평가 문서는 향후 평가 노력을 기울일 때 사용할 수 있다.

참고 문헌

American Educational Research Association, American Psychological Association, & National Council on Measurement in Education. (1999). *Standards for educational and psychological testing*. Washington, DC: American Educational Research Association.

Bloom, B. S. (1985). *Developing talent in young people*. New York: Ballantine Books.

Feldman, D. H. (1985). *Nature's gambit*. New York: Basic Books.

Hopson, R. (2001). Global and local conversation on culture, diversity, and social justice in evaluation: Issues to consider in a 9/11 era. *American Journal of Evaluation, 22,* 375–380.

Landrum, M. S., Callahan, C. M., & Shaklee, B. D. (Eds.). (2001). *Aiming for excellence: Annotations to the NAGC pre-K-grade 12 Gifted program standards.* Waco, TX: Prufrock Press.

Nielson, M. E., & Buchanan, N. K. (1991). Evaluating gifted programs with locally constructed instruments. In N. K. Buchanan & J. F. Feldhusen (Eds.), *Conducting research and evaluation in Gifted education: A handbook of methods and applications* (pp. 275–310). New York: Teachers' College Press.

Patton, M. Q. (1987). *How to use qualitative methods in evaluation.* Newbury Park, CA: Sage.

Phua, S. L. (1983). *The gifted project.* Singapore: Ministry of Education.

Rossi, P. H., & Freeman, H. E. (Eds.). (1993). *Evaluation: A systematic approach.* Newbury Park, CA: Sage.

Royse, D., Tyler, B. A., Padgett, D. K., & Logan, T. K. (2001). *Program evaluation: An introduction* (3rd ed.). Belmont, CA: Brooks/Cole.

Sternberg, R. J., Grigorenko, D., & Bundy, E. A. (2001). The predictive value of IQ. *Merrill-Palmer Quarterly, 47,* 1–41.

제 12 장

상위평가 결과: 영재 프로그램의 질적 향상에 대한 촉구

Joyce VanTassel-Baska

> 사람들이 감독하거나 생산하는 것이 무엇이든지 이를 평가하고—그리고 자신을 평가하려는 열의가 없다면 전문성 같은 것은 없다.
>
> — Michael Scriven(2000, p. 258)

미래에 영재 프로그램은 어디를 가고 있을까? 고려해야 할 중요한 경향과 문제는 무엇인가? 지난 10년 간의 평가연구에 의하면, 평가 분야는 일련의 상호 연관된 문제로 고통을 받았다.

첫째, 신뢰성의 문제가 있다. 부분적으로는 영재성 개념 및 모델에 대한 여러 개념을 그 이면에서 실시한 연구가 거의 없기 때문에, 모든 수준에서 영재교육을 사회의 중요한 그리고 심각한 관심사로 간주해야 하는 필요성을 정책입안자에게 납득시키지 못하였다. 이와 같은 신뢰성의 부족을 다음에서 볼 수 있다. 우리 대학은 10% 미만 그 정도에서 영재와 관련하여 이를 준비하는 프로그램을 제공하는 것으로 보인다. 우리의 전체 기금은 연방 예산의 1% 미만이다. 전체 금액(주, 지방 및 연방)의 160배 이상이 다른 예외성을 지원하는 데 들어간다. 그리고 전일제 영재 프로그램 코디네이터를 고용하는 주가 반도 안 된다.

둘째, 영재 프로그램을 조작하는 정치적 역동성이 두 번째 문제이다. 엘리트주의라는 비난과 교육 및 문화적 배경이 좋지 않은 사람을 고려하지 못한다는 지각이 모든 수준의 프로그램 개발자에게 팽배하다. No Child Left Behind Act의 구경꾼들은 심지어 사회에서 충분한 관심을 받지 못하는 영재 프로그램을 적정수준에서 성취하지 못하는 학생에게 하는 부수적인 강조처럼 만들 수도 있다.

이상의 두 문제를 볼 때, 충분한 내부구조의 부족으로 꼼짝 못하고 있는 영재 프로그램을 발견하게 된다고 놀라운 일이 아니다. 자원 부족 때문에, 일반적으로 깊이 있는 프로그램을 개발하고 실행하기 어렵다. 이들 프로그램의 겉모습은 1) 판별 도구의 기술적인 정확성이 부족하고, 2) 어떻게 도구를 사용해야 하는지에 대한 이해가 부족하고, 3) 프로그램 목표를 학급 실제로 변형하는데 성실성이 부족하며, 4) 프로그램이 미치는 효과를 보여 주는 결정적인 자료가 부족하다는 점에서 가장 분명하게 볼 수 있다.

여러 평가 결과를 분석해서 이 분야에서 서로 얽혀 있는 문제의 본성을 입증할 수 있다. 우리는 또한 개선에 주안점을 두는 형성평가 노력을 넘어서, 질과 가치에 초점을 맞추는 총괄평가로 나아가는 길을 찾아야만 한다. 이것을 하기 위해서, 우리는 평가를 잘 설계하고, 학생 평가 모델을 포함하여 검증할 수 있는 프로그램 발전 모델의 한 부분이 되도록 평가를 설계해야 한다. 이상의 접근법은 정치적인 반응에 대한 일화로서 효과적으로 계획하는 것을 적극 장려한다.

방법론

개별 평가연구에서 결과를 도출할 때, 우리의 방법은 타당한 절차를 통해서 타당도를 보여 주는 다음의 두 가지 과정을 수반한다. 구성원 검토와 다각도에서 조사하기(Creswell, 1998; Eisenhart & Howe, 1992). 각 프로그램 코디네이터는 평가 보고서의 초안을 검토하고 보고서의 정확성과 학교 상황에서 벌어지는 현실세계와 일치하는지 토론에 참여하였다. 따라서 공식적으로 공개해 놓고 결과의 진실성을 확인하려고 시도한다(Shark, 2002). 각 코디네이터는 또한 보고서의 결과를 비교-검토할 때 National Association for Gifted Children 기준을 기초로 하여 프로그램의 자아-평가를 실시하였다. 또한 보고서에 대해 토론할 때 이 자아-평가도 논의하였다.

두 번째 수준에서, 모든 평가 결과를 다각도에서 조사하기 위해 자료원과 비교 참조하였다. 〈표 12.1〉은 실시한 여러 평가연구 중 하나를 다각도에서 조사하는 과정을 기록해 놓은 것이다.

핵심적인 아이디어를 기록하는 7개 세트에 기본적인 코딩 지도를 적용하여 상위평가 과정을 달성하였다. 2개 그 이상의 연구가 어떤 결과를 반영할 때, 이를 관련 프로그램 개발 범주로 코딩하였다. 수준 1 분석에서, 내용 범주를 (a) 판별, (b) 교육과정, (c) 교직원 개발, (d) 부모 관련 문제, (e) 평정과 평가, (f) 프로그램 설계와 개발, 그리고 (g) 프로그램 자원 문제에 대한 여러 연구별 결과에서 도출하였다. 1~5 표시는 주어진 범주 내에서 발견한 숫자를 나타난다. 일단 이 결과를 기록하면, 제목을 이끌어내기 위해 분석을 실시하였다. 마지막으로, 무엇보다도 일반적인 아이디어는 주제별 분석에서 도출해내었다(Anfara, Brown, & Mangione, 2002). 〈표 12.2〉는 자료 세트에 적용한 과정의 결과를 보여 준다. 이들 기법을 통해서, 우리는 실제와 해석하는 방법에 관심을 기울여서, 배운 바를 이해할 수 있었다(Denzin, 2000).

〈표 12.1〉 표본 결과: 다각도 조사의 성과 및 과정

결과	자료원
주에 있는 학군들뿐 아니라 한 학군에서 실시하는 프로그램과 서비스에서도 공정성과 일관성이 부족하다.	FG, I, DR, CO
일부 학생과 성인 이해관계자들은 영재 판별 과정에 대해 모르고 있었다. 또한 너무 과중하게 높은 성취점수와 교사 추천에 의존한다. 대부분 학교에서는 초등학교 이상에서 사용하는 별도의 판별 접근법이 없다.	FG, TH, DR
대부분 학군의 판별 과정은 여러 범주에 초점을 두지만 프로그램 서비스는 이 과정에 맞지 않는다.	I, DR, GPS
판별 과정이 충분하게 소수민족 학생(특히 라틴계), 이중 예외적인, ESL과 미성취 같은 집단을 판별하는 책략에 주안점을 두지 않는다. 특별 프로그램 기회가 이들 학생에게 마련되어 있지 못하다.	DR, I, GPS
영재학생들의 국가 발생률(5~15%)을 볼 때, 대부분 학군에서 과소 판별된다.	DR, I, FG
정규학급 배정과 pull-out 프로그램이 지배적이며, 융통적인 집단 편성 접근법을 잘 활용하지 않는 것 같다.	FG, GPS, I
양질의 프로그램을 제공하기 위해 필요한 최소한의 접촉시간에도 미치지 못한다. 즉, 영재학생과 함께 하는 프로그램 미팅 중 거의 40%가 주당 2시간도 안 된다.	FG, GPS, FS
개별 교사가 선호하는 것에 따라 강조하는 교육과정을 도출하며, 대부분 강조하는 영역은 프로젝트 활동, 비판적 혹은 창의적인 사고이다.	GPS, CO, FG
영재교육과정을 개발할 때 모든 학교교육 수준에서 목적과 성과를 분명히 하고 구체화해야 한다. 차별화된 교수지도가 제한되어 있다. 영역별로 제공하는 교육과정에 포괄성과 명료성이 현재 부족하다. 중학교와 고등학교 선택안 중, 여러 영역과 테크놀로지/원거리 학습기회에서 특히 우등생반과 Advanced Placement 과정을 증가시켜야 한다.	FG, TH, CO, DR

〈표 12.1〉 표본 결과: 다각도 조사의 성과 및 과정 (계속)

결과	자료원
pull-out 프로그램이 초등학교 수준에서 지배적이며 정해진 교육과정 없이 촉진자가 유도한다. 학생과 부모는 프로그램이 도전적이라고 지각하는 반면, 이해관계자들은 프로그램의 부분적인 특징에 대해 염려한다.	FG, DR, CO
영재에게 여러 교수지도 접근법을 일반적으로 사용한다.	FS, GPS, CO, FG
학급 실제를 증진할 때 그 기회를 소수 교사에게 제공하고 있어, 연수기금을 혜택이라고 생각한다. 대부분 사람들은 이를 인식하지 못하거나 프로그램에 유의한 영향을 미치기에는 너무 작고 너무 잘못 사용되고 있다고 생각한다. 연수기금의 좋은 점이라고 언급한 것을 보면, 교사 효능감을 증진하고, 영재의 요구를 보다 효과적으로 충족하며, 긍정적인 방식으로 교직원의 태도를 변화시킨다는 것이 포함되어 있다.	FG, I, GPS
영재교육에서 교직원 개발 기회가 수 및 초점면에서 너무 제한되는 것으로 보인다. 학군의 70%는 영재교육에서 연수가 여전히 필요한 사람이 반 이상이라고 말하였다.	GPS, FS, FG, I
학군의 반 이상이 정규적으로 계획을 세워 평가를 실시하지 않는다. 자아보고식 자료에 의하면, 여러 측정도구로 영재를 평정한다고 하지만, 이와 같은 과정이 실제 발생하는지 보여 주는 증거가 거의 없다.	GPS, I, DR
대부분 코디네이터가 여러 일을 담당하고 영재교육에서 연수를 받지 않아, 프로그램을 운영하고 적절하게 관리하는 데 어려움이 있다.	GPS, FS, I
대부분 영재 프로그램은 부모와의 의사소통에 문제가 있다고 하였다. 형식적으로 이용할 수 있는 부모교육 프로그램이 거의 없다.	FG, TH, GPS
지역에 프로그램을 전달해 주는 적절한 교직원과 자원이 없으므로, 이를 보는 이해관계자에게는 프로그램의 개선을 방해하는 주요 요인으로 비춰진다. 프로그램에 대한 행정적인 리더십의 부재 또한 주된 문제라고 생각한다.	FG, TH, CO, I, GPS
개선을 위한 규정들이 교육과정을 개발하고 명료화하는 데 초점을 맞추고 있다. 정규학급교사와 교직원을 위한 교사연수가 보다 필요하다.	FG, TH, FS, GPS

주) CO = 학급관찰; DR = 문서개관; FG = 초점집단; I = 인터뷰; GPS = 영재 프로그램 설문; FS = 촉진자 설문; TH = 마을회관 회의.

〈표 12.2〉 코딩 지도: 7개 평가연구별 결과에 대한 내용 분석

수준 1	A1	판별 체계에 대해 잘 알지 못한다.
	A2	판별 체계가 효과적이라고 생각되지 않는다.
	A3	판별 체계가 과소로 판별되는 집단에 충분히 민감하지 않다.
	B1	영재 프로그램에서 차별화된 실제가 부족하다.
	B2	정규학급 내에서 이뤄지는 차별화가 부족하다.
	B3	교육과정 구조가 부족하다.
	B4	교육과정의 영역과 계열성이 부족하다.
	B5	여러 교수지도 접근법을 사용한다.
	C1	교직원 개발이 계획성이 없고 교사가 유도하는 것이다.
	C2	교직원 개발 기회가 제한적이다.
	D1	효과적인 부모 의사소통이 부족하다.
	D2	프로그램에 있어 부모 참여가 부족하다.
	E1	프로그램 구조의 한 부분으로 평가를 생각하지 않는다.
	E2	프로그램에서 이뤄지는 학습을 기록하는 등의 영재 평가자료가 부족하다.
	F1	학교별 프로그램 실시상에 일관성이 부족하다.
	F2	초등학교부터 중·고등학교 수준까지 프로그램의 영역과 계열성이 부족하다.
	F3	제공하는 재능영역에서 포괄성이 부족하다.
	F4	이해관계자들은 학생 도전과 프로그램 이점에 대해 만족한다.
	F5	여러 프로그램 선택안을 이용할 수 있다.
	G1	프로그램을 효과적으로 실시할 인적자원이 부족하다.
	G2	프로그램의 전일제 코디네이터가 부족하다.
	G3	프로그램을 발전시키고 지탱할 기금이 부족하다.
	G4	이해관계자들은 프로그램 코디네이터와 프로그램에 배치된 교사에게 만족한다.
수준 2	•	헌신적인 교직원
	•	도전적인 기회에 대한 지각
	•	접근법과 선택안의 다양성
	•	영재와 활동하는 교직원의 심도 깊은 준비의 필요성
	•	판별 체계의 불완전성
	•	평가 설계가 없음
	•	자원 부족
	•	계획과 실시상에서 프로그램의 일관성에 대한 필요성
	•	학생 학습과 프로그램 효과에 대한 증거의 필요성
수준 3	•	헌신적인 교직원에 의한 영재 서비스의 확산
	•	영재 프로그램 내부 구조에 대한 무시

우리는 본 책에서 자료 기초로서 7개 영재 프로그램의 평가 결과를 분석하였는데, 이 때 그 결과가 어떻게 유사한지 현저하게 나타났다. 주와 지역 학군이 자신의 독특한 교육적 맥락을 그려 주었지만, 지리 및 학군의 인구학적 특징과 집단 편성에 대한 철학에서 차이가 있음에도, 실제 영재 프로그램을 유사하게 실시하는 것으로 나타났다.

수준 1의 상위결과

여러 자료원을 사용하여 평가 보고서를 작성하는 동안 직면하였던 지속적인 논쟁과 문제를 명시하였다.

판별 과정에 대한 염려

일반적으로, 자신의 역할과 일반적인 관점에 따라, 이해관계자들은 판별과정이 너무 광대하거나 너무 엄격하다는 것을 알게 되었다. 여러 평가에서, 어떻게 평가 과정을 개선하는지에 대한 합의는 없다. 다각도에서 조사한 자료를 보면, 무료 혹은 부분적으로 급식을 받는 집단에서 나타나는 것처럼, 소외된 영재가 영재 프로그램에서 과소 판별되고 있다. 현장방문을 통해서도 초등학교 수준에서 비언어적 도구를 사용하여 지능을 측정하지 않는 것을 확인하였다. 이해관계자들을 판별의 단점에 대한 우려를 표현하고 소외된 집단에 대한 교육과정을 강조하고 있지만, 대부분 지역에서, 전적으로 판별 체계가 꽉 막혀 있어, 이해관계자들이 문제에 적극적으로 대응하는 법에 대한 생각이 부족하다.

적절한 교육과정 차별화의 부족

영재의 요구를 볼 때, 적절하게 차별화된 교육과정이 부족하다. 영재학급에서는 전형적으로 좋은 교수지도 및 차별화에 상응하는 책략을 사용하는 한편, 높은 수준의 사고, 문제해결에서 개선과 개인차를 조절하려는 여지에 대해 언급하였다. 평가 중 현장방문을 하였을 때 관찰한 모든 학급에서 만연하지 않았으나, 일부 영재학급 상황에서 학습의 길이와 속도를 증대해야 한다는 증거가 있었다. 게다가 정규학급에서의 차별화는 영재학급과 비교하였을 때, 유의하게 부족하였으며, 차별화를 통해서 영재가 이득을 얻기 위해 필요한 그 정도까지는, 영재 실제가 일반 교수지도 실제에 영향을 미치지 못하고 있음이 나타났다.

교직원 개발에 대한 염려

영재교사와 일반학급교사에 대한 교직원 개발의 특징과 질에 대한 염려를 모든 관련 평가에서 일관적으로 볼 수 있다. 현직 서비스의 양이 부적절하다고 지각하는 것 외에, 프로그램의 목적과 관련하여 교사의 효능감을 증진하거나 학습자에게 효과적이었다는 실증적인 구조가 없다. 현재 실시하고 있는 현직 연수에 대해서도 학급에서 연수 때 배운 바를 실시하겠다는 추후 기대를 하지 않고, 교사의 흥미 혹은 기꺼이 참여하겠다는 생각에 기초하여 연수가 이뤄지고 있다. 게다가, 영재교사에 대한 교직원 선택안을 강화하는 것 대신, 대부분 학군은 전 교사에게 현직 연수를 시키려는 바램을 표명하였다.

적극적인 부모 참여의 부족

여러 자료에 의하면 적극적인 부모 참여 모델이 프로그램 수준에서 부족하다. 2개 주의 자료를 보면 학군의 1/3만이 부모집단이 있었다. 게다가 영재 프로그램 예산이 주의 재정에 너무 의존한다는 점을 볼 때, 강한 부모 네트워크를 형성하여 지역 수준에서 영재교육의 자원을 보호하고 확대하고 옹호하는 노력이 필요하다는 것을 알 수 있다.

프로그램 평가의 낮은 중요성

지역 영재 프로그램에 대해 평가 보고서를 작성한 숫자를 보거나 프로그램의 효과를 보면, 인식 자료에 너무 의존하고 있어 프로그램 평가의 중요성을 강조하지 못하고 있음을 볼 수 있다. 영재 프로그램에 대한 지역사회 인식은 설문조사를 하였을 때, 대부분 학군에서 높게 나타난 반면, 이 평정은 지역 행정가가 Advanced Placement 시험 결과 같은 데이터베이스를 이용할 수 있을 때조차도 학생에게 미치는 영향에 대한 자료와 거의 관계가 없었다.

최소 기대의 부족

영재 프로그램의 특징과 유형마다 학군의 일관성이 부족한 한편, 이상과 같은 그림은 또한 과목범주에서도 중요한 격차가 있는 것으로 나다니, 특히 과학, 사회과목과 외국어 프로그램같이 프로그램들이 제한적임을 알 수 있다. 각 학군은 확실히 "학군의 것을 해야 한다"는 태도를 고수해야 하지만, 프로그램의 방어 가능성을 증진하는, 즉 프로그램 사이에 얼마간의 공통적인 경험을 보장하는 핵심적인 요소 혹은 최소 기대 주위로 함께 모이는 여지가 있어야 한다. 여러 학군 내 영재 코디네이터의 위치를 행정적으로 배치하는 것을 보면 부차적으로 프로그램 선택안을 확대하고 보다 영재 프로그램이 제공하는 메뉴 속으로 완전히 통합되어야 할 필요성을 제기한다고 하겠다.

중학교 혹은 초기 고등학교 수준에서 멈춘 영재 서비스 모델이 주는 시사점은 무엇인가? 코디네이터가 하는 일의 주기와 무관하게, 학군은 영재 프로그램 모델을 수용하여 영재의 교육적 경험을 확대해야 한다. 초등학교에서 중학교까지, 중학교에서 고등학교까지 인구학적으로든 조직적인 모델이든 관계없이 프로그램이 명확하지 않은 것으로 보이지만, 이해관계자는 이 문제에 대해 한 목소리를 내고 있다. 그 외, 초등학교 프로그램의 1/3 이상이 신입과 클러스터 집단 편성에 의존하고 있어, 이로 인한 교육과정의 질과 효력 및 교수지도 차별화에 대한 우려가 높아지고 있다. 초등학교의 73%와 중학교의 41%에서 pull-out 모델을 지속적으로 사용함으로써 정규학급이 차지하는 위치를 명확하게 만들고 있다. 결과적으로, 교육과정을 차별화하고 프로그램을 명료하게 하는 것은 전형적으로 복잡한 문제이므로, 본 평가에서 관찰한 모델 유형을 통해서 충분히 언급될 수도 언급되지 않을 수도 있다.

자원의 부족

연구한 학군과 주는 교사 및 코디네이터 수준에서 자원이 부족하기 때문에 프로그램을 향상하기 위한 잠재력을 무력하게 하였다. 대부분 학군은 교사 인력을 여러 학교를 책임지는 데 사용하고 있어 영재 전문가가 정규학급 및 pull-out 학급에서도 영재를 지도할 것으로 기대한다. 코디네이터는 그들에게 부여한 많은 것 외에도 여러 프로그램에 대한 책임을 가진다. 기금은 또한 정체되어 있거나 영재 프로그램에서는 삭감되었다.

수준 2에서 드러나는 주제

이 결과는 또한 여러 공통적인 주제를 생성하여 영재 프로그램과 프로그램의 발전에 영향을 미친다.

헌신적인 교직원

평가지역에서 나타난 결과에 의하면, 자원과 지원이 부족함에도 불구하고, 영재 프로그램을 지속하고자 특별한 과제를 수행하는 교사와 프로그램 코디네이터 집단이 있었다. 대부분 이들 교직원은 또한 프로그램 문제에 대한 자신의 입장 때문에 동료로부터 언어적 공격과 비웃음으로 고통을 받는다. 또한 이들 교직원들은 열심히 일하고 영재의 요구에 초점을 맞추는 경향이 있다. 이해관계자들은 교직원을 영재와 그 가족에게 보급료인 것처럼 생각하면서 높이 평가한다.

도전적인 학생 기회에 대한 지각

심지어 지지할 자료가 부족한데도, 이해관계자들은 영재 프로그램이 그 초점이 되는 의뢰자에게 매우 도움이 된다는 생각에 매달린다. 예를 들어, 한 지역사회에서 실시한 학급관찰에서 교수지도가 빈약하고 학습자를 위한 교육과정 기반이 없음에도 불구하고, 프로그램을 손대지 않고 있는 그대로 두었다고 부모들은 말하였다. 프로그램을 운영하려는 소망이 분명히 볼 수 있는 프로그램의 한계점을 무마시키고 있는 것이다.

접근법과 선택안의 다양성

대부분의 상황에서 나타나는 낙관적인 징조는 바로 여러 접근법을 사용하여 영재를 위한 다양한 선택안을 만들어야 한다는 필요성을 인식하는 것으로 나타났다. 일부 시골 지역은 영재에게 제공할 원거리 학습에 손을 대고 있고, 한편 도시 지역은 중등 수준에서 특수 마그넷 학교(magnet school)

와 국제학사사이트(International Baccalaureate)를 세우고 있다. 이상과 같은 선택안은 흥미와 경향 외에도 개인적인 재능 영역에 잘 맞는 것을 찾아낼 때 영재에게 보다 많이 융통성을 제공하였다.

체계적인 평가

만약 영재 프로그램을 설명하는 것이 중요하다면, 평가 설계를 학생 학습과 프로그램 효과 모두를 보여 주기 위해 학군에서 만들고 실시해야 한다. 자료 수집 또한 효과적인 계획과 목표 달성을 평가할 때 필요하다. 반복해서 말하면, 영재 프로그램은 이상의 것을 측정하여 설명할 수 있는 전문성과 자원이 부족하다. 게다가 학생의 학습 성과를 명시하려면 긍정적인 결과를 보여 주기 위해 차별화된 교육과정과 충분한 접촉 시간을 가져야 한다. 대부분 환경은 이런 조건이 부족하다.

불완전한 판별 체계

학군이 판별 프로토콜을 여러 기준과 여러 평가 측정으로 넓히고 있다는 증거가 있지만, 이해관계자가 그 이면에 있는 과정 혹은 이유를 이해하고 있는지는 명확하지 않다. 영재를 어떻게 판별하고 판별 과정이 어느 정도로 특히, 과소 판별되는 소수민족 집단과 장애를 가진 집단에게 공정한지에 대해서는 회의적이다. 역설적으로 보다 적은 기준을 적용하고 프로그램을 받는 학생이 적을 때 학군의 이해관계자들이 좀 더 만족하는 것으로 나타나고 있다.

프로그램 일관성

영재 프로그램 개발이 몇 년 동안 잠자고 있거나 학생과 학교의 요구를 보상하지 못하였다는 증거가 아주 많다. 프로그램의 특징, 프로그램 철학과 원리 및 프로그램 조작 방법을 기술하는 집단 편성 실제를 넘어서 프로그램의 구조 내에서 어떤 합의된 정의가 부족하다. 프로그램의 전반적인 목적과 성과를 증명할 수 있는 교육과정 문서자료, 즉 학생들에게 제공하는 것을 명확하게 보여 주는 서류의 영역과 계열성 같은 것이 대개 소실되었다. 이상의 문서자료의 부족으로, 프로그램에서 또한 공통적으로 나타나는, 학교별 표준화 정도를 방해하고 있다. 게다가 많은 코디네이터들은 신입이거나 다른 책임으로 과중된 업무를 담당하며 영재교육에 대한 배경이 부족하다. 대부분 프로그램은 교육과정, 교수지도와 사용하는 평가 접근법에 있어 매우 교사-의존적이었다.

교직원 준비의 제한성

평가한 대부분의 학군에서, 계속 진행하는 교직원/전문성 개발 기회뿐 아니라, 영재교육과정에 있어 교직원 준비는 국한되어 있다. 학군은 영재교육과정에서 교사들의 배경이 얼마나 확고하며 영재를 지도하는 효율성을 어느 정도 갖추고 있는지 조사하는 대신, 찾을 수 있는 교사를 채용하는 경향이 있다. 또한 학군은 일단 채용하면 교사의 교수지도 실제를 향상하도록 거의 지원하지 않으며, 평균 교직원 개발이 두 번 정도로, 때로는 컨퍼런스 참여 정도로 제한된다. 프로그램에 대한 기대와 연관하여 교직원 개발 계획을 거의 생각하지 않는다.

자원 부족

모든 수준에서 영재 프로그램은 자원 부족으로 고통을 받고 있다. 자원 상담 모델의 대중화로 영재교사는 누군가에게 혜택을 주려고 너무 얇게 자신의 서비스를 퍼뜨린다는 비난을 받게 한다. 특수교육은 60명도 안 되게 담당 학생을 제한하는 한편, 영재교육자들은 정규학급교사와 상담하고 현직 연수를 받고, 학급에서 모든 학생들과 활동하는 것 외에 300명이나 되는 영재학생을 몇 배로 책임진다. 이 책임의 족쇄를 심지어 가장 열정적인 교사에게 놓아도, 이 상황이라면 바로 실패를 보증하는 수표인 것이다. 복잡한 전달 모델의 특징은 이미 지역 수준에서 재정적인 모습을 궁색하게 하고 있다. 영재교육은 학교 혹은 행정가의 역할에서 프로그램에 할애하는 충분한 자격을 갖춘 핵심 교직원을 가지고 있지 않다. 전문성 개발, 자료 및 프로그램 개발 활동을 위한 기금 부족으로 영재 프로그램이 이뤄내는 발전을 보다 방해하고 있다.

수준 3의 중점 아이디어

마지막으로, 본 평가 보고서 분석은 공통적인 핵심 문제, 영재 분야에서 충분히 인식하지 못하고 있는 것을 도출하였다. 즉, 영재 프로그램의 하부구조를 무시하고 모든 교사와 모든 학생에게 책략을 유포하기 위해 영재에게 전달하는 직접적인 서비스를 경시하는 것이 바로 핵심적인 문제이다. 영재교육 지도자들은 분명히 영재 프로그램을 작성할 때 여러 수준에서 강조하는 바를 지원하는 반면, 자원이 부족한 학군은 영재보다는 일반학생을 위한 서비스를 고르게 하는, 강한 정치적 압력 때문에, 이치에 닿지 않은 선택을 하도록 강요받는다.

영재교육 분야는 그 나름의 우선순위에서 보다 분명해져야 한다. 우리는 작은 분야로 분명한 초점과 미션을 가지고 있다. 우리는 학교가 중요하게 생각하는 일반 및 특수 영역의 학습기준에서 실제로 이탈해 있는 학생에게 프로그램과 서비스를 제공하기 위해 존재한다. 차별화를 증진하기 위해서 모든 교사 및 학생들과 활동하는 동시에, 필사적으로 관심을 요구하는 프로그램을 계속해서 개선할 수 있는가?

나는 영재교육에 대해 최소한 2개 층으로 된 접근법이 있어야 한다고 직감하였다. 영재 프로그램을 개선하기 위해 집중적으로 투자하는 것이 하나이고, 두 번째는 모든 학생을 위해 개선방안을 협의하는 기회를 증진하고 이용하는 것이다. 이상적인 체계에서, 영재교육을 모든 학생의 성취를 높이는 똑같은 협동적인 파트너로 생각할 수 있다. 국가적인 정책부족과 기금의 제한으로, 이 이상을 국가적으로 대부분 학군에서 쉽게 실현할 수 없다. 따라서 기존 영재 프로그램과 서비스를 개선하려는 관심을 보다 분명하게 하고 명백한 우선순위가 되도록 해야 한다.

현장방문을 실시한 사례연구의 결과를 보면 제기된 핵심 문제가 설문 보고서 결과 및 프로그램 문서자료와 매우 일치함을 볼 수 있다. 게다가 모든 세 가지 프로그램 구성요소별로 살펴본 결과에서도 모든 영재를 위해 포괄적이며 연속적인 서비스를 강조해야 함을 지지한다. 영재교육의 비난에 대한 현실적인 대답은 프로그램에 의한 효과로서 학생의 긍정적인 학습 성과를 보여 주는 프로그램과 실증적인 자료에 달려 있다. 이상의 증거가 없으므로, 영재 프로그램은 계속적으로 대중의 가치 인식의 전환과 주 예산 편성 과정에서 변화를 촉구하게 될 것이다.

본 평가 과정에서 도출한 대부분 결과들은 『National Excellence: A Case for Developing America's Talent』(U. S. Department of Education, 1993)에서 파악한 요구와 유사하다. 이 보고서는 엄격한 교육과정 기준, 교수지도와 영재 평가, 교사 개발을 보다 강조하며, 소외되거나 기타 판별되지 않은 집단에 대한 관심 확대의 중요성을 언급하였다. 이상의 관점에서, 지역 프로그램 평가에서 나타난 바는 국가적으로 파악한 문제, 즉 영재교육 프로그램을 옹호하기 위한 지속적인 관심의 필요성을 보여 주는 것이다.

지역 수준에서 영재교육 서비스에 하는 비난으로 계속 경계를 해야 할 시점을 압박하게 만들었다. 본 상위평가연구를 통해서, 주가 지원하고, 보장하는 서비스만이 모든 영재를 위한 적절하고 도전적인 학습 기회를 보장할 것이라는 설득적인 증거를 제공할 수 있다.

영재 프로그램의 질을 증진하기 위한 제안점

상위평가 결과가 현재의 삭막한 실제 모습을 지적하지만, 주와 지역 수준에서 실제가들이 프로그램 질을 향상하기 위해 취할 수 있는 특별한 것들도 있다. 기준과 책무성의 시대에, 영재교육 프로그램과 서비스는 수월성과 향상할 실제적인 방법을 보여 주어야 한다. 다음의 제안점들은 영재교육의 질적 향상에 대한 촉구에 응대할 때 고려해야 할 중요한 방향을 보여준다. 각 상위평가 결과의 범주영역을 언급하였다. 부가적으로, 지역 수준에서 충분한 관심을 받지 못하는 영역을 위해 정책적 제안점들도 언급하였다.

정책 제안점

- 정책 및 절차가 영재 프로그램을 실시하는 데 영향을 줄 것이므로, 유치원~12학년별 속진, 속도 및 지속적인 과정에 대한 지역 및 주 정책과 절차를 개발한다. 연구문헌과 NAGC 기준에서 영재에게 제공할 이들 접근법을 잘 명시해 놓았으므로, 이들 접근법을 효과적으로 실시하기 위해 보다 많은 관심을 기울여야 한다.
- 중등 및 고등학교 수준에서 모든 영재를 위한 상담 및 지도 정책과 절차를 개발한다. 영재의 정서를 언급하는 포괄적인 모델과 영재의 미래 계획 요구에 대한 연구가 부족하다는 점은 바로 지역 프로그램을 설계하는 데 어떤 결손이 있음을 제안하는 것이다. 상담과 진로에 대

한 NAGC 기준을 기초로서 사용하여, 프로그램이 이 영역에 보다 초점을 맞추게 한다.

판별 제안점

- 일반적인 지적 영재뿐 아니라, 특수 재능 영역별로 영재를 판별한다. 지적, 학업적, 창의적 및 예술적인 학생을 위해 적절한 서비스를 철저하게 개발해야 한다. 적절한 서비스와 맞지 않은 판별 접근법 때문에 프로그램의 깊이와 명료성을 희생하지 말아야 한다.
- 영재 프로그램에서 과소 판별되는 집단, 경제적으로 소외된, 이중-예외적인, ESL 및 소수민족 학생 등을 지속적으로 판별한다.

교육과정 제안점

- 영재의 특수 적성과 흥미에 잘 맞는 관련 경험을 통해서 영재의 차별화된 요구를 언급한다. 대부분 프로그램은 영재를 함께 집단으로 편성하지만, 특별반 혹은 프로그램 내에서는 구분하지 않음을 볼 수 있다.
- 일반교육상에서 주 기준을 언급할 때, 영재를 고려하여 조절하는 교육과정 구조와 영역 및 계열성을 보여 주는 문서를 각 프로그램 수준과 유치원~12학년별로 개발한다. 일반교육과정과 함께 현재 및 미래의 영재교육과정 활동을 배열하여 두 번 다루지 않고 학습에 격차가 생기지 않도록 한다.
- 교사가 개발한 교육과정 접근법을 교수지도 차별화에 기반을 두고 제공하는 다른 모범적인 교육과정과 혼합하여, 영재교육과정 개발을 향상하려는 주 및 지역 차원의 노력을 발전시킨다. 대안적인 교과서와 기타 적절한 자료를 찾는다.

- 대부분 영재 프로그램의 특징이 높은 수준의 과정기술과 산출물에 집중되므로, 정규학급교사는 정규학급 상황에서 영재를 위해 자신의 활동을 연계하고 적절한 활동을 제공하는 것이 중요하다. 이 제안점들은 교장과 학급교사가 준 피드백에서 얻은 것이며 연합계획과 교직원 개발 세션의 필요성을 제안한다. 정규 및 영재 교직원을 연결하는 교육과정상의 응집성을 통해 차별화된 교수지도에 대한 영재의 요구를 인식하게 되고, 영재에게 서비스를 제공하고 주 기준을 따르는 책임감과 주인의식에 모두 기여하게 된다.

전문성 개발 제안점

- 주 전체 수준에서 교직원 개발 계획을 전개해야 하는 필요성은 또한 본 상위평가에서 나타난 문제이다. 문서자료에 의하면 교육자들은 해마다 교직원 개발에 참여하지만, 영재에게 양질의 프로그램을 전달하는 것과 직접적으로 관련 있는 연수 기회는 상대적으로 제한되어 있다. 교사 효능감에 대한 기대는 교직원 개발의 기초로서 사용되고 있으며, 지역 프로그램들을 서로 구분짓는 특별한 조건들과 짝을 이룬다. 게다가, 영재교사가 적절하게 차별화된 내용과 교수지도 수준을 제공할 준비가 되었는지 확인하기 위해, 교직원 개발과 연수에 대해 관심을 기울여야 한다.
- 표준 학급관찰 양식, 공개수업 및 수업에 대한 비디오 분석을 실시하여 프로그램 코디네이터가 학급을 보다 잘 관리함으로써 최선의 교수실제를 설정하도록 권장한다.
- 교장 및 기타 행정가들은 추후 노력을 조정하고 행정가들로 하여금 그 집단의 교육적 요구에 사회화 될 수 있도록 전문성 개발 연수를 받아야 한다.

- 개발 세션을 영재를 위한 차별화된 교수지도의 필요성과 연계하고 영재와 정규학급교사에게 모두 개방해야 한다. 연구에서 실시한 학급관찰 자료에 기초할 때, 초점을 두어야 할 주된 영역은 비판적 사고, 문제해결과 상위 인지로 나타났다.

부모 제안점

- 부모를 지역 프로그램에 참여시키는 문제를 심각하게 고려할 필요가 있다. 연구마다 부모의 참여가 제한되어 있음을 보여 주고 있어, 부모를 참여시키는 특징과 정도에 대한 문제가 표면화되고 있다. 프로그램을 향상하고 옹호하는 것이 지역 프로그램의 장기적인 목표라면, 보다 많은 부모를 동원하고 부모를 교육해야 한다.
- 문서자료와 특별한 워크숍을 통해서 영재 프로그램에 대한 부모의 이해를 강화하는 부모교육 프로그램을 개발한다. 연구에서 얻은 자료에 의하면 부모들은 프로그램에 대한 의사소통에 만족하지 않는 것으로 나타났다. 우리는 일련의 부모 워크숍/세미나를 제공하여 부모를 교육하고 대화하는 형식적인 모임을 갖도록 제안하였다. 이상의 활동은 영재 부모에게 흥미로운 일반적인 주제 외에도 특수 프로그램의 특징에 초점을 두어야 한다. 전반적인 프로그램의 수행 결과 외에도 개별 학생의 활동에 주안점을 두어야 한다. 이를 통해서 영재의 요구를 충족시키기 위해 이미 학군에서 행하고 있는 것과 부모와의 의사소통을 위한 긍정적인 채널을 제공하고 있음을 보다 잘 이해하게 될 것이다.

프로그램 설계와 개발 제안점

- 영재의 다양한 학문적 및 예술적 적성에 반응하기 위해서 이 영역에

서 영재 프로그램 중재방안을 확대해야 한다. 언어와 수학에서의 기회를 연구한 학군은 많지만, 과학, 사회연구 및 외국어에서의 기회는 보다 적다. 영역에 기초하여 재능을 개발하는 시대에, 예술을 포함하여 모든 과목에서 프로그램을 받는 기회를 분명히 보장해 주어야 한다. 결과적으로 이들 자료는 대부분 학군 프로그램에서 확대해야 할 영역이 무엇인지 지적해 줄 것이다.

- 중등 프로그램의 문제, 제공하는 프로그램의 특징과 정도, 그리고 어떻게 프로그램을 인식하는가는 향후 프로그램 개발을 위해 고려해야 할 또 다른 초점이다. 자료를 학년 수준과 과목 영역별로 나누어, 각 프로그램에 대한 산발적인 접근법을 보여 주었다. 게다가 Advanced Placement 프로그램 결과에 의하면, 비록 중등 수준의 프로그램의 AP를 가장 빈번하게 언급하고 있지만, 영재 프로그램에서 AP를 듣는 학생의 수는 제한되어 있다(3개 AP 시험에서 3점 그 이상을 받아야 하는 것으로 정의). 이는 7학년보다 늦지 않게 시작하여 중등 교육과정의 모든 영역에서 포괄적으로 상급수준을 제공하도록 보다 많은 관심을 중등 프로그램에 기울여야 한다는 점을 나타내는 것이다.
- 지역 학교 체계 내 학년 수준에서 영재 프로그램을 보다 명료화해야 한다. 대부분 이해관계자들은 초등학교부터 중학교 그리고 중학교에서 고등학교까지의 포괄적인 프로그램의 부족을 지역 프로그램을 설계함에 있어 심각한 결점으로 인식하고 있으며, 영재를 위한 전반적인 교육 경험에서 심각한 결과를 초래한다고 생각하였다.

평정과 평가 제안점

- 프로그램 효과에 대한 타당하고 신뢰로운 자료는 주 전체에서와 마찬가지로, 지역수준에서도 중요하다. 지역 학군들로 하여금 영재에게

미치는 프로그램의 효과에 대한 자료를 수집하도록 요구(혹은 최소한 권장하는)해야 한다. 이해관계자가 지역에서 제공하는 서비스에 만족하는지 확인할 때 지각적 자료도 중요하겠지만, 서비스와 관련하여 인지 및 수행자료는 프로그램의 성공을 나타내는 지표가 되므로, 부가적인 자원을 로비해서 확보해 놓는다.

- 매 발달 단계마다, 영재 프로그램 내 학생의 발달을 보여 주는 증거를 가능하면 3, 6, 8, 그리고 12학년 말에 수집하는 연간 프로그램 평가체계를 개발한다. 이해관계자의 인식에 대한 평가 또한 2년마다 실시해야 한다.
- 시기별로 프로그램의 효과를 평가하는 기초로서 3학년 졸업할 때 자료를 수집하는 체계를 만들고 실시한다. PSAT 같은 어려운 시험에서의 수행뿐 아니라, 판별된 영재의 AP의 수강패턴과 이중등록(dual enrollment)도 추적한다.

자원과 기금 제안점

- 초등과 중등 수준에서 상담과 서비스 영역을 확대 통합하면서, 교육과정과 교직원 개발 같은 분야에서 학군 전체의 관심과 지원을 증진한다.
- 교육과정과 전문성 개발 노력을 업그레이드하기 위해서는 영재교육의 "공정한 몫"을 인정하고, 교육과정, 테크놀로지, 그리고 교직원 개발 부서에서 자원을 서로 공유하는 방안을 생각해 보아야 한다.
- 모든 학군에서 전일제 프로그램 리더십을 제공한다. 이상의 조정으로 프로그램 지도자가 영재 프로그램에서 뒷받침을 받게 되고 영재 프로그램 선택안에 매우 정통하게 된다.
- 프로그램 모델을 성공적으로 수행하도록 충분한 자원을 제공한다. 만

약 자원을 협조하는 모델이 잘 구축되면, 특수교육과 마찬가지로 학생을 담당할 수 있도록 적절한 교직원을 마련한다.

결 론

학군 내 기본적인 규정으로서 영재교육은 일종의 장식이 아니다. 영재를 위한 질 높은 교육은 특권이 아니라 권리이다. 영재의 분명한 재능을 간과하는 것은 한 사회로서 우리 공동의 미래에 거의 신경 쓰지 않는다는 것을 말하는 것이다. "No child left behind"의 주문에서 잃어버린 것은 높은 수준에서 학습하고 수행할 수 있는 자신의 동기를 잃어버리고 있는 영재의 일상적인 현실이다. 이에 여러 방식으로 일반교육을 개선하는 데 도움을 주는 한편, 명백한 기준을 갖추고 학교에서 수월성 교육을 성취하도록 이 나라 모든 공립학교에서 질 높은 영재 프로그램을 구성하는 것이 가장 바람직할 것이다.

참고 문헌

Anfara, V. A., Brown, K. M., & Mangione, T. L. (2002). Qualitative analysis on stage: Making the research process more public. *Educational Researcher*, *31*(7), 28-38.

Creswell, J. (1998). *Qualitative inquiring and research design: Choosing many fine traditions*. Thousand Oaks, CA: Sage.

Denzin, N. K. (2000). The practices and politics of interpretation. In N. K. Denzin & Y. S. Lincoln (Eds.), *Handbook of qualitative research* (2nd ed., pp. 897-922). Thousand Oaks, CA: Sage.

Eisenhart, M. A., & Howe, K. R. (1992). Validity in qualitative research. In M. D. LeCompte, W. L. Millery, & J. Preissle (Eds.), *Handbook of qualitative research in education* (pp. 643-680). San Diego, CA: Academic Press.

Scriven, M. (2000). Evaluation ideologies. In D. L. Stufflebeam, G. F. Madaus, & T.

Kellaghan (Eds.), *Evaluation models* (pp. 249–278). Boston: Kluwer Academic Publisher.

Shark, G. (2002). *Qualitative research: A personal skills approach*. Upper Saddle River, NJ: Merrill/Prentice Hall.

U. S. Department of Education, Office of Educational Research and Improvement. (1993). *National excellence: A case for developing America's talent*. Washington, DC: U. S. Government Printing Office.

부록 A

프로그램 평가 기준 요약

유용성(utility)

평가에 있어 유용성 기준은 참여한 사용자의 정보 요구를 만족시키고 있음을 보장하는 것이 그 의도이다.

U1 **이해관계자 파악.** 평가에 참여하거나 평가의 영향을 받는 사람들을 파악해야 한다. 그래서 이들의 요구에 응대해야 한다.

U2 **평가자 신뢰성.** 평가를 실시하는 사람은 신뢰롭고 평가를 실시하는 데 유능해야 한다. 그래서 평가 결과들이 매우 신뢰롭고 수용할 수 있어야 한다.

U3 **정보 영역과 계열성.** 프로그램에 대한 적절한 문제를 진술하고 평가 의뢰자 및 기타 특수 관련자의 요구와 흥미에 반응하기 위해서 폭넓게 수집할 정보를 선택해야 한다.

U4 **가치 파악.** 결과를 해석하기 위해 사용하는 관점, 절차 및 원리를 주의 깊게 기술하여 가치 판단의 근거가 분명해야 한다.

U5 **보고서의 명확성**. 평가보고서는 평가 맥락, 목적, 절차 및 평가 결과를 포함하여, 평가하는 프로그램을 분명하게 기술하고, 본질적인 정보를 제공하며, 이해하기 쉬워야 한다.

U6 **보고 시간과 논의**. 시간적으로 적절한 때에 주요 중간 결과와 평가보고서를 사용할 수 있도록 의도한 사용자에게 배포해야 한다.

U7 **평가 효과**. 평가를 계획하고, 실시하며, 이해관계자를 추후에 권고하는 방식으로 결과를 보고하여, 평가를 활용하는 가능성을 증가시킨다.

실행 가능성(feasibility)

평가에서 실행 가능성 기준은 현실적이고, 신중하며, 교섭을 잘 하며, 간소함을 보장하는 것이 그 의도이다.

F1 **실용적인 절차**. 필요한 정보를 획득하면서도 혼란을 최소한으로 유지하기 위해서 평가 절차는 실용적이어야 한다.

F2 **잠재적 실행 가능성**. 여러 흥미 집단의 다양한 위치를 예측하면서 평가를 계획하고 실시해야 한다. 따라서 여러 흥미 집단의 협조를 얻고, 평가를 줄여서 실시하거나 결과를 한쪽에 편중하거나 잘못 적용하려는 시도를 막고 중화할 수 있다.

F3 **비용 효율성**. 평가는 충분히 가치 있는 정보를 산출하며 효율적이어야 한다. 따라서 확대한 자원을 정당화할 수 있다.

타당성(propriety)

타당성 기준은 평가로 영향을 받는 사람 외에도 평가에 참여한 사람의 복지 면에서, 평가를 합법적으로, 윤리적으로 실시한다는 점을 보장하는 것이 그 의도이다.

P1 **서비스 지향.** 주안점을 두는 참여자의 전체 요구를 효과적으로 만족시키며 언급하는 기관을 지원하기 위해 평가를 설계해야 한다.

P2 **공식적인 의무.** 평가 집단에 대한 공식적인 의무(무엇을 해야 하고, 어떻게, 누가, 언제 등)에 대해서 문서로 동의해야 한다. 그래서 평가 집단들이 동의한 내용에 대한 모든 조건을 고수하고 동의한 내용을 형식적으로 재협의하는 것에 대한 의무를 명시한다.

P3 **피험자의 권리.** 인간 피험자의 권리와 안녕을 존중하고 보호하기 위해 평가를 설계하고 실시해야 한다.

P4 **인간 상호작용.** 평가자들은 평가에 관여하고 있는 다른 사람들과 상호작용할 때 인간 존엄성과 가치를 존중해야 한다. 이를 통해 참여자들은 위협을 받거나 해를 받지 않는다.

P5 **완료와 공정한 평가.** 평가를 종결할 때, 즉 평가하는 프로그램의 강점과 약점에 대해 조사하고 기록할 때 공정해야 한다. 이를 통해서 강점을 북돋우고 문제영역을 진술할 수 있다.

정확성(accuracy)

정확성 기준은 평가하는 프로그램의 가치 혹은 장점을 결정하고 기술할 때, 적절한 정보를 보여 주고 전달함을 보장하는 것이 그 의도이다.

A1 **프로그램 명시**. 평가하는 프로그램을 분명하고 정확하게 기술하고 명시해야 한다. 이를 통해서 프로그램을 분명하게 파악한다.

A2 **맥락 분석**. 프로그램이 존재하는 맥락을 충분히 자세하게 조사해야 한다. 이를 통해 맥락이 프로그램에 미치는 영향을 파악할 수 있다.

A3 **목적과 과정에 대한 기술**. 평가의 목적과 절차를 충분히 자세하게 관리하고 기술한다. 그래서 평가의 목적과 절차를 파악하고 언급할 수 있다.

A4 **방어가 가능한 정보원**. 프로그램 평가에서 사용하는 정보원을 충분히 자세하게 기술해야 한다. 이를 통해서 정보의 정확성을 평가할 수 있다.

A5 **타당한 정보**. 정보를 수집하는 절차를 선정하거나 개발하고 나서, 도달한 해석이 사용하려고 의도한 것에 맞게 타당한지 확인할 때 사용한다.

A6 **신뢰로운 정보**. 정보를 수집하는 절차를 선정하거나 개발하고 나서, 얻은 정보가 사용하려고 의도한 것에 있어 충분히 신뢰로운지 확인하기 위해 사용한다.

A7 **체계적인 정보**. 평가에서 수집, 처리 및 보고한 정보를 체계적으로 살펴보고 어떤 잘못이 발견되면 수정해야 한다.

A8 **양적 정보에 대한 분석**. 평가 문제에 효과적으로 답변하기 위해서, 평가에서 양적 정보를 적절하고 체계적으로 분석해야 한다.

A9 **질적 정보에 대한 분석**. 평가 문제에 효과적으로 답변하기 위해서, 평가에서 질적 정보를 적절하고 체계적으로 분석해야 한다.

A10 **타당한 결론.** 평가에서 도달한 결론은 명확하고 타당해야 한다. 이를 통해서 관계자는 결론을 언급할 수 있다.

A11 **치우치지 않은 보고.** 평가보고는 평가 결과를 공정하게 반영할 수 있도록, 개인적인 감정에서 유발된 왜곡 및 평가에 대해 어느 한 쪽의 편견으로 치우치지 않도록 보고하는 절차를 안내해 주어야 한다.

A12 **상위평가.** 평가 그 자체는 이 기준 및 기타 관련 기준에 대해 형성적으로 그리고 총괄적으로 평가할 수 있다. 따라서 평가 실시를 적절하게 안내하고 마쳤을 때, 이해관계지들이 평가의 강점과 약점을 면밀하게 조사할 수 있다.

부록 B

학급관찰 양식

The College Of WILLIAM&MARY

외부 평가자 양식

관찰자 이름: ____________________ 학생수: ____________

날짜: ________ 학년: _____ 관찰한 정도(몇 분): ____________

학교 이름: ______________________________

교사 이름: ______________________________

관찰한 과정/과목: ______________________________

학급 책상 배열: ❑ 종횡으로 책상 배열 ❑ 집단별로 책상 배열

❑ 기타(자세히 적어 주십시오):

교육과정과 교수지도 방법에 대해 학급에서 관찰한 것을 자세히 기술해 주십시오.

기술

특별 수업 _____정규 _____심화 집단 _____pull-out _____기타

수업의 조직

사용하는 교과서 혹은 자료

수업을 전달할 때 사용하는 방법

학습 경험과 환경의 특징

혹은 첨부한 체크리스트를 작성하기 위해 기초가 될 만한 다른 것을 관찰하였거나 인상이 깊었다면 이에 대해 기술해 주십시오. 체크리스트 목록은 아래와 같습니다.

교육과정 계획	학습자에 대한 기대	개인차에 대한 조절
교육과정 전달 특징	일반적인 교수책략	비판적 사고책략
문제해결 책략	상위인지	학습 확장

교사 인터뷰 질문

1. 여러분은 이 수업을 위해서 문서자료로 계획을 작성하였습니까?
2. 이 수업 바로 전에 지도한 수업의 목적은 무엇이었습니까? 다음 수업에서 다룰 것은 무엇입니까?
3. 내가 본 관찰 양식을 끝마치기 전에 나와 함께 명확하게 하고 싶은 수업의 측면이 있습니까?
4. 특별한 관찰자 질문: ______________________________

____

____

영역	교사는 …	O	X	비고
교육과정 계획	1. 과목 목표와 관련이 있는 수업 계획을 문서로 작성한다.			
	2. 학생들과 수업의 목적/목표에 대해 의사소통한다.			
	3. 본래 의도한 바대로 수업의 기본적인 구조를 고수한다.			
학습자에 대한 기대	4. 방향을 분명하게 주고 활동과 과제에 대해 논의한다.			
	5. 학급 내 학생의 수행에 대해 높은 기대를 설정한다.			
	6. 학생 수행에 대해 분명하고 일관적인 피드백을 제공한다.			
개인차에 대한 조절	7. 학생에게 도전적인 내용을 제시한다.			
	8. 자료 선택 및 과제를 부과할 때 개인 및 하위 집단의 차이를 조절한다.			
	9. 최소한 2개 문화를 반영하는 문화적 관점 혹은 지식을 통합한다.			
	10. 최소한 2개의 상이한 학습 양식을 언급한다(예: 시각적, 청각적, 운동적).			
	11. 학생들로 하여금 개별적 혹은 소집단별로 기본적인 자료를 보다 빠르게 배울 수 있도록 허용한다.			
교육과정 전달특징	12. 학습의 깊이를 강조한다.			
	13. 언급하는 내용 영역과 관련 있는 핵심 개념과 아이디어에 맞게 가르친다.			
	14. 간학문적인 연계성을 격려하거나 지도한다.			
일반적인 사고책략	15. 수업을 전달하는 집단을 편성할 때 융통적인 패턴을 사용한다.			
	16. 수업을 전달할 때 한 가지 이상의 교수지도 책략을 사용한다.			
	17. 학생들이 새로운 학습을 적용하는 활동을 제공한다.			
	18. 학생들이 테크놀로지를 사용할 기회를 제공한다.			
	19. 모든 혹은 대부분의 학생들이 과제를 계속하게 한다.			
	20. 기록하는, 조작적인, 실험하는 것 등을 포함하여 손으로 직접 해 보는 접근법을 사용한다.			
	21. 협동적인 혹은 공동으로 하는 학습 책략을 사용한다.			
	22. 학생들로 하여금 스스로 구조적인 활동 혹은 질문을 통해서 스스로 핵심적인 아이디어를 발견하게 한다.			
	23. 높은 수준의 사고책략/기술을 강조한다.			

영역	교사는 …	O	X	비고
비판적인 사고책략	활동 혹은 질문을 사용하여 학생들로 하여금 …하게 한다. 24. 상황, 문제 혹은 논쟁거리를 판단하고 평가하게 한다.			
	25. 비교하고 대조한다.			
	26. 특별한 자료에서부터 추상적인 것으로 일반화한다.			
	27. 여러 과목들 간에 정보를 통합하거나 요약한다.			
	28. 아이디어를 지지하기 위해 관점을 논쟁하거나 주장을 발전시킨다.			
문제 해결책략	활동 혹은 질문을 사용하여 학생들로 하여금 …하게 격려한다. 29. 아이디어 혹은 대안들을 브레인스토밍 한다.			
	30. 문제를 정의한다("혼란"에서부터 잘 정의된 문제로 진술한다).			
	31. 문제에 대한 해결책을 선택하고 실시한다.			
	32. 여러 해석을 탐색한다.			
	33. 학생들로 하여금 학급/숙제 활동/산출물을 할 때 한 개가 아닌 여러 표현양식(예: 차트, 그래픽, 비디오, 저널 등)과 대안들을 사용하게 한다.			
	34. 학생들이 스스로 선택한 주제에 대해 보다 깊게 연구하게 한다.			
상위인지	35. 계획, 관리, 자아반성 혹은 자아평가 등의 상위인지적인 책략을 모델로 보여 준다.			
	36. 학생들에게 자신의 사고에 대해 생각해 보는 기회를 제공한다.			
	37. 학생들로 하여금 자신의 수행에 대해 반성하게 한다.			
학습 확장	38. 숙제를 내어 줌으로써 수업을 강화하거나 확장해 준다.			
	39. 학생들이 추구할 특별 프로젝트에 대한 추후 아이디어를 제공한다.			
	40. 학생 학습을 보충하기 위해 사용할 수 있는 사람 혹은 자료를 파악한다.			

부록 C

표본 설문지

HCES 학생 여러분께,

각 주제에 대한 문제를 읽고 여러분의 생각을 가장 가깝게 나타내는 번호에 동그라미 해 주십시오(1 = 매우 동의하지 않는다, 2 = 동의하지 않는다, 3 = 중간이다, 4 = 동의한다, 5 = 매우 동의한다). 여러분이 말하고 싶은 것을 적을 수 있도록 공간을 마련해 놓았습니다. 공간이 더 필요하다면, 종이를 덧붙여서 적어도 됩니다. 자료를 유용하게 잘 사용할 수 있도록 아래 주소로 10월 10일까지 설문지를 보내주십시오.

Rena F. Subotnik, 소장

Center for Gifted Education Policy

Education Directorate

American Psychological Association

750 First St. NE

Washington, DC 20002-4242

1 = 매우 동의하지 않는다.
2 = 동의하지 않는다.
3 = 중간이다.
4 = 동의한다.
5 = 매우 동의한다.

1. HCCS는 학생의 지적 잠재력을 개발하는 데 효과적이다. 1 2 3 4 5

____
____
____
____

2. HCCS는 비판적으로 사고하는 학생의 능력을 개발하는 데 효과적이다. 1 2 3 4 5

____
____
____
____

3. HCCS는 창의적으로 사고하는 학생의 능력을 개발하는 데 효과적이다. 1 2 3 4 5

____
____
____
____

4. HCCS는 독립적으로 사고하는 학생의 능력을 개발하는 데 효과적이다. 1 2 3 4 5

5. HCCS는 학생의 도덕성 개발에 기여한다. 1 2 3 4 5

6. 영재 판별(예: 입학) 방법이 적절하다. 1 2 3 4 5

7. 수행은 지속적인 참여를 북돋우는 적절한 평가로서의 역할을 해야 한다. 1 2 3 4 5

8.	우리는 수학과 기타 학교 과목에서 속진 기회가 보다 더 필요하다.	1	2	3	4	5
9.	입학 시기(현재 유아~유치원, 유치원, 7학년)를 바꾸어야 한다.	1	2	3	4	5
10.	교직원은 지적/학업적 영재학생과 활동하는데 준비가 잘 되어 있다.	1	2	3	4	5
11.	HCES의 도서관은 학생들에게 매우 도움이 된다.	1	2	3	4	5

12. 특별한 재능을 가지고 있고 특별한 과목에 깊은 흥미를 가진 학생들은, 심지어 만능으로 잘하는 분야를 희생하고서라도, 재능을 개발하도록 집중할 수 있어야 한다. 1 2 3 4 5

____

____

____

____

13. 낮은 학년(유아, 유치, 1학년) 이후에 학생들은 어떤 기술, 지식 및 태도를 가지고 있어야 하는가? 영재학생을 위한 학교의 미션과 이들 성과들이 어떻게 조화를 이루는가?

____

____

____

____

14. 초등학교(2~6학년) 이후에 학생들은 어떤 기술, 지식 및 태도를 가지고 있어야 하는가? 영재학생을 위한 학교의 미션과 이들 성과들이 어떻게 조화를 이루는가?

____

____

____

____

부록 D

요청한 문서자료들

분석 영역	문서자료/보고서
학교 조직/책무성	• 브로슈어, Hunter College High School과 Hunter College 조직표 • 행정적인 책임에 대한 기술 • 월급 외에 교수지도에 대한 예산 배정 • 교사 선정 및 채용에 대한 기준/과정 • 교사 재직권을 위해 교사를 평가할 때 사용하는 기준/과정 • 과목/학년 내/별 교사가 계획을 수립하도록 허용하는 체계적인 노력
입학	• 입학 과정(설명과 견본 지원서) • 최근 몇 년 입학에 대해 수집한 자료

교육과정과 교수지도	• 유아-유치원-12학년의 모든 과목에 대한 교육과정, 영역 및 계열성 • 영재교육 이론 혹은 모델을 참조하여, 교육과정이 영재의 요구를 진술하는 방법을 설명하는 문서자료 • 교육과정 및 교수지도와 관련한 활동 연구 프로젝트 문서자료 • 실시한 혹은 최근에 전문 연구자 및 대학과 제휴하여 실행한 연구 목록
학습 평가	• 초등학생의 표준화 시험점수 • HCHS 시험 때 HCES 학생이 받은 시험점수 • 우등생 및 수상 목록 • 대학에서 수강하여 받은 대학 학점 목록 • 고등학교 학생의 표준화 시험점수(SAT I, SAT II, ACT와 AP를 포함하여)
상담	• 상담 프로그램 • 미성취/낮은 수행을 보이는 학생을 상담하는 메커니즘 • 비상할 정도로 성취가 높은 학생을 상담하는 메커니즘 • 학년과 과목별 (1) 속진한 학생에 대한 통계(숫자 및 퍼센트), (2) 판별한 학습장애 학생, (3) 적절한 개별화 교육계획(IEP)과 504 통계 • 지원한 대학 목록과 입학률 • 초등학교에서 중학교, 고등학교까지 학생 진급을 촉진하였다는 노력을 보여 주는 문서자료

재능발굴을 포함한 특별한 학생 서비스	• 학생이 속진한 수학과 외국어 숫자 • 영재교육 모델 혹은 이론을 참조하여, 영재학생의 요구를 진술하는 교육과정의 방식을 설명하는 문서자료 • 학생의 수상 및 경진대회 목록 • 부모/학생에게 여름 심화 기회에 대해 알려 주는 메커니즘 • 특별한 요구를 가진 유아, 유치 및 12학년의 학생에게 제공하는 판별, 기록 및 서비스에 대한 완전한 문서자료

찾아보기

<ㄱ>

<ㄴ>

<ㄷ>

<ㅁ>

<ㅂ>

<인명>

저자에 대하여

편집자

Joyce VanTassel-Baska는 Virginia에 있는 William and Mary 대학의 Jody and Layton Smith 교육학과의 교수이다. 이 곳에서, VanTassel-Baska는 대학원 프로그램 및 영재교육 분야에서 연구를 진행하고 개발 센터를 발전시켰다. VanTassel-Baska는 5권의 최근 서적을 포함하여 260편 이상의 소논문, 책의 장과 유명 저널에 논문을 폭넓게 발표하였다. 또한 *Gifted and Talented International* 의 편집자로 활동하고 있다.

Annie Xuemei Feng은 William and Mary 대학 내 Center for Gifted Education의 연구 및 평가 코디네이터로서 활동하고 있다. 영재 프로그램 평가연구 외에 Feng은 특히 고도 영재집단, 성과 관련한 문제 및 비교문화 연구에 관심이 있다.

기고자

Elissa Brown은 William and Mary 대학 Center for Gifted Education의 소

장이다. Brown은 또한 영재교육에서 대학원 과정을 지도하고 있다. 센터에서 일하기 전에, Marine and Environmental Science의 Chesapeake Bay Governor 학교의 소장으로 재직하였다. Brown은 영재 코디네이터이며 교수로서 활동하고 있으며, 현재 Virginia Association for the Gifted의 회장이다.

Chwee Quek은 싱가포르 영재교육 부소장이었다. Quek은 지금 William and Mary 대학에서 박사학위를 하고 있으며 *Gifted and Talented International*의 편집 조교이다.

Julie Long은 Richland Two School 학군의 영재 프로그램 소장과 North Carolina의 Elon Collage의 전직 영재교육 교수로 재직하다가 2002년에 은퇴하였다.

Rena F. Subotnik은 American Psychological Association의 Center for Gifted Education Policy의 소장이다. 전에, Subotnik은 New York City에 있는 Hunter College 영재교육의 교수로 재직하였다. Subotnik은 영재교육과 재능개발 분야에서 폭넓게 저술활동을 하고 있다.

Janet F. Soller는 American Psychological Association의 Center for Gifted Education Policy의 부소장이다. Soller 역시 센터의 온라인 뉴스레터 편집자의 일을 하고 있다.

Sarah K. Hood는 American Psychological Association의 Center for Gifted Education Policy에서 프로그램 평가와 연구를 돕고 있다.

역자 소개

이미순 uconnmisoon@gmail.com

동덕여자대학교 자연과학대학 아동학과(이학사)

연세대학교 생활과학대학 아동학과(문학 석사)

University of Connecticut 교육심리(철학박사, 영재교육전공)

현) 재능대학 아동학과 조교수

인천대학교 과학영재교육연구소 특별연구원

고려대학교 교육대학원 영재교육 겸임교수

한국교육개발원 영재교육센터 연구위원

National Research Center for the Gifted and Talented(NRC/GT) 연구원

♣ 저 · 역서 및 논문

병행교육과정(2009, 박학사)

영어 영재를 위한 실제적인 책략(2009, 아카데미프레스)

교육과정 압축: 뛰어난 잠재력을 지닌 학생을 위한 차별화 전략(2009, 아카데미프레스)

영재상담(2008, 박학사)

렌줄리 박사의 영재교육 시리즈:

교육과정 압축: 우수학생을 위한 정규교육과정 수정지침(2007, 박학사)

다중메뉴모델: 차별화된 교육과정 개발을 위한 실제적인 지침(2007, 박학사)

심화집단: 실제세계, 학생-주도적인 학습을 위한 실제적인 지침(2007, 박학사)

영재아 행동특성 평정척도(2007, 박학사)

재능개발을 위한 학교: 학교의 전반적인 개선을 위한 실제적인 계획(2007, 박학사)

종합재능기록표: 영재아 판별과 교육을 위한 체계적인 계획(2007, 박학사)

학습스타일 검사도구, 3판: 학생이 선호하는 교수방법 측정도구(2007, 박학사)

홍미도구들: 교사용 지침(2007, 박학사)

소외 영재 지도교사의 성공적인 지능 교수효능감(한국교원교육연구, 2006)

조기진급 및 조기졸업 유무에 따른 학업 동기와 자기조절적인 학습능력(교육심리, 2006)

소외 영재교사의 영재 및 영재교육에 대한 지각분석(한국교육, 2006)

Effects of the Enrichment Program for the Economically Disadvantaged Gifted on Their Aspirations and Satisfaction with the Program(KEDI Journal of Educational Policy, 2006)

The Awareness of Cultural Orientations in Culturally Responsive Education for Korean American Students(Journal of Praxis in Multicultural Education, 2009)

A Multilevel Analysis of Gifted Korean American Students' Characteristics and School Context Effects on Learning Style Preferences(Gifted and Talented International, 게재 예정)

영재 프로그램의 향상을 위한 평가 기획 및 활용

인 쇄 일 2009년 6월 10일 초판 인쇄
발 행 일 2009년 6월 15일 초판 발행
저 자 Joyce VanTassel-Baska
Annie Xuemei Feng 편저
역 자 이미순 옮김
발 행 인 구본하
발 행 처 도서출판 박학사
주 소 서울시 마포구 서교동 460-26 동아빌딩 2층
전 화 (02)3142-3764~5
팩 스 (02)3142-3766
E-mail pakhaksa@kornet.net
웹 사 이 트 www.pakhaksa.co.kr
등 록 번 호 제10-2230호

정가 20,000원 ISBN 978-89-91633-56-8